大内氏の領国支配と宗教

平　瀬　直　樹　著

塙　書　房　刊

目次

目　次

第二部　地域支配と寺社

目次

大内氏の領国支配と宗教

序章

大内氏は南北朝期に台頭し、戦国末期まで続いた西国の有力大名である。最盛期には関門海峡をはさむ周防・長門・豊前・筑前の四か国の守護職を確保しており、その勢力は近隣の石見、安芸、肥前にも及んでいた[1]。そのため大内氏は御家人や国衆を広く軍事動員[2]している。また関門海峡の両側を支配したことにより、東アジア諸国との対外交流と瀬戸内海交通の両方をコントロールすることができた。北部九州から瀬戸内海にわたる広い範囲[3]で、海賊など海辺の武装勢力にもつながりを持っていたのである。それゆえ大内氏は陸海の軍事力の面でも、朝鮮・明との外交の面でも、室町幕府から頼られる存在であった。

一方で大内氏は妙見を氏神とし、百済の王子琳聖太子を始祖とする特異な祖先伝説を作っていった。また領国内の寺院には祈祷・追善などの宗教的な忠節を求め、国、郡、荘郷、町ごとに地域の中核となる神社にはその祭礼にあたって、時に費用を補助し、時に執行をめぐる紛争に介入した。大内氏はこのようにして領国内の寺社をコントロールして地域社会の安定を図っている。宗教の力を活用して領国の平和と繁栄に力を注いだのである。

本書では大内氏が室町期大名としての地位を保ちながら、領国をどのように支配したのかを論ずる。特に宗教が大内氏の領国支配に果たした役割について明らかにしたい。

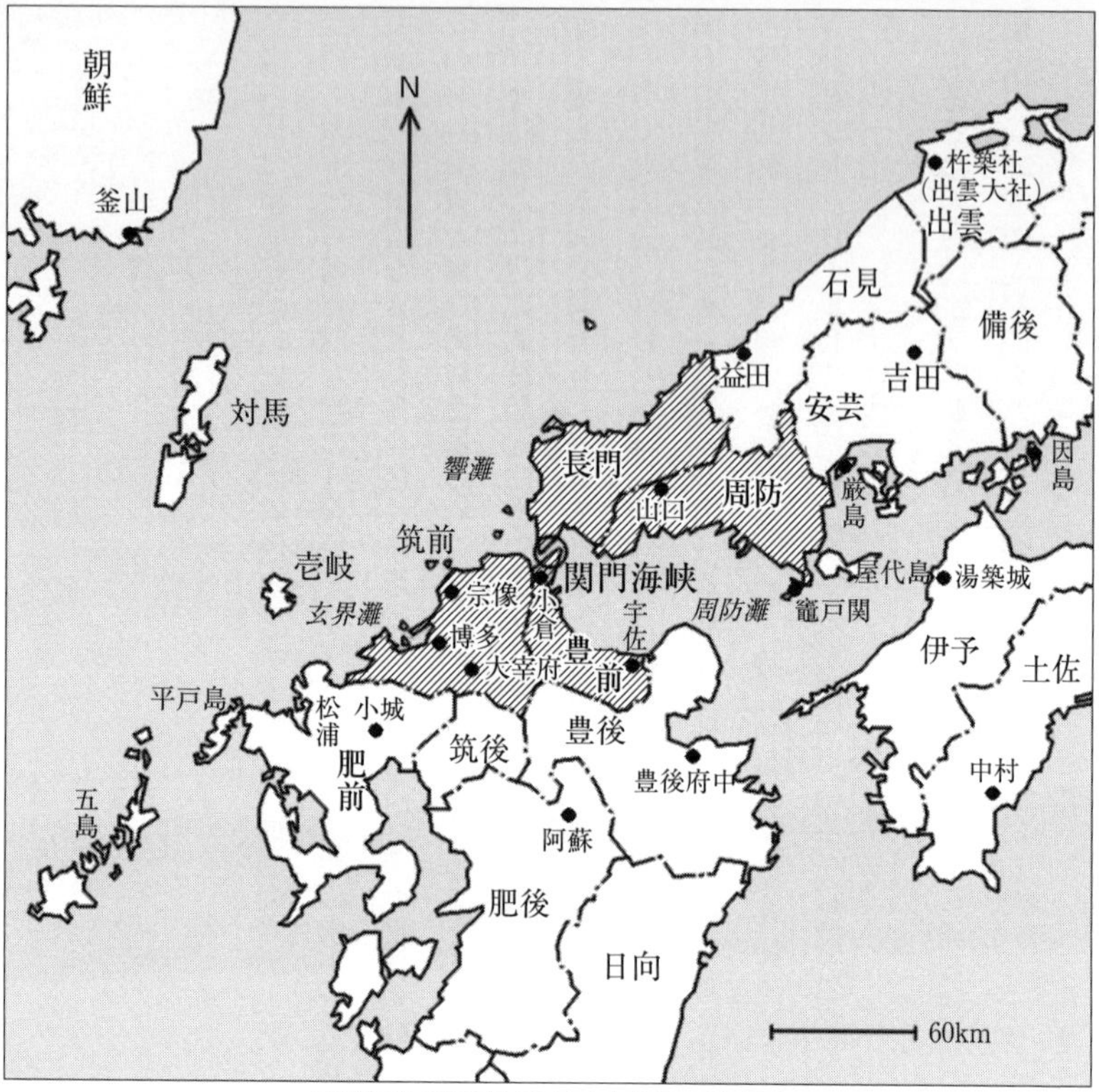

関門海峡の周囲に広がる大内氏の勢力圏

一　室町期大名研究の現状

室町期は中央の政権の影響力が限定的であり、大名などの地域支配権力が割拠した時代であった。しかし大内氏のような有力大名であっても、幕府と無関係では存在できなかったであろう。では大内氏は幕府を中心とする体制の中で、時に将軍に近侍し、時に反抗しながら、どのように地域支配権力たりえたのであろうか。

近年、室町幕府を中央政権とする政治体制について活発な議論が行われている。川岡勉氏[4]による「室町幕府―守護体制論」が提唱されて以降、この論を再検討するかたちで研究が進展している。川岡氏の論は中央権門としての幕府と地域権力としての守護が相互補完的に結合しているというものであり、これを見直そうとする学説は以下のとおりである。

山田徹氏[5]は公権がすべて守護権に還元されるのではなく、地域支配は中央と多元的に結び付いて行われると述べている。吉田賢司氏[6]はそれぞれの地域が中央へ結び付く方法は多様であり、幕府と直結する場合の他に、守護や在京大名を媒介として幕府と結び付く場合もあると指摘している。また藤井崇氏[7]は、「室町幕府―守護体制論」では「守護」の地位になくとも地域権力たりえたという実情が説明できていないとしている。さらに大藪海氏[8]は幕府が守護の支配地域のほか、守護の支配下に属さない地域も体制内に組み込んでいることを視野に入れ、「室町幕府―守護・知行主体制論」を提唱している。

このように室町幕府を中央政権とする政治体制とは、それぞれの地域が守護公権に限らず多様な方法で中央へ結び付く体制であるということが、おおむね近年の共通認識となっているようである。筆者もまた、幕府と多様な性格を持った地域支配権力が結ぶ関係の総体が当時の国家体制であると考えており、大内氏の場合もその権力が守護公権だけに依拠しているわけではないと推察している。

なお「守護」とともに「大名」という用語についても、近年その概念の再検討が行われるようになった。在京して中央の幕政に関わるような実力者が「大名」と認識され、管轄下の国に関係のある事柄に限って呼ばれる「守護」と区別されるようになった[9]。

そこで本書では大内氏という地域支配権力を、管轄下の国の「守護」権に依拠して活動している場合は「守護」と呼び、それ以外の場合は「大名」と呼ぶことにする。

二　中世後期宗教研究の現状

研究者たちは異口同音に「顕密体制論」は中世前期を対象としたものであると述べており、筆者も同感である。中世後期の国家と宗教の関係は「顕密体制論」ではもはや説明が不可能である。上島享氏は後醍醐天皇の政策転換により寺社の本末関係が弛緩したことから、「顕密体制」は中世王権を支える支配イデオロギーとしての機能を失い、南北朝期に崩壊したと述べている[10]。

そもそも黒田俊雄氏の構想によれば、宗教的な秩序である「顕密体制」は国家を構成する「権門体制」のもとで機能しており、その「権門体制」は荘園領主と農民の直接的関係を基軸とした「荘園制社会」に立脚している。したがって中央の荘園領主が衰退した中世後期において、「権門体制」は守護領国など地域支配権力が割拠した時代には存続できず、同時に「顕密体制」が存続するような社会的基盤もなくなってしまうのである。

たしかに公家政権下に成立した「権門体制」秩序の崩壊及び国家的法会の退転という点から言うと、中世後期に「顕密体制」は崩壊したと言うことができる。しかし中世前期の国家と宗教、社会と宗教の密接な関係がその後すぐに解体してしまうと考えることは困難であり、それらの関係は中世後期なりの様態で存続していたものと思われる。

したがって中世後期においても何らかの宗教的「体制」があるのか、それともそのような宗教的秩序はなくなってしまうのか、もし宗教的秩序があればその特質をどのようにとらえるのか、ということを明確にすることが必要である。

では中世後期の国家と宗教の関係について、研究の現状はどのようになっているのであろうか。

原田正俊氏[11]は室町幕府の主催する法会に注目し、中世後期の国家と仏教の正統的なあり方は〈顕密・禅併置の体制〉であると論じた。室町幕府は禅宗を重用することによって顕密仏教を正統派とし、いわゆる「鎌倉新仏教」を「異端派」とするような宗教の秩序を再編成させていたのである。

大石雅章氏[12]は中世後期の寺院史研究が停滞していることの一因が当該期を「寺社勢力」の衰退で説明する点にあると指摘し、新たな研究視角を提言している。すなわち国政次元の「権門寺院」[13]と社会的勢力である「中世寺社勢力」を区別し、後者に注目すべきであると言う。この「中世寺社勢力」とは①世俗権力から政治的にも経済的にも一定の「自立」を遂げ、②勢力内に被支配層である百姓勢力を含み、「民衆」化する要素を有している社会的勢力であるとしている。[14]

大田壮一郎氏[15]は中世後期が研究史上の争点にならないのは「顕密体制論」が戦国期の宗教一揆に「着地点」を

設定し、中世後期を〈長い衰退期〉と措定したためであると説明している。あわせて「権門寺院」秩序が崩壊し国家的法会が退転しても、直ちに国家の中で「顕密仏教」が機能を喪失することにはならないとした。大田氏は中世後期には室町幕府を中心としたそれ以前とは異なる宗教体制があると想定し、幕府の宗教政策の解明に取り組んでいる。

川本慎自氏[16]も室町幕府の宗教政策に注目し、幕府が寺院を「宗派」単位で把握するようになったと指摘した。また川本氏は守護創建による地方禅院が「十刹・諸山」として官寺制度に組み込まれていることから、禅宗は幕府だけに限らず地方の守護にとっても重要であったと述べている。

各研究者は現時点では中世後期において「権門体制論」は適合しないが、宗教が国家的な役割を終えたとは考えておらず、新たな視角から中世後期の宗教的秩序を解明しようとしていることがわかる。

しかし室町期のような分権的な国家にあって、室町幕府の宗教政策だけでは中世後期の宗教的秩序の総体は解明できない。また根来寺や一向一揆のような、「民衆」的な勢力に支えられた「中世寺社勢力」は畿内及びその近国に特徴的な存在であって、全国的に見ると特殊でしかない。

守護など各地の地域支配権力者は時に独自のスタイルの守護神を創出し、時に室町幕府のスタイル（五山派）に則って禅宗を重用しながら生き延びてきたと思われ、筆者は中世後期の国家と宗教、社会と宗教の関係を論じるためにはもっと地方の支配権力と宗教の関係に目を向けるべきだと考える。

とはいえ一人の研究者によって、いきなりすべての大名領国の事例研究ができるわけではない。各大名領国について、それぞれ支配権力と宗教の関係が明らかにされることが望まれる。その上で全国の事例を突き合わす作業が行われれば、全国共通のシステムや地方独自の展開などが明らかになるであろう。このようにして初めて中世後期の国家と宗教、社会と宗教の関係を論じることが可能になると思われる。

本書はそのような研究の第一歩であると考えている。筆者が注目したのは西国の大内氏領国であり、以下の節では筆者の問題意識を述べる前提として大内氏研究の現状を整理しておきたい(17)。

三　大内氏研究の現状

大内氏は軍事力だけでなく交通や外交など、多岐にわたる社会の機能を領国支配のために役立てていた。そのため大内氏に関する研究には多様な切り口があり(18)、研究書や論文はけっして少なくない。しかしどのような切り口を選んでも、大内氏を真に理解するためには大内氏の広範な活動に対する広い視野を持つ必要があり、大内氏の全体像を論じることはたやすいことではないだろう。

大内氏に関する概説的な研究としては戦前では近藤清石『大内氏実録(19)』があり、大内氏歴代の事績について詳細に整理している。また戦後の早い時期では、御薗生翁甫『大内氏史研究(20)』と福尾猛市郎『大内義隆(21)』をあげることができる。前者は多様な角度から大内氏の動向を明らかにしており、後者は単に義隆の事績にとどまらず南北朝期から始まる大内氏の発展を多角的に述べている。

大内氏の領国支配のシステムを学ぶための先行研究としては、松岡久人氏の一連の研究が重要である。近年、松岡氏の大内氏研究の論稿が単行本(22)にまとめられ、参照が容易になった。松岡氏の研究のうち筆者は三つの分野を特に重視する。それは①大内氏の在庁官人からの発展過程、②大内氏家臣団の形成、③大内氏の本拠地（守護所）である山口の発展過程である。この三つの分野の諸論稿は、いずれも大内氏の領国支配研究の基礎となる研究である(23)。

大内氏の軍制及び知行制という守護統治の基幹を成す制度に関しては、川岡勉氏による一連の研究がある。[24]これによって大内氏の領国支配を他の大名と比較し、さらに大内氏という大名を室町幕府体制の中に位置付けることが可能になった。一方で川岡氏は大内氏などの事例から、室町期の国制について「室町幕府―守護体制論[25]」を提唱している。

知行制については三村講介氏が大内氏の実施した半済制の本質を論じている。[26]三村氏はこの制度が臨時措置ではなく軍役を確保するのに役立ったと述べており、応仁・文明の乱後に大内氏の勢力がさらに強大になった理由を説明する点で重要である。

本書では大内氏の氏寺である興隆寺に注目しているが、その興隆寺を初めて領国支配との関係で論じたのは太田順三氏[27]である。太田氏は興隆寺の二月会の費用が守護代―郡代を介して徴収された上、執行の担当者には徳政が適用されたと述べている。太田氏は〈氏神の祭祀〉というイデオロギーに関わる儀礼と〈徳政〉という守護統治上の政策を関係付けたといえる。

最近では真木隆行氏[28]が大内氏の宗教政策全体の中で興隆寺を論じている。真木氏は大内氏にとって興隆寺の存在意義がどのように変化したかを整理しており、天台宗の仁平寺と興隆寺がともに重んじられた段階、禅寺の菩提寺と氏寺の興隆寺がともに大内氏の威勢を示すようになった段階、そして興隆寺が別格化された段階を指摘している。興隆寺の意義について、本書は太田氏と真木氏の業績に負うところが大きい。

また近年では対外交流史の進展を踏まえ、朝鮮や明の動向を視野に入れて大内氏を研究するという新たなスタイルの研究が進展している。

例えば須田牧子氏は朝鮮王朝が大内氏を同系とみなす意識と大内氏の特異な先祖観の関係を指摘し[29]、伊藤幸司氏は大内氏の対外交流と禅僧の関係を明らかにした後、[30]琳聖太子後胤説話の形成過程について詳しく論じている。[31]このような研究から、朝鮮王朝との交渉を有利に進める上で機能した大内氏の祖先伝説が、大内氏の自己認識の問題としても扱われるようになっている。

大内氏の家系から大内氏研究に取り組む流れもある。大内氏の歴代当主は祖先伝説を進化させ、その都度新たな自己認識を獲得して家督の正当性を主張していた。この背景には大内氏の家系の複雑さが関係していると思われる。大内氏の一族は複数の有力な系統で構成されており、そのため同族間の争いが絶えなかったのである。このような問題には和田秀作氏や須田牧子氏[32]が取り組んでおり、両氏によってこれまで十分議論されていなかった大内氏の同族である大内武治や冷泉《れいせん》氏、そして幕府奉公衆の加賀大内氏の性格が明らかにされた。

最後に近年に大内氏研究が盛んになった二つの要因について述べておこう。

ひとつは一九九〇年代以降、『山口県史』及び『山口市史』の公刊により、大内氏の関係史料がそれ以前よりも飛躍的に利用しやすくなった[33]ことである。藤井崇氏はそのような研究上の便宜を最大限に活かしており、大内守護家の初代である弘世から政弘に至る歴代の領国支配の特質について、当主ごとの関係文書目録を掲げながら詳細に論じている。[34]

二つ目は大内氏研究の方法論が進化したことである。文献史料だけでなく地理的情報や考古学的発掘の成果が積極的に活用されるようになった。

山村亜希氏[35]は寺社、屋敷、城館などの諸施設の変遷を分析することにより、周防山口や長門国府の空間構造を復元した。

また戦後山口市が継続してきた大内氏関連遺跡の発掘調査から、大内氏館は早くても義弘代までしか遡らないこと、そして大内（村）にある乗福寺が朝鮮王朝様式の建物であったことが確認されている。これら二つの発掘例から山口が守護所としての体裁を整えるまでに時間がかかっており、それ以前は大内氏の名字の地である大内が本拠地であったと考えられる。

四　妙見信仰研究の現状

大内氏の領国支配に宗教がどのような役割を果たしていたかを明らかにするためには、特に大内氏の氏神であった妙見の信仰について論じる必要がある。

では日本において妙見信仰とは何であったのか、それは北極星または北斗七星を神格化した信仰の総称である。妙見信仰は奈良時代に北極星が妙見菩薩として仏教信仰の中に取り入れられ、その始まりを見る。平安中期以降になると妙見信仰は仏教（特に密教）と陰陽道が絡まり合った複雑な様相を呈するようになり、妙見の像容は菩薩形以外にも童子形、童女形など多様なものが現れる。鎌倉末期以降は中国道教の真武神[36]の形象が妙見の図像に取り入れられ、近世に近づくと妙見信仰のスタイルは真武神（鎮宅霊符神）に霊符（お札）が組み合わされた「鎮宅霊符」信仰へと変容していった。

以上のような複雑な成り立ちである妙見信仰を理解するためには日本史学のみならず、民俗学、美術史、道教史といった隣接し合う諸分野の研究成果を取り入れる必要がある。

日本古代史では増尾伸一郎氏[37]による奈良時代以降の仏教的な妙見信仰の研究、山下克明氏による平安時代の星辰を本尊とする修法の研究[38]、そして繁田信一氏による祟り神としての妙見の研究[39]が重要である。

日本史と民俗学の両分野の成果で注目すべきは佐野賢治編『星の信仰　妙見・虚空蔵』（北辰堂、一九九四年）であり、妙見信仰研究の集大成を目指した総合的な論集である。

美術史ではまず武田和昭氏[40]による『覚禅抄』及び『阿娑縛抄』に載る妙見図像の解説が参考になる。次に林温『妙見菩薩と星曼荼羅』（『日本の美術』三七七、至文堂、一九九七年）は妙見の図像を広く紹介しており必見である。また泉武夫氏[41]の研究からは、鎮宅霊符信仰の伝来について詳細な知見が得られる。

なお近年は道教美術や日本中世の守護神を主題とする展覧会も開催されるようになり、妙見信仰の背景を理解するのに役立っている[42]。

道教史では吉岡義豊「妙見信仰と道教の真武神―附天正写本『霊符之秘伝』―」（『吉岡義豊著作集』二、五月書房、一九八九年、初出は一九六六年）が貴重な分析を行っている。この論文によって日本中世の妙見信仰が道教の影響を受けていることが明らかにされた。また坂出祥伸氏は、日本の妙見信仰が道教の中でも「鎮宅霊符」という呪符の信仰の影響を受けていることを日本の呪術との関係から紹介している[43]。

最後に筆者が本書をまとめるにあたって、特に影響を受けた近年の研究について言及しておきたい。

ひとつは津田徹英氏による下総千葉氏の妙見信仰についての美術史的アプローチである[44]。千葉氏が崇敬する妙見像と宋・元代の真武神像が類似していることから、日本における真武神の渡来が一三世紀に遡ることが証明されている。

もうひとつは二階堂善弘氏による道教の文化交流史的アプローチ[45]である。日本の妙見信仰は鎮宅霊符信仰のスタイルを取り入れており、その背景には禅寺の伽藍神《がらんしん》など多くの道教神が日本にもたらされた経緯があると説明している。

従来、大内氏の領国支配政策は軍制、知行制、家臣団、対外交流と多岐にわたる観点から論じられているが、宗教との関わりを忘れてはならない。

五　問題提起

著者が大内氏に興味を持ったのも、将軍―大名という武家支配の確立された時代であるにもかかわらず、大内氏の領国支配はあらゆる面において宗教色が濃いと感じられたからである。大内氏の寺社政策は領国支配システムの重要な柱のひとつであるが、その総体に触れる研究はまだ少ない(46)。

大内氏領国内の寺社は国政上権力を持つ「権門寺院」ではないし、大石雅章氏の言う「中世寺社勢力(47)」とも異なる。大内氏権力のもとで、領国内寺社は「中世寺社勢力」のように世俗権力から政治的・経済的に自立してはおらず、大内氏の保護を不可欠としている。また領国内寺社は勢力内に農民・町人をどれくらい含んでいたか不明であり、「中世寺社勢力」のような「民衆」的な性格についてはいまだ検討されていない。

大内氏は室町幕府から軍事力を高く評価されていた一方で、国内及び国外に対し特異な祖先伝説を主張することに精力を注いだ。大内氏の祖先伝説の中で〈大内氏の氏神である妙見の由緒〉は従来から研究対象として取り上げられてきたが、妙見信仰の起源、発展過程、体系化された姿など、踏まえるべき基本的な事実を検証することが後回しになっていると思われる。大内氏に関する文献史料は『山口県史』及び『山口市史』の公刊によって量的には豊富になったが、大内氏の妙見信仰の解明にはそれだけでは不十分である。先述したとおり日本史学のみならず、民俗学、美術史、道教史などの隣接し合う諸分野に目を向けなければならない。

そこで本書では大内氏の妙見信仰の全貌を明らかにすることを中心として、宗教が領国支配に果たした役割を論じたい。

なお妙見は本来「妙見菩薩」であるが、氏神として崇められる場合は垂迹したかたちの「妙見神」として認識される(48)。とはいえ「菩薩」か「神」というような属性を厳密に区別することは困難なので、以下ではこの尊格について「妙見」という表記に統一する。

六　本書の構成

筆者と大内氏の付き合いは一九八六年に筆者が山口県文書館に勤務した時に始まる。それ以降に必ずしも計画的に研究を行ってきたわけではないが、この機会にこれまでの論文を章や節として再構成し、ひとつの大きな主題の中に位置付ける。

本書は大きく三部に分かれる。第一部では大内氏がどのような地域支配者になろうとしたかということを解明する。それはひとつには家臣団をどのように統制したかということであり、二つ目には室町幕府の体制の中でどのように自己を認識して勢力を維持しようとしたかということである。第二部では大内氏が本拠の山口やその他の都市、そして国・郡・荘・郷といった大小のレベルの地域を支配する上でどのように寺社が役立っていたかを考察する。第三部では大内氏の氏神である妙見への信仰と、妙見を祀った氏寺である興隆寺が領国支配についてどのような意義を持つかということを論じる。

以下では各部の研究意図を説明しておきたい。

〈第一部　家臣団統制と自己認識〉

第一章では大内氏の同族との関係及び妙見の祭祀に注目し、大内氏が南北朝期に在庁官人から大名に発展する過程で、どのように家臣団を形成したのかを考察する。

第二章では南北朝期に大名となった大内氏がいきなり山口を本拠とするのではなく、名字の地である大内〈村〉を本拠としていた段階があったことを明らかにする。

第三章では義弘代以降、在京することによって生まれる大内氏の自己認識を探る。大内氏は幕府の体制に取り込まれた後に在京大名とは異なる価値観を持つようになり、妙見や百済渡来の始祖という権威にすがるようになる。補論では近世の文学・演劇に注目し、近世の民衆が大内氏の持っていた特異な自己認識に興味をひかれていたことを紹介する。

〈第二部　地域支配と寺社〉

第一章では大内氏の繁栄を支えた本拠地である山口に注目する。山口の空間的な変化は歴史地理学のアプローチによる画期的な研究がなされているが、〈都市の境界〉、〈都市民が行う祭礼と勧進聖の関係〉、〈時衆系寺院の機能〉などの重要な論点が残されていた。さらにこの論点を補強するため、補論1では時衆寺院と大内氏の領国内交通政策の関係を探り、補論2では都市民が行う祭礼について長門国の都市の事例を取り上げる。

第二章では義弘が和泉守護となった後、和泉の守護所である堺という都市の機能をどのように活用したかを論じる。大内氏が堺を治めていたのはわずか七年であったが、周防・長門以外の都市の事例として重要であろう。

第三章では大小のレベルの地域で住民共同体の中核に神社が位置していたことに注目する。そして神社の祭祀が地域共同体にとってどのような意義を持ち、それが大内氏の地域支配とどのような関係にあったかを論じる。

第一節では周防国を代表する防府天満宮を取り上げ、門前にある宮市をめぐり大内氏が防府天満宮にどのような役割を期待したかを論じる。第二節では長門国阿武郡の中核である大井郷八幡宮を例に、国と荘郷の中間にある郡レベルの中核となる神社に注目し、その祭祀と大内氏の地域支配との関係を論じる。第三節では長門国の荘郷鎮守である正吉八幡宮について、正吉八幡宮の祭祀の執行をめぐる在地民の紛争に大内氏が介入したことの意味を探る。

第四章では瀬戸内海から北部九州にかけての海域で、武装勢力として存在した海賊、警固衆、倭寇が大内氏とどのような関係を保っていたかを論じる。

〈第三部　氏神と氏寺〉

第一章では興隆寺で毎年行われる二月会の意義に注目する。この妙見の祭祀が大内氏一族の内部だけのものではなく、大内氏の領国全体にわたるイデオロギーとして機能していることを示す。

第二章では大内氏の妙見信仰について、従来から十分に論証されていない点のうち、最も重要と思われる四点を明らかにする。第一は大内氏の妙見信仰はいつまで遡るか、第二は大内氏の氏神である妙見と始祖とされる琳聖太子はどのような段階を経て祖先伝説の中で結び付くのか、第三は妙見は大内氏によってどのようにイメージされていたのか、第四は祖先伝説の中で妙見の存在意義が明確になったのは大内氏歴代当主のうち誰の頃かということである。

第三章では興隆寺が単に大内氏の氏寺という立場にとどまっていなかったことに注目する。第一節では日本国全体での存在意義を与えられたことに触れ、第二節では庶民信仰との関係を考察する。

　第四章では中世の妙見信仰の全体像に目を転じることとし、古代からの北極星の信仰が中世にどのように展開したかを論じる。千葉氏や大内氏の事例から中世後期の妙見信仰に中国の道教信仰の影響を見ていく。


【史料集の略称一覧】

　本書で用いる公刊された史料集の略称は以下のとおりである。
・『鎌倉遺文』→『鎌』。
・『南北朝遺文』中国四国編→『南中』。
・佐藤進一ほか編『中世法制史料集』三　武家家法Ⅰ（岩波書店、一九六五年）→『中世法制史料集』三。
・『防長風土注進案』[49]第一～二二巻（山口県文書館編修・山口県立図書館発行、一九六一～一九六四年）→『注進案』一～二二。
・『萩藩閥閲録』[50]第一～四巻（山口県文書館編集・発行、一九六七～一九七一年）→『閥閲録』一～四。
・『防長寺社由来』[51]第一～七巻（山口県文書館編集・発行、一九八二～一九八六年）→『寺社由来』一～七。
・『山口県史』史料編中世1～4（山口県編集・発行、一九九六～二〇〇八年）→『県史』史料中世1～4。

【多々良氏・大内氏系図】

　本書で取り上げた人物の系譜関係を明示するため「多々良氏・大内氏系図」を作成した。大内氏系譜のうち主要なものは「大内多々良氏譜牒」[52]、「多々良氏系図」[53]、「大内家系」[54]、「多多良朝臣姓大内」[55]の四種類である。[56]いずれも近世に作成されたもので、祖先伝説に一族の系図をともなうような形態を取っている。本書ではこれら系譜の総称を「系譜類」(57)と呼ぶこととする。

……盛房―弘盛―（四代省略）―重弘―弘幸―**弘世**1―**義弘**2―**持世**4
　　　　　　　　　　　　　　　　　　　　　　　　　　　　　　持盛
　　　　　　　　　　　　　　　　　　　　　　　　満弘―持世
　　　　　　　　　　　　　　　　　　　　　　　　盛見3―**教弘**5―**政弘**6―**義興**7―**義隆**8＝義長
　　　　　　　　　　　　　　　　　　　　　　　　弘茂
　　　　　　　　　　　　　　　　　　　師弘
〔鷲頭氏〕盛保―親盛―尼禅恵＝**長弘**―弘員
　　　　　　　　　　　　　　　　　弘直
　　　　　　　　　　　　　　　　　康弘―（二代省略）―弘賢

※防長統一以降の守護は太字で表し、特にアラビア数字を付して継承順を示している。
※長弘流の周防守護には網掛けを施している。

注

（1）石見・安芸両国には南北朝期から進出しており、石見国は守護となった時期がある。また応仁・文明の乱以降は肥前国に進出している。さらに一時的には義弘が明徳の乱の恩賞として、畿内にも和泉・紀伊両国の守護職を得たこともある。
（2）川岡勉『室町幕府と守護権力』（吉川弘文館、二〇〇二年）第三部第四章「大内氏の軍事編成と御家人制」参照。
（3）大内氏は守護管国以外の地域の海賊勢力にも顔がきいた。
（4）川岡勉氏『室町幕府と守護権力』（前掲）序章「中世後期の権力論研究をめぐって」参照。
（5）山田徹「南北朝期の守護論をめぐって」（中世後期研究会編『室町・戦国期研究を読みなおす』思文閣出版、二〇〇七年）参照。

（6）吉田賢司『室町幕府軍制の構造と展開』（吉川弘文館、二〇一〇年）三七頁参照。
（7）藤井崇『室町期大名権力論』（同成社、二〇一三年）五頁参照。
（8）大薮海『室町幕府と地域権力』（吉川弘文館、二〇一三年）二六三頁参照。
（9）吉田賢司氏『室町幕府軍制の構造と展開』（前掲）三八頁。
（10）上島享『日本中世社会の形成と王権』（名古屋大学出版会、二〇一〇年）第二部第二章「中世国家と仏教」参照。ただし上島氏は、中世後期における宗教の国家的な役割が中世前期よりも低いと考えているわけではない。上島氏は中世仏教は国家・王権との結び付きを失った後も、中世仏教成立時に内包されていた萌芽が全面的に開花し、民衆世界を基盤に発展を遂げていくと述べている。
（11）原田正俊『日本中世の禅宗と社会』（吉川弘文館、一九九八年）。
（12）大石雅章『日本中世社会と寺院』（清文堂出版、二〇〇四年）「結　寺院と中世社会」参照。
（13）「権門寺院」は黒田俊雄氏の言う「寺社勢力」の核となる概念である。
（14）大石氏は、本寺に替わって室町時代の公権として荘園の諸所職の保証の機能を果たしたのは室町幕府―守護権力であると述べている。
（15）大田壮一郎『室町幕府の政治と宗教』（塙書房、二〇一四年）参照。
（16）川本慎自「室町幕府と仏教」（岩波講座『日本歴史』中世3、岩波書店、二〇一四年）参照。
（17）最近の研究史の整理として、須田牧子『中世日朝関係と大内氏』（東京大学出版会、二〇一一年）序章「中世対外関係史論の現在と本書の課題」がある。詳細な整理がなされており、筆者と異なる観点ではあるが参考になった。
（18）かつて吉川弘文館発行の戦国大名論集では、木村忠夫編『九州大名の研究』（一九八三年）、岸田裕之編『中国大名の研究』（一九八四年）のいずれにも大内氏関係論稿の収録数は多くなかった。しかし、今や室町・戦国期関係の研究では何かしら大内氏に触れたものが多く見られるようになった。最新の研究では鹿毛敏夫編『大内と大友―中世西日本の二大大名』（勉誠出版、二〇一三年）は大内氏と大友氏を比較しながら、両大名を斬新な切り口で論じており、重要な成果である。

(19)もとは明治一八年(一八八五)に出版されたものであるが、現在は三坂圭治氏が校訂した『大内氏実録』(マツノ書店、一九七四年)で読むことができる。

(20)もとは山口県地方史学会大内氏史刊行会により一九五九年に発行されたものであるが、現在は復刻版が一九七七年にマツノ書店から発行されている。

(21)吉川弘文館の人物叢書に含まれる(一九五九年)。

(22)岸田裕之氏の編集により、松岡久人『大内氏の研究』(清文堂出版、二〇一一年)が発行された。

(23)松岡久人『大内義弘』(戎光祥出版、二〇一三年、初版は一九六六年)は大内義弘の伝記であるが、①~③の分野の解説に力点が置かれている。

(24)川岡勉『室町幕府と守護権力』(前掲)所収。

(25)川岡勉氏『室町幕府と守護権力』(前掲)序章「中世後期の権力論研究をめぐって」参照。

(26)三村講介「大内氏の半済制」(『古文書研究』五六、二〇〇二年)、同氏「中世後期における大内氏の直轄領」(『九州史学』一三六、二〇〇三年)。

(27)太田順三「大内氏の氷上山二月会神事と徳政」(渡辺澄夫先生古希記念事業会編集・発行『九州中世社会の研究』、一九八一年)。

(28)真木隆行「周防国大内氏とその氏寺興隆寺の質的変容」(川岡勉・古賀信幸編『西国の文化と外交』日本中世の西国社会3、清文堂出版、二〇一一年)。

(29)須田牧子『中世日朝関係と大内氏』(前掲)参照。

(30)伊藤幸司『中世日本の外交と禅宗』(吉川弘文館、二〇〇二年)参照。

(31)伊藤幸司「中世西国諸氏の系譜認識」(『境界のアイデンティティ』岩田書院、二〇〇八年)参照。

(32)和田秀作「大内武治及びその関係史料」(『山口県文書館研究紀要』三〇、二〇〇三年)、同氏「大内氏の惣庶関係をめぐって」（鹿毛敏夫編『大内と大友―中世西日本の二大大名』勉誠出版、二〇一三年）、須田牧子「加賀の大内氏について」（『山口県地方史研究』九九、二〇〇八年）。

(33)『山口県史』史料編中世1～4（山口県編集・発行、一九九六～二〇〇八年）と『山口市史』史料編・大内文化（山口市編集発行、二〇一〇年）によって、大内氏に関係のある文書・記録のほとんどを見ることが可能となった。特にその収録文献のうち、『雲門一曲』や『西国下向記』のように山口県に関係する部分に限定されるが、従来利用しにくかった文献が利用しやすくなったことは幸いであった。

(34)一連の研究は藤井崇氏『室町期大名権力論』（前掲）にまとめられている。また藤井氏には大内氏当主の伝記もある。『大内義興―西国の「覇者」の誕生』（戎光祥出版、二〇一四年）。

(35)山村亜希『中世都市の空間構造』（吉川弘文館、二〇〇九年）第一部第一章「描かれた中世都市―『忌宮神社境内絵図』と長門国府―」、第二部第二章「西国の中世都市の変遷過程―周防山口の空間構造と大内氏」。

(36)北極星の象徴である玄武が人格化された神である。

(37)増尾伸一郎「〈天罡〉呪符の成立―日本古代における北辰・北斗信仰の受容過程をめぐって―」（前掲『星の信仰　妙見・虚空蔵』、初出は一九八四年）参照。

(38)山下克明『平安時代の宗教文化と陰陽道』（岩田書院、一九九六年、初出は一九八八年）三〇二頁参照。

(39)繁田信一『平安貴族と陰陽師』（吉川弘文館、二〇〇五年）三〇頁参照。

(40)武田和昭『星曼荼羅の研究』（法藏館、一九九五年）第二章参照。

(41)泉武夫「特異な星辰神の図像とその象徴性」（『佛教藝術』三〇九、毎日新聞社、二〇一〇年）参照。

(42)『道教の美術』（読売新聞大阪本社／大阪市立美術館発行、二〇〇九年）、『武将が縋った神仏たち』（滋賀県立安土城考古博物館、二〇一一年）を指す。

(43)坂出祥伸「呪符と道教―鎮宅霊符の信仰と妙見信仰」（『「気」と養生―道教の養生術と呪術―』人文書院、一九九三年）参照。

(44) 津田徹英「中世千葉氏による道教の真武神図像の受容と『源平闘諍録』の妙見説話」(野口実編『千葉氏の研究』名著出版、二〇〇〇年、初出は一九九八年)、同氏「現存作例からみた千葉氏の妙見信仰をめぐる二、三の問題」(『千葉市立郷土博物館研究紀要』四、一九九八年、実際の刊行年は一九九九年)参照。
(45) 特に二階堂善弘『アジアの民間信仰と文化交渉』(関西大学出版部、二〇一二年)は、道教神の中世日本への導入について詳しい。
(46) 真木隆行氏「周防国大内氏とその氏寺興隆寺の質的変容」(前掲)は氏寺である興隆寺と菩提寺の禅寺の関係に注目し、さらに興隆寺が整備される以前に大内氏にとって仁平寺が重視されていたことを論じている。
(47) 大石雅章氏『日本中世社会と寺院』(前掲)参照。
(48) 津田徹英『中世の童子形』(『日本の美術』四四二、至文堂、二〇〇三年)六四及び七九頁参照。
(49) 原題は「風土注進案」であり、長州藩が天保年間に編纂した藩内各村の地誌である。
(50) 原題は「閥閲録」であり、長州藩が享保一一年(一七二六)に藩士の家に伝来した文書を編纂した古文書集である。
(51) 原題は「寺社由来」であり、長州藩が享保三年(一七一八)に編纂を開始した藩内寺社の由来書である。
(52) 『続群書類従』及び『改定史籍集覧』。貞享二年(一六八五)に山口龍福寺の古本を写したものである。
(53) 『寛政重修諸家譜』。江戸幕府の家臣となった山口氏の系譜であり、簡略な系図を載せる。
(54) 「毛利家文庫」(山口県文書館蔵)。同族に至るまで網羅的な系図を載せ、異説を丁寧に紹介している。
(55) 『系図纂要』。大内氏の系譜を始祖の温祚王から始まる百済王系につなげ、同族に至るまで網羅的な系図を載せる。
(56) これらはすべて『山口市史』史料編・大内文化(前掲)第一編第一章「系譜」に収録されている。
(57) 「系譜類」共通に見られる人名や事項に触れる際、何もことわらない場合は御薗生翁甫氏がこれらを比較・考証した「新撰大内氏系図」(田村哲夫編修『近世防長諸家系図綜覧』マツノ書店、一九八〇年付録)を参照している。なお「新撰大内氏系図」も『山口市史』史料編・大内文化(前掲)に収録されている。

第一部　家臣団統制と自己認識

第一章　領国形成と家臣団

はじめに

周防国の南北朝動乱は、大内氏という土着勢力が在庁官人から守護に転身するという展開を遂げる。では大内氏はどのようにして地域支配権力となり、守護という役職を得るようになったのだろうか。南北朝期に初めて周防・長門両国を統一した大内弘世は、守護に任ぜられて初めて地域を支配する権力を握るようになったのではなく、一族の内訌戦など、それ以前からの歩みがあったはずである。また近年の研究から[1]、室町幕府を中央政権とする政治体制とは、それぞれの地域が守護公権に限らず多様な方法をとって中央へ結び付く体制であるということが広く認められるようになっている。大内氏の場合でも、守護職を得た後も必ずしも守護公権に依存しない独自の方策を使って家臣団をまとめ、室町幕府との関係を築いていたのではないだろうか。

そこで本章では大内弘世期を中心に、大内氏がどのようにして地域支配権力を確立したかということを論じる。第一節では大内氏が守護として成長する前段階として、在庁官人多々良氏が周防国に勢力を扶植していく過程を考察し、第二節では弘世の権力基盤について家臣団の構成に焦点を当てて論じる。さらに第三節では大内氏がどのようにして家臣団を糾合していたかを論じたい。

弘世期の大内氏について、先行する研究としては松岡久人氏及び藤井崇氏の研究がある。

松岡久人氏[2]は鎌倉期以来の族的結合が南北朝期においても、大内氏の権力編成の原理として有効であったと述べている。藤井崇氏[3]は弘世期の大内氏について、幕府の命じる九州平定に出兵するよりも自国の支配を最優先させていることから、守護職に依存しない地域支配権力者であることを強調している。

松岡氏と藤井氏はともに大内氏の地域支配権力が守護職に依存しない側面を重視しており、両氏の研究を踏まえると、どうやら大内弘世は守護職に依存せず周防国内の国人層を家臣団に編成できたと認められる。本章では大内氏が地域支配権力を確立するためには一族の精神的紐帯が必要であったと推測し、主として松岡氏による弘世期の権力編成の分析をより深めるかたちで、鎌倉末期から南北朝中期にかけての大内氏の主従結合について説明したい。

一　多々良氏から大内氏へ

大内氏の前身は在庁官人多々良氏である。本節では大内氏が守護として成長する前段階として、多々良氏が周防国に勢力を扶植していく過程を考察する。

（一）多々良氏一門の分立

平安末期以降、在庁官人多々良氏は周防国内の東西に盛んに分派し[4]、右田《みぎた》氏、陶《すえ》氏、問田《といだ》氏、鷲頭《わしず》氏などの同族が各地に本拠地を形成していた。その当時において多々良氏一門の中で特に有力であったのは、大内介一族と鷲頭氏[5]である。前者は周防国吉敷郡大内村を所領とした多々良氏の惣領家であり、後者は同国都濃《つの》郡内にある鷲《わし》頭《ず》荘を所領とする一族であった。前者はその家督が代々「権介(6)」を僭称し「大内介」と呼ばれた。本章では「大内介」に率いられた多々良氏の惣領家を特に大内介一族と呼ぶ。

まず大内介一族と鷲頭氏について、それぞれの所領に注目し、その勢力基盤を分析する。

鎌倉末期と推定される年月日未詳「大内介知行所領注文(7)」から、大内介一族が鎌倉末期までに有していた周防国内の所領が判明し、これを表Aに整理し図1に標示した(8)。吉敷郡の所領としては本拠地の大内村の他に、その北西に位置する宇野令《うのりょう》があり、その南には矢田令《やたれい》が見える。佐波郡には国衙が所在する佐波令《さばれい》があり、その北西に大内と国衙を結ぶ交通の要衝である下右田《しもみぎた》がある。佐波令の南には国衙の外港である国符《(府)》浜がある。都濃《つの》郡では後に陶氏の本拠地となる富田保《とんだのほ》が見え、玖珂《くが》郡には瀬戸内海に面した由宇《ゆう》郷・通津《つづ》郷がある。この他に大内介は案主《あんじゅ》所職、惣追捕使職という国衙の所職も握っていた。このように大内介は国衙領に由来する「令」や「保」と称する所領を有し、それらの所領には少なからず港湾など交通上の要衝も含まれていたのである。

表A　鎌倉期の大内介所領

国	郡	所領
周防国	吉敷郡	矢田令
		宇野令
		大内村
		宮野
		大海
	佐波郡	佐波令
		国符浜
		下右田
	都濃郡	小津馬嶋
		富田保一分地頭
	玖珂郡	由宇郷
		通津郷
		横山
		日積村
	不明	本庄
	国衙所職	案主所職
		惣追捕使職

一方で鷲頭氏の所領は鷲頭荘（図1参照）であり、現在の山口県下松市に所在した。その荘域内には北部に山陽道が通り、南部には笠戸湾に面して下松《くだまつ》という港湾もあり、これらも海陸の交通の要衝であった。

大内介一族と鷲頭氏はともにその所領に交通の要衝を抑えていたが、大内介一族の方が周防国内に交通を支配する拠点をより

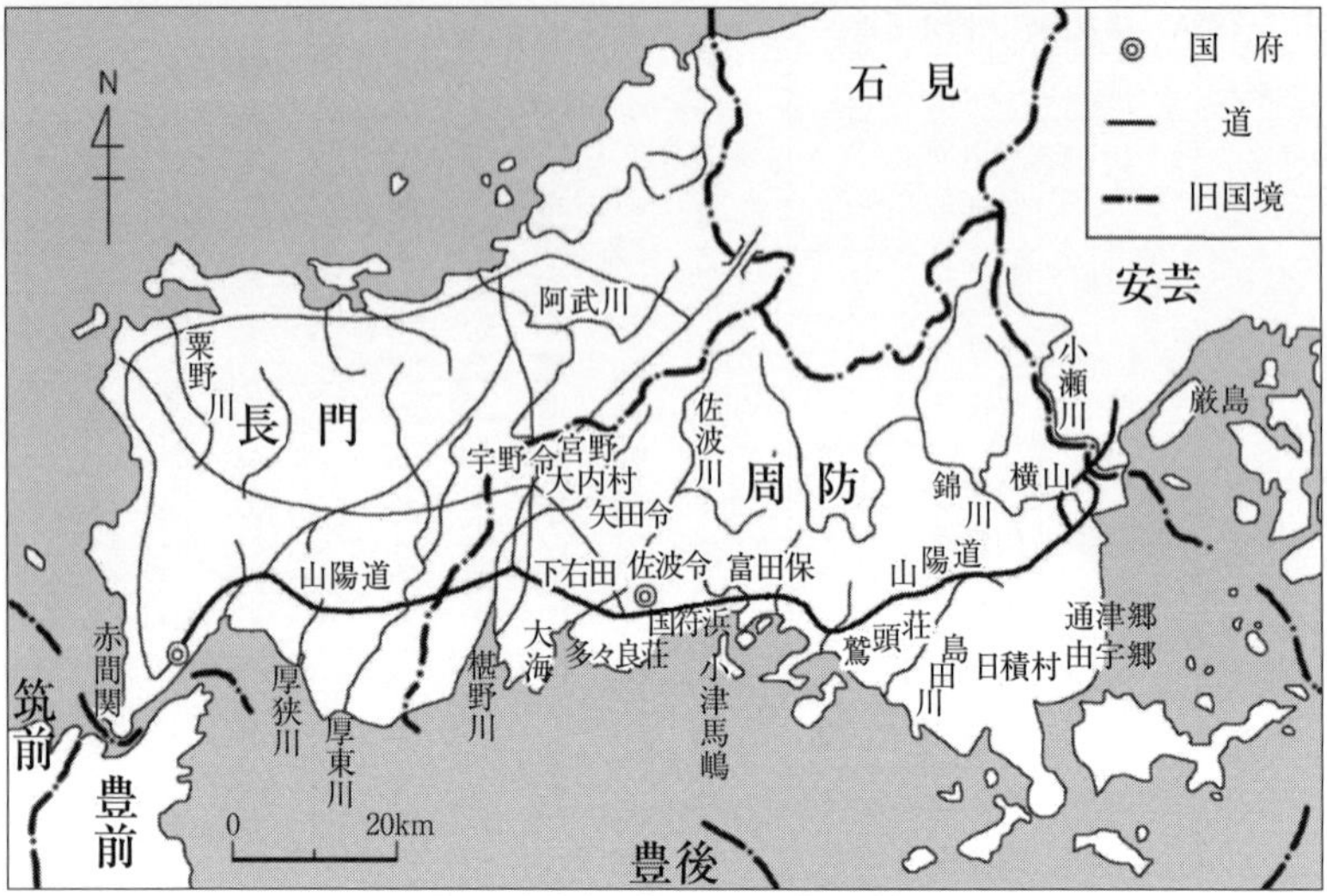

図１　大内介一族とその同族の所領

多く握っているという点で優位に立っていたと推察できる。
次に鎌倉幕府への貢献度から両者を比較する。

大内介一族と鷲頭氏はともに鎌倉幕府の御家人であり、そのことは御家人を造営に動員するための台帳である建治元年（一二七五）五月「六条八幡宮造営注文」[9]から明らかである。この注文によれば、造営の費用負担額は「大内介」が一〇貫文で最も多く、「鷲頭筑前々司跡」が七貫文、「吉敷十郎入道跡」が五貫文と記されている。「系譜類」によれば、「鷲頭筑前々司」及び「吉敷十郎入道」はいずれも多々良盛保の子と記され、ともに鷲頭氏系統とみなすことができる。両者を合わせると一二貫文となり、鷲頭氏系統の負担額は大内介一族の一〇貫文を上回る。このように造営の費用負担額から見た鎌倉幕府への貢献度は、鷲頭氏系統が大内介一族を多少上回るが大差はないと言えよう。

二つの側面から比較した結果、所領の多彩さの点で大内介一族が優位に立っているようであるが、幕府への貢献度では必ずしも大内介一族が勝っているわけではない。鎌倉期において大内介一族と鷲頭氏に、勢力的に大きな差は見られなかったのではないかと推察される。

その後の大内介一族と鷲頭氏について、史料から見える動向を紹介しておく。まず鎌倉末期から南北朝末期にかけて、鷲頭氏の方はその動静がわかりにくくなる。大内介一族の方は南北朝期以前に、嫡流である重弘の一流と重弘の弟で庶流である長弘の一流にさらに分裂しており、両者が周防国の覇権を争うようになった。「系譜類」によれば当時の大内介は重弘で、長弘はその弟とされている。また紛らわしいことに鷲頭氏の家督を長弘が継いだと記されている。なお長弘流は大内姓で呼ばれたが、後に長弘の孫の代に鷲頭姓で呼ばれるようになった[10]。

以上のように鎌倉期において、多々良氏一門は必ずしも惣領である大内介の統率下にあったわけではなく、鷲頭氏の存在に代表されるように、多々良氏一門はそれぞれの本拠地に割拠していたと言うことができる。当時は惣領家に権力は集中していないが、周防国のあちらこちらに荘・郷・保程度の地域を実力で支配する勢力が育っていたことを意味するだろう。

(二) 大内介一族の内訌

以下では周防国の覇権争いに勝ち残った大内介一族の内訌を中心に話を進める。

大内重弘はすでに鎌倉末期において、東大寺が派遣した大勧進上人を周防国衙支配から失脚させるほど、中央権力に対して優れた折衝能力を発揮していた[11]。同じ頃に重弘の弟の長弘も中央権力と折衝している。長弘は石見国人の益田兼世に石見国益田庄宇地村地頭職をめぐる訴訟を依頼され、鎌倉幕府との折衝役として関東代官である因幡法橋定盛を鎌倉に派遣している[12]。国人に訴訟の依頼を受け代官を鎌倉に奔走させるなど、長弘も兄の重弘に劣らず地方武士から信頼され、中央権力と折衝する力も有していたと推察される。

南北朝期になって、大内介一族のうち最初に周防国の守護に任ぜられたのは庶流である長弘であった[14]。長弘流は隣国長門の厚東氏と協同し、いち早く足利尊氏方に立った[15]。北朝から周防守護に任ぜられたのはこのことが功を奏したと思われる。これに対して重弘流である弘世は、厚東氏を倒して周防・長門の両国を一括して支配することにより、領国支配を完遂しようとしたのである。

（三）大内氏の成立

これまで多々良氏の中から大内介一族が台頭する過程を見てきたが、複雑な系譜上の呼称の中で、「大内」の付く呼称は意味するところが変化している。南北朝初期には重弘流、長弘流ともに「大内介」と呼ばれているのである。

実は「大内介」や「大内」という呼称は外部の人間によるものである。在庁官人多々良氏の人間は自署の際に必ず「多々良」という姓を用い、「権介多々良」、「権介多々良宿祢」などと記し、家督である大内介も「権介多々良弘盛」などと署名している。弘世以降の大内氏当主も同様であり、例えば大内義弘は「従四位多々良朝臣」と署名している。やがて「大内」と呼ばれる者は一族外の人間からは周防国を代表する武家（地域支配権力）として認識されるようになり、重弘流と長弘流は内訌していても同じように「大内介」と呼ばれることになった。鎌倉期に大内介一族が周防の国を代表する武家であると周囲に認められ、南北朝動乱の中で台頭した同族もまた「大内介」の一族に含められたのであろう。『太平記』には建武三年（一三三六）に足利尊氏の東上に功績があった武将として「大内介」の名が見えるが、この人物は『梅松論』によれば大内長弘のことである。このように南北朝初期では重弘流、長弘流に限らず、周防国の地域支配権力として中央に名が知られた方が「大内介」と呼ばれた可能性がある。やがて大内介一族は弘世の子の義弘が室町幕府に登用される頃、将軍や他の大名から「大内」という家名で呼ばれるようになった。

大内介一族の両流が互いにしのぎを削る状況が続いていたが、やがていずれの勢力にとっても先行きが読めなくなる事態が生じた。それは足利直冬が貞和五年（一三四九）以前に長門探題に任ぜられ、足利氏の内部抗争に端を発した観応の擾乱が周防・長門両国にも及んだことである。

表Bから窺えるように、貞和五年（一三四九）から貞治二年（一三六三）に大内弘世が北朝に帰属するまでの約一五年間に、重弘流（弘世）・長弘流のいずれもが足利直冬方に属した時期がある。この間の両者が文書で使用した年号は直冬方のものである。このように重弘流及び長弘流はいずれも直冬の勢力にうまく乗り、幕府に従うことなく地域支配権力を扶植していったと推察される。

この期間は庶流の長弘流が周防守護であったが、最終的には嫡流である重弘流の勝利に終わった。重弘の孫である弘世が貞治二年（一三六三）に周防・長門両国の守護になり、以降は弘世から生じた家系が大内氏の家督を世襲することになる。

二　家臣団の構成

大内介は鎌倉期において在庁官人の首領であったが、多々良氏の同族と主従関係を結んでいたわけではない。松岡久人氏によれば、鎌倉期では多々良氏の同族間で検非違所《けびいしょ》や健児所《こんでいしょ》など国衙の要職（兄部《このこうべ》職）を分け持っ

表B　南朝、北朝、足利直冬及び大内氏両流の動向と使用年号

西暦	南朝	北朝	足利直冬	大内氏		備　考
				弘世	長弘	
1349	正平４	貞和５	貞和５			４月以前、直冬、長門探題に任ぜられる。
1350	正平５	貞和６〈２月〉観応元	貞和６			弘世・長弘ともに直冬方。
1351	正平６	観応２	貞和７（６月）観応２			正平６年11月頃から翌７年３月頃まで正平一統の間、観応年号は直冬支持を表す。
1352	正平７	観応３〈９月〉文和元	観応３	観応３	観応３	
1353	正平８	文和２	観応４（５月）正平８		文和２	貞弘（長弘の子）、一連の軍忠状注進。これ以降、長弘流の文書は確認できず。
1354	正平９	文和３	正平９	正平９		弘世、この年から正平年号を使用。
1355	正平10	文和４	正平10			１月、直冬入京するも、３月、尊氏方に京都を奪還される。
1356	正平11	文和５〈３月〉延文元	正平11	正平11		２月以前、直冬、安芸国に下着。以後、勢力を失う。
1357	正平12	延文２	正平12	正平12		
1358	正平13	延文３	正平13			
1359	正平14	延文４	正平14	正平14		
1360	正平15	延文５	正平15	正平15		
1361	正平16	延文６〈３月〉康安元	正平16	正平16		
1362	正平17	康安２〈９月〉貞治元	正平17	正平17		弘世、この年まで直冬方。
1363	正平18	貞治２	正平18	貞治２		春の頃、弘世、幕府に降る。弘世、いったん正平年号に復す（８月10日付文書）。

注

・（　）内は変化を確認できる月、〈　〉内は改元の月を示す。

・正平10年までは、『防府市史』通史Ｉ原始・古代・中世（防府市、2004年）277頁掲載の表に手を加えた。正平11年以降、直冬が一貫して正平年号を使い続けたことは、瀬野精一郎『足利直冬』（吉川弘文館、2005年）162頁を参照した。

ており、大内介を筆頭とする惣領制的な同族団が国衙の行政を握っていた[16]。では弘世期はどうであろうか。

本節では弘世の権力基盤のうち、家臣団の構成に焦点を当てて論じる。足利将軍家の一門でも譜代の家臣でもない土着勢力の大内氏が領国支配を固めていくために、大内氏は家臣団の構成にどのような意を払ったのであろうか。このことについては観応三年（一三五二）[17]、貞治四年（一三六五）[18]、応安七年（一三七四）[19]、永和元年（一三七五）[20]の関係史料に恵まれている。以下の分析はこれらの史料による。

（一）仁平寺堂供養時の家臣団

重弘流は観応三年（一三五二）[21]に家督である弘幸のもとで仁平寺《にんぺいじ》堂供養を行った。この法会は大内氏と周防国衙の共催であるが、大内弘幸・弘世父子をはじめ大内氏家臣が馬を進めている。この時に宇野殿、野田殿という同族が特に「殿」と呼ばれて尊重されていることから、大内氏は南北朝期には同族を家臣に編成していたことがわかる。

（二）松崎天神社造営時の家臣団

弘世は貞治二年（一三六三）に北朝から周防守護に任ぜられると、すぐに周防国佐波郡にある松崎天神社（現在の防府天満宮）の造営に着手した。幸いにその竣工にともなう貞治四年（一三六五）六月一一日及び永和元年（一三七五）八月一〇日の年紀を持つ二種類の棟札[22]が伝存しており、家臣の姓名が記されている。そこでこれらの棟札に注目し、記載された人名のリストを表Cに整理した。二種類の棟札について、前者をC1、後者をC2と呼ぶこととする。C1に記載された人物がC2に見えなくても、同じ家の者が同様の地位を継承していると判断

表C　大内弘世の家臣団

	C１　1365年「大内弘世天神社造替棟札写」		C２　1375年「大内弘世天神社拝殿再興棟札写」		
	人名	備考	人名	備考	
〈１段目〉	目代祥能禅師	未詳	目代主源上人	正しくは至源	
	小目代法印源弁	未詳	小目代沙弥連正	原文書では「小目代代」、国衙候人得冨蓮正のこと	
	国司造東大寺新禅院沙門頼然	東大寺大勧進	国司造東大寺戒壇院沙門普乗	東大寺大勧進	
	大願主大内介散位多々良弘世	大内氏家督	沙弥道階（大内弘世）	C１備考に同じ	
	同子息　多々良義弘	弘世の嫡子			
〈２段目〉	造営奉行（省略）		造営奉行（省略）		
〈３段目〉	番匠（省略）		番匠（省略）		
〈４段目〉結縁衆上段	問田多々良弘有	問田氏は大内支族で、弘有は家督	掃部助貞世	問田氏で、弘有の兄	上段
	多々良弘氏	大内支族の末武氏			
	近江守貞信	長門守護代、大内支族の黒川氏	近江守貞信	C１備考に同じ	上段
	前長門守	未詳	長門入道善久	前長門守のことカ	上段
	三河守弘尚	大内支族カ			
	前越前守弘政	大内支族の陶氏の家督	周防守弘綱	長門守護代、大内支族の陶氏で、弘政の弟	上段
	五辻侍従入道殿	五辻家七代俊量のこと			
	河内彦五郎入道聖修	未詳			
	若相又大郎入道智静	長門守護代、杉又太郎入道智静のこと	若相又太郎入道智静	C１備考に同じ	下段
	千代次民部丞長祐	奉行人、吉敷郡千代次保の領主カ	千代次安芸入道道給	長祐の一族カ	上段
	宮河兵庫助頼直	奉行人			
	伴田六郎左衛門尉光直	伴田氏は、文明年間に奉行人			
	森孫四郎重家	奉行人森氏の一族カ			
	吉藤四郎左衛門尉近綱	観応３年(＊)に「役人在庁」として吉藤弥九郎が見えるので、在庁官人カ			
	井町宰相律師定円	僧位から判断すると、東大寺僧カ			
	須山掃部助兼雄	奉行人の陶山氏カ	縫殿允弘高	奉行人、陶山氏	上段

〈4段目〉結縁衆下段	森兵衛次郎入道良恵	長門守護代、奉行人			
	讃井彦次郎入道信覚	讃井氏は大内支族、観応3年(＊)に讃内井妙戒、同子息藤三の名が見える	讃井入道信覚	C1備考に同じ	上段
	堀左衛門入道道周	未詳	堀三郎左衛門尉頼宣	道周の一族カ	上段
	仁保将監重世	吉敷郡仁保庄の地頭である仁保氏の家督			
	長野	二行に分かれているが、長野西郷入道本致のことカ、吉敷郡長野の領主で、奉行人西郷氏の一族カ			
	西郷入道本致				
	宮河孫左衛門尉幸政	奉行人宮河氏の一族カ	孫左衛門尉幸政	宮河幸政のこと	上段
	西郷左馬丞	奉行人西郷氏の一族カ			
	小鯖西郷亮三郎	観応3年(＊)に見える西郷修理亮のことカ、吉敷郡小鯖の領主で、奉行人西郷氏の一族カ			
	松尾院主重尊	未詳			
	小鯖中左近	吉敷郡小鯖の領主カ			
	小俣隼人助忠基	吉敷郡小俣の領主カ			
	中山入道	未詳	中山入道	C1備考に同じ	下段
	村社又四郎	未詳			
	森掃部助尚弘	奉行人森氏の一族カ	森将監	奉行人森氏の一族カ	下段
			四郎左衛門尉光政	未詳	
			山崎彦太郎入道	未詳	
			末益三郎左衛門尉	未詳	
			神田五郎貞季	未詳	
			秋穂新左衛門尉	吉敷郡秋穂の領主カ	
			曽原次郎左衛門尉	奉行人、名は直義	
〈5段目〉	願主願文（省略）		願主願文（省略）		

＊　観応3年「仁平寺本堂供養日記」（興隆寺文書82『県史』史料中世3）による。

された場合は、その人名をC2の同じ行に記載することとする。二つの棟札はいずれも現物は失われているが、近世の写によって現物の記載を知ることができる。

C1とC2に共通して、記載は大きく五段に分けることができる。一段目は造営の最高責任者である国司と守護を表している。二段目は「造営奉行」であり、松崎天神社側の責任者と国司側・大内氏側の責任者の名が記されている。三段目は「番匠」の名である（C2ではさらに上下段に分かれる）。四段目は「結縁衆」の名であり、五段目は「願主願文」である。

二つの棟札に共通することで最も興味深いのは四段目の「結縁衆」である。C1とC2ともに「結縁衆」の上段には大内氏の同族が並ぶ傾向が窺える。後に有力守護代家となる陶氏や杉氏の人物[23]の名が見えるが、彼らよりも問田氏、末武氏、黒川氏といった同族[24]の方が上位である。この他にも前長門守、三河守弘尚という人名が上段に位置する。

このように棟札の「結縁衆」の記載では、大内氏家臣のうち同族とそうでない者が区別されていることがわかる。大内氏の同族は受領名[25]である「守」を名乗り、「結縁衆」の上段に名を連ねている。これに対して「結縁衆」の下段には奉行人やその一族の人名が並び、このクラスの家臣は民部・兵衛・衛門の三等官（丞、尉[26]）、もしくは隼人・掃部の二等官（助[27]）を名乗るという約束事が窺える。この他に吉敷郡内の地名に由来する仁保や長野、小鯖といった姓の家臣の名が見られる。C1とC2では「結縁衆」上段に大内氏の同族が並ぶ傾向は共通するが、上段後半から下段にかけて記される奉行人級の家臣はあまり共通していない。その理由としては弘世期では神仏の祭祀が主として同族の家臣によって支えられており、奉行人級やそれ以下の家臣は常に祭祀に参加していたわけではないからと考えられる。

（三）氷上山妙見社上棟時の家臣団

応安七年（一三七四）八月一〇日「氷上山妙見上宮上棟神馬寄進注文」は年代的には棟札C2の前年にあたる。「氷上山妙見上宮」とは大内氏の氏寺である興隆寺の境内に祀られた社であり、氷上山妙見社のことである。この注文には大内氏の氏神である妙見を祀る上宮の上棟を祝い、神馬を寄進した大内氏家臣の人名が多数記載されている。やはり大内氏の同族が上位に名を連ね、末武殿（弘氏カ）、黒河殿（貞信）、右田殿、右田弥三郎殿、陶周防殿（弘綱）というように、特に「殿」の敬称を与えられた人物の名が目立つ。[28]この他に「殿」という敬称を与えられた人物には肥前殿、参河殿、豊前殿などがいる。大内満弘も嫡子（義弘）の弟として「三郎殿」とされている。[29]残りは棟札C1とC2と同様に奉行人ないしその一族と考えられる家臣が名を連ねている。そのうち末益孫三郎、須山縫殿允（弘高）、問田掃部助（貞世）、讃井入道（信覚）、宮川孫左衛門尉（幸政）、森右近将監、山崎彦太郎入道はC2に見える家臣であり、さらに讃井と宮川の名はC1にも見える。

仁平寺堂供養時と同様に大内氏の同族である家臣が重用されていることがわかるが、この注文の記載は妙見祭祀の場での家臣団の結集という点で重要である。

小　括

（一）～（三）で紹介した事例から、大内氏の家臣団の特徴が見えてくる。大内守護家の草創期である弘世期の家臣団は大内氏の同族を上級家臣の中核に据えて構成されていたこと、そしてそのような家臣への敬称は「受領名＋殿」という形式を取っていたことである。さらに大内氏の家臣団が妙見祭祀の場に結集していたということも特徴とされるだろう。

また鎌倉期に大内介を惣領に戴き国衙の要職を分け合っていた多々良氏一門は、南北朝期になって大内氏当主との間で主従関係が生じた後も、同族としての絆を保っていたと推察される。

三　家臣団の糾合

第二節で見たように南北朝期の大内氏は神仏の祭祀に家臣たちの奉加を募り、積極的に参加させている。このような宗教儀礼の場は主人への忠誠心を試す機会と判断できるだろう。すなわち家臣に対する大内氏の統率力を分析する際には宗教儀礼に注目することが有効であると考える。第二節では大内氏が執行した祭祀に参加した家臣の名前に注目したが、本節では主に氷上山妙見社の祭祀について、同族の糾合の面からその意義を論ずる。

（一）多々良氏全体の氏寺

南北朝期の大内氏は本拠である大内村にあった氷上山妙見社で妙見祭祀を行っている。氷上山妙見社は大内氏の氏寺である興隆寺の境内にあり、興隆寺と一体になっている。大内氏が氷上山妙見社で妙見の祭祀を行っている確実な史料上の初見は正平九年（一三五四）であり、[30] 大内弘世は妙見の「恒例」神事を「先例」に任せて興行するように命じている。これは正平九年（一三五四）以前から妙見祭祀が続けられていたということを意味するだろう。また暦応四年（一三四一）に興隆寺は長弘流による放火によって焼失している。[31] このことから暦応四年（一三四一）以前にすでに興隆寺に付属した氷上山妙見社が存在し、妙見の祭祀もそれ以前の鎌倉期にすでに行われていた可能性が高く、大内氏は在庁官人の時代から妙見を一種の守護神として崇めていたと推察される[32]。鎌倉期の多々良氏一門は分立していたが、同じ妙見を信仰する多々良氏の同族が南北朝期に大内介のもとで、氷上山妙見社に結集するようになっていたのではないだろうか。

このように興隆寺は大内氏にとって重要な存在であり、多くの文書（興隆寺文書[33]）も伝わっており、その中に一通だけ鎌倉期の年紀を持つ弘安五年（一二八二）六月二三日「多々良氏女寄進状[34]」が存在する。この文書の趣旨は「氷上てら《（興隆寺）》ハ《は》たゝら《（多々良）》のうちてら《（氏寺）》」なので、多々良氏女が仁戸田《にへだ》村の田を寄進するというものである。しかし筆者がこの文書の実物を調査したところでは南北朝期以降の文字であり、かつ本物の文書に似せようとする作為の跡が見られたため[35]、この文書は鎌倉期まで遡るものではないと判断される。もしかすると、これは弘世以降の大内氏の家督の意識を反映した偽作かもしれない。康永三年（一三四四）に大内弘幸（弘世の父）が仁戸田《にへだ》保を興隆寺に寄進した事実[36]に似せて文書を偽作し、興隆寺は古くから〈多々良氏全体の氏寺〉であったと見せかけることを意図したのではないだろうか。

後に領国支配のイデオロギーの中心として力を持つようになる興隆寺[37]であるが、南北朝中期頃はまだ大内介一族（重弘流[38]）の内輪の寺の段階であった。真木氏によれば一四世紀中葉までの興隆寺は境内構成も寺僧組織もともに小規模で、大内介一族の私寺的性格が強いものであり、興隆寺が領国支配の中で別格の地位を得るのは教弘期以降のことであった[39]。つまり興隆寺を拠点とした妙見祭祀も、この頃までは領国全体に広く影響を及ぼすような性格のものではなかっただろう。弘世期の妙見祭祀は教弘期以降のような全家臣団、全領国をあげての祭祀ではなく、同族中心という家臣団の構造に即した、比較的小規模なかたちであったと言うことができる。しかし家臣団の精神的紐帯という点では、弘世期の妙見祭祀も教弘期以降と同様に大内氏当主と家臣がともに妙見を崇め、一体感を得ることを目指したものであっただろう。

先掲の応安七年（一三七四）八月一〇日「氷上山妙見上宮上棟神馬寄進注文」に見られる氷上山妙見社の供養も家臣が妙見に奉仕する儀礼であり、家臣団の糾合に十分意義があったと考えられる。

（二）大内氏と妙見祭祀

これまで述べてきた大内氏と妙見祭祀の関係をまとめておく。

鎌倉期には多々良氏の同族はそれぞれの本拠で勢力を持っていたが、南北朝期になると大内介一族は特別な宗教儀礼には同族を結集させていたと推測できる。そして大内介一族の重弘流は多々良氏の同族を家臣の中核に据え、興隆寺で行われる妙見祭祀をともに支えることによって家臣団を糾合しようとした。弘世は家臣の中核となったかつての多々良氏の同族たちに、興隆寺は〈多々良氏全体の氏寺〉という認識を抱かせようとしていたと考えられる。

本節で注目した氷上山妙見社の祭祀は、家臣たちに同族としての一体感を植え付けるためからも意義があった。大内氏は地域支配権力の確立のために同族ということから生まれる一体感、さらに妙見を崇めるという信仰の面からも、家臣団の糾合を図っていたと結論付けられる。妙見祭祀は大内氏にとって家臣をまとめる際の精神的紐帯として重要な役割を果たしていたのである。

おわりに

大内氏が地域支配権力を確立するために、どのような道のりを歩んだかをまとめておく。

第一節で見たように、鎌倉期において多々良氏一門は必ずしも惣領である大内介の統率下にあったわけではなかった。多々良氏には同族が多数存在し、周防国東部に所領を持つ鷲頭氏の存在に代表されるように、それぞれの本拠地に割拠していたと言うことができる。この状況は惣領家に権力は集中していないが、周防国に広く自己の本拠地を実力で支配する勢力が育っていたことを意味する。そして第二節で見たように、弘世はその同族たちを大内氏を支える上級家臣として優遇したことから、大内氏が地域支配権力を確立していくにあたって、この同族意識をうまく取り入れていったと推察される。さらに第三節で見たように、同族意識から生まれる当主と家臣の一体感に加え、南北朝期からは妙見という守護神を共有することで、一体感をさらに強固なものにしようとしたと考えられる。この妙見の前での一体感こそが、弘世が守護職に依存せず実力で家臣団を糾合することに成功した要因であったと言えよう。

本章の成果を受けて見えてきた研究課題は以下のとおりである。

弘世期までの大内氏は同族中心で家臣団を構成しており、興隆寺の境内及び妙見祭祀の規模は家臣団の規模に即したものであった。やがて義弘期になると、主立った同族が反逆のために滅ぼされた(40)のにともない、同族ではなかった内藤氏や杉氏が守護代に登用されていく。同族ではない家臣が加わることで家臣団の構成も変化し、規模的にも拡大していった。このような家臣団の変化に即した大内氏の領国支配の研究を深める必要があるだろう。

具体的には第一に大内氏の本拠地については、同族中心の家臣団からさらに拡大した家臣団を集住させるための都市が必要になると推測される。そこで義弘以降における新たな本拠地である山口の都市的な発展について注目し、領国支配の中心地が〈大内から山口へ〉移行する問題に取り組んでいきたい。第二に家臣団の構造と妙見祭祀の関係については、家臣団が拡大すると同族ではない者にまで妙見の祭祀を求めることになる。そこで義弘以降において、大内氏がどのように興隆寺の地位や妙見の意義を家臣団にわからせようとしたかを明らかにしたい。このことは妙見信仰を重要な構成要素とする大内氏の祖先伝説にも関わる問題である。

注

（1）川岡勉氏は幕府と守護が相互補完的に結合するという「室町幕府—守護体制」論を提唱している。川岡勉『室町幕府と守護権力』（吉川弘文館、二〇〇二年）八頁参照。これ以後「室町幕府—守護体制」論を再検討するかたちで研究が進展していった。山田徹「南北朝期の守護論をめぐって」（中世後期研究会編『室町・戦国期研究を読みなおす』思文閣出版、二〇〇七年）、吉田賢司『室町幕府軍制の構造と展開』（吉川弘文館、二〇一〇年）、藤井崇『室町期大名権力論』（同成社、二〇一三年）、大藪海『室町幕府と地域権力』（吉川弘文館、二〇一三年）。

（2）主として松岡久人『大内義弘』（戎光祥出版、二〇一三年、初版は一九六六年）第Ⅲ部第二章「大内氏の権力構造」参照。この他に同氏『大内氏の研究』（清文堂出版、二〇一一年）「大内氏の発展とその領国支配」（初出は一九五七年）及び同氏「鎌倉末期周防国衙領支配の動向と大内氏」（初出は一九六九年）も関係する。

（3）藤井崇氏『室町期大名権力論』（前掲）「弘世期の分国支配」参照。

（4）『玉葉』第二（名著刊行会、一九八四年）治承二年一〇月八日条に、召し還された流人として多々良盛保、同盛房、同弘盛の名が見える。「系譜類」によればこの三人から主要な同族が分かれていく。盛房—弘盛父子が多々良氏の嫡流であり、盛保は弘盛の弟で鷲頭氏の祖となった。

（5）和田秀作氏は多々良氏一門のもともとの惣領家は大内氏ではなく、鷲頭氏ではなかったのかという可能性を指摘している。和田秀作「大内氏の惣庶関係をめぐって」（鹿毛敏夫編『大内と大友—中世西日本の二大大名』勉誠出版、二〇一三年）参照。しかしながら大内介一族が在庁官人の首領であったのに対し、鷲頭氏が周防国内においてどのような社会的地位にあったかは不明であることから、鷲頭氏に大内氏と同等以上の評価を与えることは躊躇され、本章では一応大内介一族を多々良氏一門の惣領とみなしている。

（6）「権介」は在庁官人系の有力御家人に見られる称号であり、関東では相模国の三浦介（三浦氏）、上総国の上総介、下総国の千葉介（千葉氏）、北陸では加賀国の富樫介（富樫氏）が有名である。峰岸純夫「治承・寿永内乱期の東国における在庁官人の「介」」（『中世東国史の研究』東京大学出版会、一九八八年）参照。

（7）東大寺文書1―24―211（『防府市史』史料Ⅰ、防府市発行、二〇〇〇年）。

（8）所領注文には他に三河国に一か所、伊予国に一か所の所領が記載されるが割愛した。

（9）海老名尚・福田豊彦「〔資料紹介〕『田中穣氏旧蔵典籍古文書』「六条八幡宮造営注文」について」（『国立歴史民俗博物館研究報告』四五、一九九二年）参照。

（10）「系譜類」による。

（11）松岡久人氏『大内氏の研究』（前掲）「鎌倉末期周防国衙領支配の動向と大内氏」参照。

（12）建武二年七月一七日「益田兼世文書紛失証状」（大日本古文書『益田家文書』一―一―（一））。

（13）建武三年（一三三六）のことである。

（14）大内長弘―弘直父子が周防守護に任ぜられている。佐藤進一『室町幕府守護制度の研究』下（東京大学出版会、一九八八年）一六八頁参照。

（15）『梅松論』（『群書類従』二十輯）。

（16）松岡久人氏『大内氏の研究』（前掲）第二章「大内氏の発展とその領国支配」参照。

（17）観応三年「仁平寺本堂供養日記」（興隆寺文書八二『県史』史料中世3）。この文書は後欠であり、本来はさらに多くの家臣の名前を載せていたのかもしれない。この供養の意義については、真木隆行「周防国大内氏とその氏寺興隆寺の質的変容」（川岡勉・古賀信幸編『西国の文化と外交』日本中世の西国社会3、清文堂出版、二〇一一年）参照。

（18）「天神社棟札写」（『注進案』一〇古文書之十五・『南中』四―三三九九）を、山口県立美術館編『防府天満宮展』（防府天満宮展実行委員会発行、二〇一一年）四一頁の写真と対照した。

(19) 応安七年八月一〇日「氷上山妙見上宮上棟神馬寄進注文」(興隆寺文書七九『県史』史料中世3)。
(20) 永和元年八月一〇日「天神宮棟札写」(『注進案』一〇古文書之十五・『南中』五―四一六三)。
(21) 観応三年は南朝方でも北朝方でもなく、弘幸が直冬に従っていることを反映しており、弘幸は正式には幕府から守護に任ぜられていないことがわかる。
(22) 棟札とは縦長の木製の札に願主をはじめ番匠や関係者の名前を記したものである。
(23) 陶前《さきの》越前守弘政及び(若)杉又太郎入道智静のことである。
(24) 問田多々良弘有、末武長門守弘氏、黒川近江守貞信の名が見える。
(25) 受領(国司)は五位相当である。
(26) これらの官は六位相当である。
(27) これらの官は六位相当である。
(28) 後に守護代として重きを成す杉氏は大内氏の同族ではなかったためか、受領名や「殿」の称号は持っていないが、大内氏の同族の末席で奉行人クラスよりも上位に名が記されている。
(29) この時「上方」(弘世)と「三郎殿」(満弘)の名は見えるが、なぜか弘世の後継者である義弘の名前は見えない。
(30) 正平九年正月一八日「大内弘世書下」(興隆寺文書二〇八『県史』史料中世3)。
(31) (暦応四年)閏四月一五日「大内妙厳弘幸書状」(興隆寺文書二〇六『県史』史料中世3)には、興隆寺は「彼一苗家風之代官等」(長弘流の配下の代官等を指すと考えられる)により焼かれてしまったとある。
(32) 平安末期以降に越後の城氏や下総の千葉氏など、妙見や北斗七星を一族の守護神として崇めている武士団が他の地方にも存在しており、鎌倉期に多々良氏もそのような守護神を持っていたと思われる。平瀬直樹「日本中世の妙見信仰と鎮宅霊符信仰―その基礎的考察―」(『仏教史学研究』五六―一、二〇一三年)参照。
(33) 現在、興隆寺伝来文書の大多数は山口県文書館に所蔵され、この他に山口市の興隆寺、防府市の国分寺にも所蔵されている。

（34）『鎌』一九―一四六三四。この文書は山口市の興隆寺の所蔵である。

（35）この文書は『県史』史料中世2にも収録されているが、同書八二五頁の文書の翻刻に「この文書は検討を要する」と注記されている。

（36）康永三年（一三四四）閏二月二一日「大内妙厳《弘幸》寄進状」（興隆寺文書二〇四『県史』史料中世3）。仁戸田保の寄進は、暦応四年（一三四一）の長弘流による放火の焼失から興隆寺を復興させる意図があったと考えられる。

（37）このことについては、平瀬直樹「大内氏の妙見信仰と興隆寺二月会」（佐野賢治編『星の信仰　妙見・虚空蔵』北辰堂、一九九四年、初出は一九九〇年）参照。

（38）長弘流は興隆寺に放火しているが、これは重弘流に打撃を与えるための意味だけでなく、長弘が継いだ鷲頭氏の妙見信仰を引き継ぎ、重弘流とは別に長弘流の精神的紐帯を図っていたことを示しているのかもしれない。実は鷲頭氏の本拠地である鷲頭荘には、周防国内でもうひとつの有力な妙見祭祀の聖地である鷲頭山妙見社があった。残念ながら氷上山妙見社に比してこちらの妙見社の史料は少なく、詳しいことは今後の課題である。

（39）真木隆行氏「周防国大内氏とその氏寺興隆寺の質的変容」（前掲）参照。

（40）藤井崇氏『室町期大名権力論』（前掲）第二章「康暦内戦に関する諸問題」参照。

第二章　本拠地の変遷

はじめに

大内氏は南北朝期の弘世の時代に周防・長門両国を統一し、その家臣団の規模も拡大した。筆者は領国支配の命令系統の中枢として、また主従関係の頂点に立つ当主居館の所在地として、当該期の大内氏の本拠地には重要な意義があったと推察する。

従来より弘世は子の義弘に比べて注目されることが少ないが、それでも「山口開府」をした人物として有名である。近世に作成された「山口古図」（山口県文書館蔵）には、大内弘世が延文五年（一三六〇）に京都を模倣して山口の町づくりをしたという意味の識語[1]が記されている。その後に繁栄した中世都市として有名な山口の町の創始者を弘世とする考え方は近代の歴史家にも踏襲された[2]。しかし近年の考古学的発掘調査によれば、山口の都市化は早くても弘世期までは遡らないという[3]。

大内氏の根本所領は在庁官人時代から周防国吉敷郡大内村である。大内村から大内氏の痕跡（屋敷跡など）はいまだ発見されていないが、山口が大内氏の領国支配の中心となるまでの間、大内氏発祥の地である大内が依然本拠地としての役割を果たしていたのではないのだろうか。

本章では弘世期の本拠地が大内であったことを証明するため、三段階に分けて具体的な分析を行う。まず大内氏にとって大内という土地がどのような意義を持ったかということを考察する。次に弘世は明の使者を周防国に滞在させているが、そのような賓客を招いた土地がどこであるかということから大内氏の本拠地を明らかにする。さらに山口が最初からの本拠地でないならば、どのような契機によって本拠地が大内から山口に移ったのかを論じる。

一　大内氏と大内

大内氏の前身は周防国の在庁官人多々良氏であり、多々良氏の惣領は「大内介」と呼ばれて在庁官人の首領であった。

「大内介」の所領は周防国内に散在しており、「大内介」が鎌倉期に所領の一つとして有していたのが大内村である。鎌倉末期と推定される年月日未詳「大内介知行所領注文」(4)には大内介の所領として大内村は見えるが、山口は見当たらない。その一方でこの注文には宇野令《うのれい》という所領が見える。時代は降るが近世においては、山口町は西方及び北方で宇野令村に、南方で御堀《みほり》村（中世大内村の一部）に接しており(5)、幕末以前の山口は町方《まちかた》（都市）でありながら宇野令村の「枝郷」になっていた(6)。このことから類推して、鎌倉期の山口は宇野令に含まれていたのかもしれない。いずれにしても南北朝期以前の山口は、「大内介」一族にとってまだ重要な土地ではなかったようである。

大内と山口は隣接した地域であり、現在はともに山口市内に含まれる。しかし地形的には別箇の盆地であり、しかも大内氏の発展段階でそれぞれ異なる意義を持った土地であると思われる。

中世の大内村の範囲は近世の長野村・矢田村・御堀村を併せた程度であると考えられる。近代にはこれら三か村が合併して大内村となり、昭和三〇年（一九五五）に近隣の村を併せて大内町が成立した。さらに大内町は昭和三八年（一九六三）に山口市と合併し、現在は同市内の大字大内となっている。大内村は中世を通じて単に「大内」と呼ばれることが多いので、以下では単に「大内」と呼ぶこととする。

（一）文献に見る大内と山口

『鹿苑院西国下向記』[7]（以下、『下向記』と略称する）は義弘期の周防国内について記された興味深い紀行文であり、康応元年（一三八九）に足利義満が瀬戸内海を九州方面へ遊覧した際の随行記である。従来より『下向記』は今川了俊の著書として有名な『鹿苑院殿厳島詣記』[8]（以下、『詣記』と略称する）に比べ、その成立の経緯及び年代が不明確なために史料としてあまり重視されなかった。しかし大内氏の領国である周防国に関する情報は『詣記』よりもはるかに豊かである。

義満が遊覧の途上で周防の海岸に停泊する場面になると、作者による架空の人物である三十歳くらいの法師が登場し、大内氏に関する詳しい由緒を物語る。『下向記』のこのような語りの箇所は『詣記』との最大の相違点である。『下向記』の成立過程は、第一段階として一五世紀前半までに足利義満を讃美する目的で基幹部分ができあがり、第二段階として一五世紀後半以降に大内氏の威勢を宣伝する意図で法師の語りが挿入されたと言うことができる。[9]それでも大内と山口について触れた部分は、義弘期のこととしては他に例がない珍しい記述である。

『下向記』中の大内に関する記述は二か所あり、以下に個別に検討する。

第一の箇所は大内義弘が周防国下松《くだまつ》（都濃郡）で足利義満を迎える場面である。

大内左京権大夫義弘朝臣、厳嶋まて御迎に参へき評定ありけるを、御所の近習方様より都の花を御らんありて、十日比に御立なと申下たりし程、さる事もやと申あひけるに、すてに四日暁、京を御立ありとて十一日暮ほとに飛脚到来す、やかて其夜大内を立て夜半ハかり二下松にはせつく

この記述によれば、義弘は当初は安芸国厳島で義満を迎える予定であったが、飛脚の到来によって義満の京都出発が早まったことを知り、急遽その夜に大内を出発して下松で義満を迎えることにしたのである。つまり義弘は義満が下松に到着する間際まで大内に待機していたことになり、待機場所である大内は義弘の本拠地ということになるのではないだろうか。

第二の箇所は義満の随行者が前掲の法師に大内という土地について尋ね、法師がこの質問に答える場面である。

〔問い〕大内と申所ハこれよりいつかた《何方》へあた《当》りたる哉らん、道のほと《程》いかほと侍そ、ゆかしき所とこそきこ《聞》ゆれ

〔答え〕へい〱《平々》としたる里の侍るに、やかた《館》ともあまた造ならへて、東西南北、一門・他門ふち《扶持》人数をしらす、家居ことからしんしやう《尋常》なる躰也、四方大略深山にて、をのつから《自ら》無双の切所なり、遠近皆分国分領也、数ケ国の集なれは、田舎なからも興ある在所と見えたり

〔問い〕のくだりには、義弘期の大内は義満の随行者が興味をひかれるような土地であったことが述べられている。そして〔答え〕のくだりには、大内という土地の立派なありさまが表現されている。広々とした里があっ

て多くの館が並び、一門・他門の「扶持人」（家臣）が数知らず仕えており、彼らの家の構えと人品は立派であるという。四方が深山でおのずと無双の要害である。そして遠い所も近い所もみな分国・分領であり、数か国の中心地なので田舎ながらも趣のある村であるように見えたという。

しかし〔答え〕のくだりに見られる描写で注目すべき点は領国支配権力の中心地として大内を讃えながらも、「へい〳〵《平々》としたる里」、「田舎なからも興ある在所」と言うように、「里」・「田舎」・「在所」といった表現を用いて、作者が大内の「農村」的性格を強調していることである。このことから大内は大内氏の本拠地としての都市的性格を持ちながらも、基本的には農村という性格を強く有していたと推察される。これは大内という土地が、在地領主である大内氏の祖先によって開発された農業経営地であったことに由来するだろう。

一方『下向記』の中での山口に関する記述は、大内氏の曩祖である琳聖太子とともに百済から渡来した尊像のうち、不動明王像を「この京兆《義弘》の山口の館の持仏堂に安置す」という箇所以外に見当たらない。この記述から義弘が山口にも館を保持していたと判断され、義弘にとって山口も重要な土地であったことが窺える。しかしこの記述は不動明王像を山口にある義弘の館に安置したという事実を示すにとどまり、山口が義弘の本拠地であったということには直結しないだろう。

以上のように『下向記』中の大内及び山口に関する記述から、義弘期では大内が依然大内氏の領国支配の中心であったこと、そして山口も大内氏にとって何らかの意義を持つ土地であったことが推察される。『下向記』中の法師の語り部分は義弘の死後一世紀ほど経ってから挿入されたものであるが、山口に義弘の館がある一方で大内を本拠地らしく描いており、『下向記』の記述はある程度の事実を反映したものであると判断される。つまり『下向記』の記述を踏まえるならば、義弘より以前の弘世期では大内こそが大内氏の本拠地であったということになるだろう。

大内氏の氏寺である天台宗の興隆寺と五山派禅宗寺院である乗福寺も、大内が本拠地であることを証明する手がかりとなる。

（二）大内氏の聖地

南北朝期の大内氏は大内にある興隆寺の境内にあった氷上山妙見社で妙見祭祀を行っていた。大内氏がその妙見社で妙見の祭祀を行っている確実な史料上の初見は、弘世期の正平九年（一三五四）である。[⑩] しかしそれ以前の暦応四年（一三四一）に興隆寺は敵方の放火によって焼失しているので、妙見の祭祀はすでに鎌倉期に行われていた可能性が高い。[⑪] 応安七年（一三七四）[⑫]には大内氏の氏神である妙見を祀る氷上山妙見社の上棟を祝い、多数の家臣が神馬を寄進している。平安末期以降に越後の城氏や下総の千葉氏など、妙見や北斗七星といった星神を守護神として崇めて一族の団結を図った武士団が存在した。[⑬] 大内氏もこれらの武士団と同様に妙見という守護神を共有することで、主君と家臣との一体感を強めようとしたのであろう。このように弘世期の大内氏は家臣団統制に重要な意義を持つ妙見の祭祀を大内で行っていたのである。

また大内氏は禅宗寺院を各当主の菩提寺として建立していった。大内重弘によって大内に建立された乗福寺は重弘及び弘世の菩提寺であるが、それは単に重弘及び弘世を記念する役割にとどまらなかった。乗福寺は建武五年（一三三八）までに諸山に列せられて五山派官寺になっている。[⑭] 大内氏は乗福寺を幕府の育成する五山派寺院とすることによって幕府に友好的な態度を取り、その上で自己の存在感を示そうとしていたと考えられる。

さらに禅宗寺院は中国風の建築様式に従うのが通例であろうが、近年の山口市による発掘調査で乗福寺跡から朝鮮系の滴水瓦が出土し、乗福寺が朝鮮様式の建物で荘厳されていたこと[15]が明らかになった。このことは朝鮮王朝にも友好を求める行為だった[16]と判断される。

以上のように家臣団の紐帯となる祭祀が行われる興隆寺と、室町幕府・朝鮮王朝の両政権とつながる乗福寺はともに山口ではなく大内に所在しており、このような側面からも大内が弘世期の本拠地であったということが窺われるのである。

二　明使の滞在地

大内弘世は明から派遣されてきた趙秩[17]という使節を手厚く保護している。

趙秩は洪武三年（一三七〇）に明王朝から派遣され、博多に三年とどまり、上洛する途上の応安六年（一三七三）の春から大内弘世のもとに滞在した。彼はいったん弘世のもとを去ったが、途中で賊に遭って所持品を奪われて再び弘世のもとに戻っている。その後同年一〇月まで滞在し、博多に戻った後の翌応安七年（一三七四）に明へ帰国した。

従来より趙秩の滞在地は山口であると言われてきたが、果たしてそうであろうか。以下では彼が滞在した場所はどこかという観点から、大内氏の本拠地について考察する。

大内弘世は足利直冬方に就いて室町幕府から距離を置いていたが、貞治二年（一三六三）に降参の体裁をとり、その見返りに周防・長門両国守護に任ぜられた。そして幕府の体制に帰順してからわずか一〇年後の応安六年（一三七三）、弘世は一介の守護とは思えないような行動に出る。明の使節二人を同年春から冬まで自分の館に滞在させているのである。明は国家間の交渉しか認めないことを外交方針としていた。そのため大内氏が使節を京都に護送することなく周防国内に数か月も滞在させていたということは、大内氏が独自に明と外交交渉を行っていたに等しい行為であると言えよう。

趙秩滞在の関係史料としては、春屋妙葩《しゅんおくみょうは》とその弟子たちが趙秩との間でやり取りをした詩文や書簡をまとめた『雲門一曲』という書物がある。[18] これは趙秩の動静がわかる文献として非常に重要である。この当時の春屋妙葩は、管領細川頼之との対立により丹後国雲門寺に隠棲していた。弘世は妙葩と結託し幕府と連絡を取り合うことなく独自の外交姿勢をとっていた。趙秩が上洛をやめて弘世のもとに滞在したのも春屋妙葩の斡旋による。[19]

実は『雲門一曲』には「大内」を含んだ表現が少なからず見えるが、「山口」という語句は見当たらないのである。[20]「大内」が地名なら趙秩の滞在先はそのまま大内となろうが、もし地名でないならば明使の滞在先を大内と特定できず、山口である可能性も生じることになる。そこで『雲門一曲』に見える「大内」の語が使用されている用例を表に整理した。[21] この場合の「大内」は何を表すのだろうか。「大内」が単独で使用される場合と「大内殿」という表現の場合に分けて考察する。

（一）「大内」単独

まず大内弘世はどのように呼ばれていたのだろうか。最も丁寧な場合は「大内玄峰居士」であり、最も簡略な場合は彼の道号の「玄峰」である。[22] その中間的な呼称として「大内居士」や「玄峰居士」[23] が見える。また周防守護として「防州刺史」[24] と呼ぶ場合が一例ある。このように弘世を呼ぶ場合、必ず「大内」の次に「玄峰居士」または「居士」をともなっており、「大内」と呼び捨てにすることはないことがわかる。つまり単独で使用される場合の「大内」は地名であることが予想される。

次に以下のとおり、表のうち「大内」が単独で使用されている五例について地名を指す表現であるかどうか検討する。

a　会三師遣二使者大内一…………師（春屋妙葩）の使者を大内に遣わすに会う。

b　道次二大内一…………道大内に至る。「次」という字は「いたる」という意味と考えられる。

c　自二大内一洒々《（マヽ）》田途盤纏…………「自二大内一」の後の部分は意味が取りにくい。「盤纏《ばんてん》」は旅費のこと。

d　冬間自二大内一帰二九州一…………冬の間大内より九州に帰る。

e　獲レ拝二星標于大内之館一…………星の標《しるべ》を大内の館に拝することを獲《う》。

先述したように大内氏の人物を「大内」と呼び捨てにすることはないことを前提にすると、意味が取りにくい表現を含むc以外の四例は、いずれも地名として解釈することが可能である。

あわせて春屋妙葩の伝記である「宝幢開山知覚普明国師行業実録」[26]には、辛亥歳（応安四年）に「趙朱二公館二防之大内一、与二丹陽《（丹後）》一相去十数日程」〈趙秩と朱本の二公は周防の大内に館《やど》り、（大内は）丹後と相去ること十数日ほどである〉という記述がある。ここでも「大内」が明使二人の滞在地の地名として記されていることがわかる。

以上のことから、単独で使用される場合の「大内」は地名であると結論付けられる。

（二）「大内殿」という表現

「大内殿」と言えば朝鮮王朝が大内氏を呼ぶ際の敬称であることが想起される。朝鮮王朝は大内氏を「大内殿」と呼び、その実力を高く評価していた[27]。『雲門一曲』に見られる「大内殿」もまた大内氏のことを指しているの

『雲門一曲』にみえる「大内」

	年	月日	「大内」の用例	冊―頁	№.	内容	作者
①	応安六	八月一日	書二于大内玄峰居士延師西館一	三八―三三二	7	書簡并長詩一首	趙秩（→妙葩）
②	〃	一〇月一日	大内殿日新軒	三八―二〇二	10	序并七律一首ｉ	昌霖（→趙秩）
③	〃	一〇月二日	大内殿之西庁	三八―一九一	5（③④）	序（③④）	朱本（③④）
④	〃	〃	会三師遣二使者大内一	〃			
⑤	〃	一〇月四日	大内殿之西堂	三八―二〇八	21	〃	〃
⑥	〃	一〇月六日	〃	三八―二一三	27	芥室歌	〃
⑦	〃	一〇月七日	大内殿之西軒	三八―一九一	5（⑦⑧）	序并七律一首ｄ（⑦⑧）	〃（⑦⑧）
⑧	〃	〃	大内居士亦命二予篆額一焉	〃			
⑨	〃	〃	道次二大内一	三八―一九七	8	書簡并七律一首ｆ	趙秩（→妙葩）
⑩	〃	〃	大内殿之西軒	三八―一九九	〃	序并七律一首ｇ	朱本（→妙葩）
⑪	〃	一一月二八日	自二大内一洒々田途盤纏	三八―三七一	23	書簡	趙秩（→妙葩）
⑫	応安七	四月一一日	冬間自二大内一帰二九州一	四〇―三六六	13	書簡并七律一首	〃
⑬	―	―	獲レ拝二星標于大内之館一	三八―一八八	3	序并七律二首ｂ	妙葩（→趙秩）
⑭	―	―	大内居士請二足下篆額一	三八―一九二	5	序并七律一首ｄ	妙葩（→朱本）
⑮	―	―	大内日新館	三八―二〇五	12	序并七律一首ｋ	昌旒（序）周厚（詩）（→妙葩）

※⑬～⑮は年月日未詳。

であろうか。以下では表のうち「大内殿」の事例について、地名を指す表現であるかどうか検討する。

応安六年（一三七三）八月一日に、趙秩が春屋妙葩に宛てた書簡[28]の文末に「書二于大内玄峰居士延師西館一」という記述がある。「玄峰」は弘世の道号であり、「延師」とは師を招聘することであることから、この記述は〈大内弘世が（趙秩を）招聘した西館で書いた〉という意味であると考えられる。これに近い表現では同年一〇月七日に「玄峰之西館」という記述がある[29]。この「西館」という建物は同年一〇月一日から六日にかけての記述の中で、異なるかたちに言い換えられていく[30]。

まず一〇月一日に「大内殿日新軒」と記されている。「大内日新館」も同じ建物であろう。「大内日新館」の場合は大内（地名）の日新館という意味であると考えられるのに対し、「大内殿日新軒」の場合は「大内殿」が人物を指すとも建物を指すとも取れる。ところがその後に「大内殿日新軒」が「大内殿之西庁」（同月二日）や「大内殿之西堂」（同月四日・六日）、「大内殿之西軒」（同月七日）と言い換えられている。つまり「西庁」、「西堂」、「西軒」はいずれも「大内殿」の西側に位置する同一の建物を指すと考えられるので、「大内殿」は大内氏への敬称ではなく建物の呼称であることが判明する。つまり先掲「大内殿日新軒」も「大内殿」という建物の一画にある建物と類推される。

これらの分析から、『雲門一曲』に見える「大内殿」は人物を指すのではなく建物を指すと考えられるが、その意味は大内氏の館とも大内にある館とも取れる。厳密に解釈すれば、この場合の「大内」が地名を指すとは言い切れないことになる。もし山口にある大内氏の館を指すのなら、『下向記』に見える「京兆《（義弘）》の山口の館」という記述のように、「山口」の地名を付すはずであろう。つまり「大内殿」という表現には〈大内氏の御殿〉という意味に、〈それが当然大内にある〉という意味も含まれているのである。

最後に明使を接遇した「日新軒」や「西庁」、「西堂」、「西軒」と呼ばれる建物はどのようなものであったのだろうか。明使をもてなすにあたり弘世は最高に贄を凝らした一廓を用意したであろうが、この場合は禅寺のような中国風の空間が選ばれたのではないだろうか。もしかすると明使を接遇した施設は、同じ大内エリア内にあった乗福寺内の建物だったのかもしれない[31]。

以上のように第一節と第二節の考察から、「大内」が単独で使用される場合は地名を表し、「大内殿」という表現の場合は（大内にある）大内氏の御殿を表していると結論付けられる。

一方で「山口」の地名は、先述のように『雲門一曲』のどこにも記されていないにもかかわらず、御薗生翁甫氏が趙秩の滞在した弘世の本拠地を「山口」として以来、[32]このような見解が踏襲されていった。その後に『大日本史料』六編之三八・四〇冊において、『雲門一曲』から抜粋された記事の頭注に趙秩の滞在先が「山口」と記され、さらに村井章介氏『アジアのなかの中世日本』（前掲）にもそのような理解が引き継がれている。しかしながら『雲門一曲』には「山口」の地名は見えず、「大内」という地名のみが現れていることから、明使が滞在したのは大内であったとするのが自然である。

したがって第一節での論証に加え、明の使者が滞在した場所が大内であったことからも、弘世期においては大内こそ大内氏の本拠地だとみなすことができるのである。

三　山口が本拠地となる契機

古賀信幸氏は出土資料の編年から、山口の守護城下町形成上の最大の画期を政弘期の一五世紀中頃と考えた。[33]これに対して近年、増野晋次・北島大輔氏[34]は古賀氏による大内氏館跡の出土土器の編年を再検討し、山口の都市化については一五世紀としながらも、大内氏館の設置年代については義弘期まで遡る可能性を指摘している。いずれの年代観に従っても、考古学的には山口の都市的な整備は弘世期まで遡らないのである。

では弘世期において大内が本拠地であるならば、義弘期以降において山口が本拠地となる契機は何であったのだろうか。先述のとおり義弘期は依然大内が本拠地として繁栄する一方、山口にも義弘の館が置かれているというような段階であったと考えられる。全盛期の一〇年間を在京していた義弘は、政弘期以降のように山口を整備する余裕はなかっただろう。しかし義弘期を一言でいえば、本拠地が大内から山口へ移行するきざしが見える時期であった。というのはこの時期に家臣団の構成が変化していることが窺え、そのことが後代に本拠地として山口が拡充されるひとつの契機となったと推察されるからである。

まず義弘期と比較するために弘世期の家臣団の構成から考察する。

平安末期以降に大内氏の祖先である在庁官人多々良氏は周防国内に盛んに分派した。[35]彼らは宇野、野田、黒川、陶、末《すえ》武、問田《といだ》、右田《みぎた》、鷲頭《わしず》などというように周防国内に所在する所領の地名を姓として名乗り、鎌倉期では同族間で検非違所《けびいしょ》や健児所《こんでいしょ》など国衙の要職（兄部職《このこうべ》）を分け持っていた。この時期に大内介を筆頭とする惣領制的な同族団が国衙の行政を握っていたのである。[36]

南北朝期になると大内介は多々良氏の同族との間で主従関係を結ぶようになり、大内弘世は同族たちを上級家臣として優遇した。また弘世は松崎天神社（現在の防府天満宮）、仁平寺《にんぺいじ》、氷上山妙見社といった寺社の祭祀に[37]家臣を動員しており、祭祀での一体感を通じて同族の紐合を図っていたと考えられる。[38]

そこで家臣団の中核となった同族の所領がどこであるのか地図上で確認してみよう。先掲の大内介の同族のうち、末武氏及び鷲頭氏の本拠である末武荘・鷲頭荘は都濃郡であり大内村からは遠い。しかし残りの宇野、野田、黒川、陶、問田、右田という同族の所領はいずれも大内村に近いところに位置していた（図1）ことがわかる。[39]このうち宇野、野田、黒川、陶、問田は大内村と同じく吉敷郡内の地名である。また右田は佐波郡に属するが吉敷郡との境目付近であるので、吉敷郡内に点在する同族の所領から近い。このように同族の所領の分布状況から見て、弘世期は大内の周囲を同族出身の家臣が取り巻き、守護家を支えていたと考えられる。この状態を言い換えると、大内はそのような同族中心の小規模な家臣団に見合ったような本拠地であったということになる。

次に義弘期の家臣団については『花営三代記』[40]で、康暦二年（一三八〇）五月二八日に義弘は弟の満弘と安芸国内郡《うちぐん》で合戦を行い、この時に満弘方に就いた家臣を多数切り捨てたことがわかり、その中には多くの大内氏の同族も含まれていた。

一族鷲頭筑前守父子三人・内（ママ）美作守石州守護代、父子二人・末武新三郎・野田勘解由・藤（問）田又三郎・讃井山城守芸州大将、・若党陶山（弘高）佐渡守・除田仁保因幡守・八木八郎左衛門尉・土肥修理亮・小畠曽我八郎左衛門尉・野上将監・同雅楽助・頭中（弘カ）三河守、秋叛（マヽ）次郎左衛門尉、其外侍名字二百余人、切捨不レ知二其数一、

右の記事によれば、義弘と満弘による内訌戦で鷲頭筑前守父子三人、鷲頭[41]美作守父子二人、末武新三郎、野田勘解由、問田又三郎、讃井《さない》山城守という同族[42]が滅ぼされている。この内訌戦は同族への打撃が顕著であり、特に鷲頭氏の場合は二つの家（筑前守家と美作守家）が父子ともに滅ぼされており、最も犠牲が大きかったと考えられる。この他に「若党」と呼ばれる者や「侍名字」（侍身分）の者が二百余人滅ぼされ、切り捨てられた者は数え切れないほどであったという。

このように大内氏は内訌戦でそれまで領国支配を支えてきた同族を多数失い、新たに同族以外の者も家臣団の中核に組み込むような体制を作る必要が生じていたものと思われる。大内を囲むように位置していた同族のいくつかが滅んだことで、大内の本拠地としての機能も衰えたことが推測される。義弘は家臣団を再編成するにあたって、大内に代わる新たな本拠地を山口に求めたのであろう。

大内氏の新たな本拠地とされた山口は義弘期以降、政弘期までに本拠地としての機能を高めている。そのことは特に家臣団統制の面で顕著である。大内氏は家臣を同族に限らず登用し、厳重に山口に集住させるようにした。たとえ遠方に居所がある家臣であっても山口に詰めていなければならなかった。このようなことは「大内氏掟書」(43)に見える一連の法令から窺うことができる。これらの法令によれば山口に詰めている家臣は「在山口衆」と呼ばれており、彼らは無許可で「帰宅」や「他行」は許されておらず(44)、もしも「在山口衆」が無許可で「在郷」したりすると、「御家人」(大内氏の家臣)の身分から追放されるという厳罰が定められていた(45)。

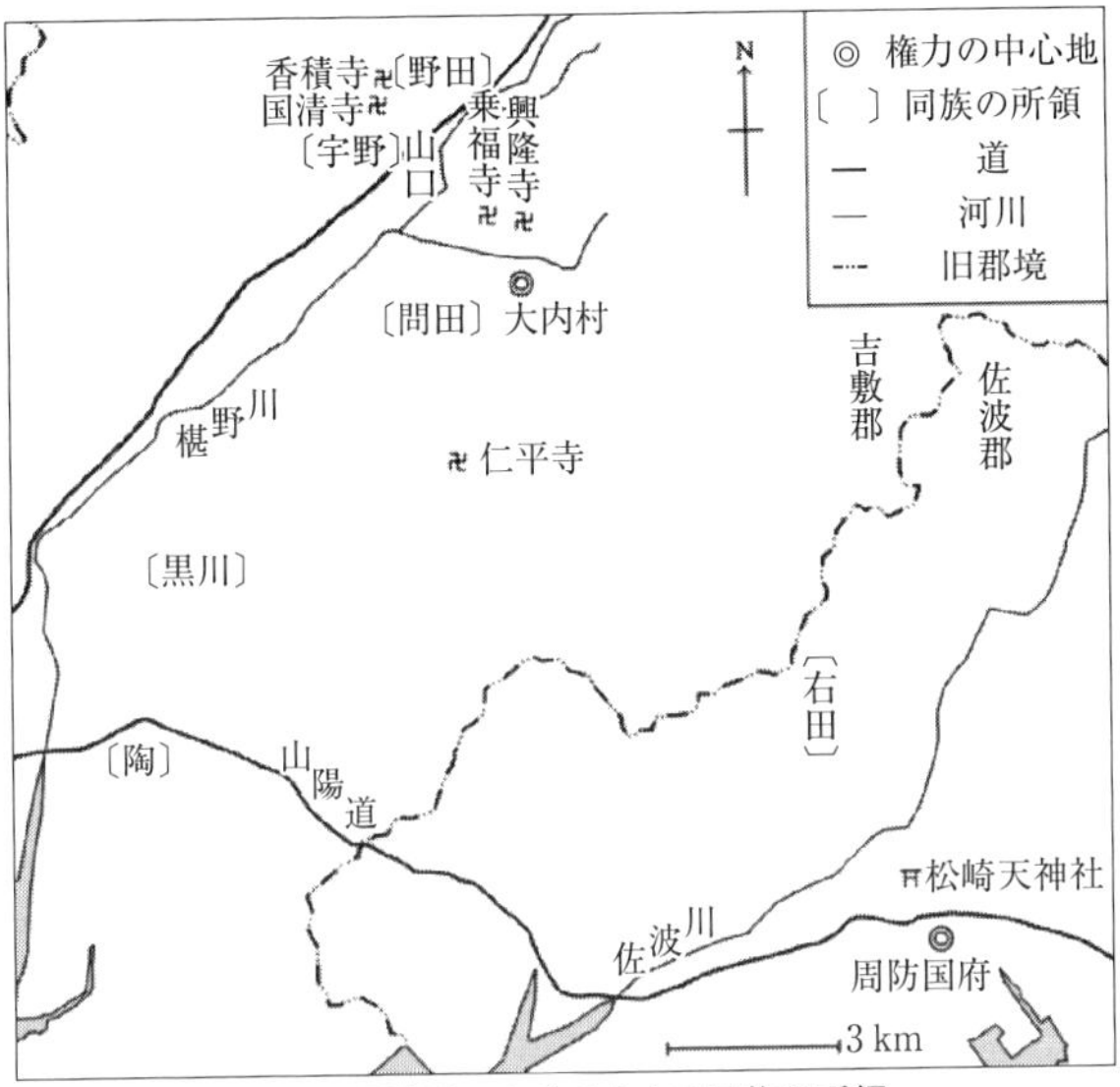

図1　周防国における大内氏同族の所領

ここで山口の都市的発展過程について、筆者の見通しを述べておきたい。まず一五世紀初頭に義弘の後継者である弟の盛見が、山口の北辺に香積寺《こうしゃくじ》(義弘の菩提寺)及び国清寺《こくしょうじ》(父弘世と兄義弘合同の菩提寺)を建立し(46)たことをもって第一の画期ととらえる。両寺の建立には盛見が自己の正統性を主張する意図があったと言われており(47)、このことから盛見は両寺を山口の〈精神的な守り〉とし、山口を本拠地として整備し始めたと考えられる。次に教弘と政弘、それぞれの郭から成る山口の居館が整備される一五世紀後半をもって第二の画期と考える。

なぜなら大内氏当主とその後継者の居館が並び立つかたちは、京都において将軍とその後継者の居館が一対となっていたことを真似たものであり[48]、山口に領国支配権力の集中が完了した状態であると評価できるからである。

山口が本拠地としての機能を高めていくプロセスについては、先述のような見通しを述べる以上に詳しいことはわからないが、本拠地を移すようになったひとつの契機は義弘期における内訌戦であると考える。弘世期において大内は同族を中心とする小規模な家臣団に適した本拠地であったが、義弘期以降において家臣団の拡大にともないその多くを集住させるための本拠地（守護所）として、山口への移行が始まったと考えられるのである。

おわりに

本章で論じたことを以下にまとめておきたい。

大内という土地を多様な角度から検討すると、弘世期における大内氏の本拠地は大内にほかならない。まず家臣団との関係で見ると、大内は周囲を同族に守られるかたちで位置し小規模な家臣団の統制に見合った本拠地であった。そして宗教的な側面から見ると、家臣団の紐帯となる祭祀の場である興隆寺と国の内外に重要なアピールを行う乗福寺を擁する大内氏の聖地であった。さらに対外交流上の機能から見ると、明使の滞在地として独自外交の拠点ともなっていた。しかし弘世期の大内は基本的には農村であって都市的な発達が不充分であり、守護所としては過渡的な性格を持っていたと言えよう。そして義弘期の内訌戦で同族の家臣が多数滅んで大内が衰えたため、大内氏は山口を新たな本拠地として整備し始めたと考えられる。

〈追記〉本章は平成一七年度から一九年度科学研究費補助金（基盤研究Ｃ）の交付を受け、調査・研究を行った成果のひとつである。

注

（1）『山口市史』史料編・大内文化（山口市編集発行、二〇一〇年）附図「山口古図」参照。
（2）御薗生翁甫「大内弘世の山口開府と城下町の機構」（『大内氏史研究』山口県地方史学会・大内氏史刊行会、一九五九年）参照。
（3）古賀信幸「守護大名大内（多々良）氏の居館跡と城下山口―大内氏館跡と町並遺跡の発掘成果から―」（金子拓男・前川要編『守護所から戦国城下へ―地方政治都市論の試み―』名著出版、一九九四年）参照。
（4）東大寺文書1―24―211（『防府市史』史料Ⅰ、防府市発行、二〇〇〇年）。
（5）『増補改訂　山口県文化史年表』（山口県編集・発行、一九六八年）二六八頁参照。
（6）同右巻末付図参照。
（7）新城常三氏による翻刻が『神道大系』文学編五　参詣記（神道大系編纂会編集・発行、一九八四年）に収録されている。山口県に関係する部分のみ『県史』史料中世1。
（8）『群書類従』十八輯所収。
（9）平瀬直樹「室町期における大内氏の妙見信仰と祖先伝説」（『史林』九七―五、二〇一四年）参照。
（10）正平九年正月一八日「大内弘世書下」（興隆寺文書二〇八『県史』史料中世3）。
（11）（暦応四年）閏四月一五日「大内妙厳《弘幸》書状」（興隆寺文書二〇六『県史』史料中世3）。
（12）応安七年八月一〇日「氷上山妙見上宮上棟神馬寄進注文」（興隆寺文書七九『県史』史料中世3）。
（13）平瀬直樹「日本中世の妙見信仰と鎮宅霊符信仰―その基礎的考察―」（『仏教史学研究』五六―一、二〇一三年）参照。

(14) 真木隆行「周防国大内氏とその氏寺興隆寺の質的変容」(川岡勉・古賀信幸編『西国の文化と外交』日本中世の西国社会3、清文堂出版、二〇一一年) 参照。
(15) 高正龍「山口乗福寺跡出土瓦の検討―韓国龍文端平瓦の編年と麗末鮮初の滴水瓦の様相―」(『喜谷美宣先生古稀記念論集』喜谷美宣先生古稀記念論集刊行会編集・発行、二〇〇六年) 参照。
(16) 伊藤幸司氏は高正龍氏「山口乗福寺跡出土瓦の検討」(前掲) を踏まえ、義弘は乗福寺を朝鮮風に整備することで、半島との結び付きの深さを明示することに成功していたと論じている。伊藤幸司「中世西国諸氏の系譜認識」(九州史学研究会編『境界のアイデンティティ』岩田書院、二〇〇八年) 参照。
(17) 以下、趙秩の動静については、村井章介『アジアのなかの中世日本』(校倉書房、一九八八年) Ⅵ章「日明交渉史の序幕―幕府最初の遣使にいたるまで―」参照。
(18) 『雲門一曲』の本文は『大日本史料』六編之三八冊及び四〇冊の随所に掲載されている。村井章介氏はこの編纂に携わっていたので、村井章介氏『アジアのなかの中世日本』(前掲) 二七五頁に『雲門一曲』の内容目録を掲げている。『大日本史料』への『雲門一曲』の掲載にあたっては東京大学史料編纂所架蔵の謄写本が底本とされ、あわせて京都・嵯峨の鹿王院文庫本で校訂されている。筆者も東京大学史料編纂所架蔵の謄写本(写真) 及び鹿王院文庫本(『山口市史』史料編・大内文化(前掲) 第三章「漢詩文―五山文学―」に抜粋されている) を参照した。
(19) 村井章介氏『アジアのなかの中世日本』(前掲) 参照。
(20) 古来より趙秩の作であると言われてきた「山口十境詩」(『山口市史』史料編・大内文化(前掲) 第三章「漢詩文―五山文学―」) についても、詩のどこにも山口という地名は記されていない。この詩が「山口十境詩」と呼ばれるもとになった「防州山口十境　趙秩」という表題は江戸中期に山田原欽が付したものであり、もとから付けられていたものではない。
(21) 村井章介氏『アジアのなかの中世日本』(前掲) 二七五頁に掲げられた『雲門一曲』の内容目録と対照できるよう、〔年〕・〔月日〕・〔No.〕・〔内容〕・〔作者〕の欄を設け、あわせて『大日本史料』での掲載箇所を参照しやすいように〔冊―頁〕の欄を設けた。

(22)『大日本史料』六編之三八冊、三一頁。
(23)『大日本史料』六編之三八冊、一八八頁。
(24)『大日本史料』六編之四〇冊、三一二頁。
(25)『大日本史料』六編之三八冊、一九一頁の注記では「使者」を順斉とする。
(26)『続群書類従』第九輯下。
(27)申叔舟著・田中健夫訳注『海東諸国紀　朝鮮人の見た中世の日本と琉球』(岩波書店、一九九一年)。
(28)『大日本史料』六編之三八冊、三三頁。
(29)『大日本史料』六編之三八冊、一八四頁。
(30)御薗生翁甫氏も大内氏の西庁日新軒が様々に言い替えられていることを指摘している。御薗生翁甫『大内氏史研究』(前掲)本紀第一編第廿八章「明使趙秩朱本の山口館待と五山詩僧春屋妙葩」参照。
(31)もしそうならば大内にはいまだ大内氏館跡は発見されていないが、「大内殿之西庁」などの表現から大内氏館は乗福寺の東側に位置していたという見当を付けることが可能になる。
(32)御薗生翁甫『大内氏史研究』(前掲)本紀第一編第廿八章「明使趙秩朱本の山口館待と五山詩僧春屋妙葩」参照。
(33)古賀信幸「守護大名大内(多々良)氏の居館跡と城下山口」(前掲)参照。
(34)増野晋次・北島大輔「大内氏館と山口」(川岡勉・古賀信幸編『西国の権力と戦乱』日本中世の西国社会1、清文堂出版、二〇一〇年)、増野晋次「中世の山口」(鹿毛敏夫編『大内と大友―中世西日本の二大大名』勉誠出版、二〇一三年)参照。
(35)『玉葉』第二(名著刊行会、一九八四年)治承二年一〇月八日条に、召し還された流人として多々良盛保、同盛房、同弘盛の名が見える。この三人から様々な同族が分かれていく。盛房―弘盛父子が多々良氏の嫡流であり、盛保は弘盛の弟で鷲頭氏の祖となった。
(36)松岡久人「大内氏の発展とその領国支配」(『大内氏の研究』清文堂出版、二〇一一年)参照。

(37) これらの寺社の立地については図1参照のこと。

(38) 平瀬直樹「南北朝期大内氏に見る地域支配権力の確立—大内弘世と妙見祭祀—」(『鎌倉遺文研究』三四、二〇一四年)参照。

(39) このうち宇野令と下右田は先掲「大内介知行所領注文」に見えており、鎌倉期に遡る地名である。

(40) 『群書類従』二十六輯。ただし人名の注記は『県史』史料中世1の『花営三代記』に従う。

(41) 「内美《(ママ)》作守」について、松岡久人氏『大内氏の研究』(前掲)一一八頁の岸田裕之氏による編集者註(7)では「同美作守」の誤字とし、鷲頭美作守のこととされている。筆者も岸田氏の考えに賛同する。したがって鷲頭氏は同筑前守父子三人・同美作守父子二人というように、一族の勢力を大きく削がれていることがわかる。

(42) 『花営三代記』の編者は「鷲頭筑前守父子三人」から「讃井山城守芸州大将」までを「一族」とみなし、「若党」と呼ばれる「陶山佐渡守」以下の者と区別している。鷲頭氏、末武氏、野田氏、問田氏は大内氏の系図類によって同族であることが確認できるが、讃井氏は確認できない。それでも讃井という地名は現在の山口市中心部にあり、しかも(鷲頭)美作守が石州守護代であったのと同様に「芸州大将」という前線指揮官を任されているので、讃井山城守が大内氏の同族であった可能性は高い。それゆえに『花営三代記』の編者は讃井山城守を「一族」の範疇に入れたのであろう。

(43) 『中世法制史料集』三。

(44) 「大内氏掟書」文明一七年(一四八五)一二月二六日。

(45) 「大内氏掟書」文明一八年(一四八六)一二月一二日。

(46) 両寺の立地については図1参照のこと。

(47) 真木隆行氏「周防国大内氏とその氏寺興隆寺の質的変容」(前掲)参照。なお盛見の死後に国清寺は彼の菩提寺になった。

(48) 百田昌夫「十五世紀後半の周防守護所—二つの会席・二つの郭をめぐって—」(『山口県史研究』三、一九九五年)の見解に従っている。

第三章　在京と自己認識

はじめに

大内氏は西国に土着した勢力であり、南北朝内乱期に自力で周防・長門両国を統一した。室町幕府の草創には加わっておらず、本来幕府の体制外にあった勢力だと言えるだろう。[1]

しかしながらその後の大内氏は、貞治二年（一三六三）に大内弘世が北朝に降参するかたちをとって正式に幕府に帰属し、弘世の子大内義弘は九州探題を支援することによって幕府体制内での地位を上昇させていった。その結果として義弘は将軍足利義満からその軍事力を買われ、在京大名の社会に加わっていくことになる。義弘自身は最終的には義満の政治に不満を抱き反乱（応永の乱）を起こして戦死するが、大内のイエは幕府に滅ぼされることはなかった。

本章では本来は室町幕府の体制外にあった大内氏が幕府へ参画することが大内氏にとってどのようなことを意味したのか、またそのことが大内氏の自己認識にどのような影響をもたらしたのかについて、主に足利義満と大内義弘の関係を分析することから考察を試みる。

室町幕府と守護の関係については、序章で触れたように「室町幕府―守護体制」論[2]が提唱された後、これを再検討するかたちで研究が進展していった。本章ではこのような体制論をめぐる諸研究を批評する用意はない。しかし筆者も室町幕府を中央政権とする政治体制とは、幕府と多様な性格を持った地域権力が結ぶ関係の総体であると考えている。そして大内氏のような地域権力も、その権力を守護公権だけに依拠しているのではないと推察している。

一　在京以前の義弘

南北朝期において、すべての守護が幕府から「在京」を強制されていたわけではない。京都周辺の国々の守護は「在京」し関東の守護は鎌倉在住が想定され、九州ではほとんどの場合「在国」している[3]。つまり地域ごとに守護が将軍に臣従するスタイルが異なっていたのである。大内氏領国の中心をなす周防・長門両国は、守護が「在京」する地域と「在国」する地域のちょうど中間に位置していたと言えよう。大内義弘は後年に在京するようになるが、本節では在京以前における幕府の体制内での義弘の地位及び中央の政治情勢が義弘の国元に与えた影響について考察したい。

（一）九州探題への支援

貞治二年（一三六三）に南朝方の巨頭である大内・山名両氏が相次いで北朝に「降参」した。しかし「降参」はあくまで表向きであり[4]、実は南朝に軍事的に勝利するために幕府が両氏に北朝側に就くように誘ったのである。その見返りに大内弘世は守護職を手に入れた。弘世は正式に幕府に帰属することによって、周防・長門両国の実効支配を「守護」という体裁をとって幕府に追認させたと言えるだろう。

しかし幕府への帰属は幕府の進める九州平定への協力を強いられるということでもあった。大内弘世は貞治三年（一三六四）に南朝方の菊池氏に敗れて以降、九州出兵に消極的になる[5]。これに対して弘世の子の義弘は、応安四年（一三七一）に幕府から新たに派遣された九州探題今川了俊に協力して以降、積極的に九州に出兵した。

父弘世に比べると義弘は幕府に協力的であり、幕府とのつながりは彼の「義弘」という名からも窺える。「義弘」と名乗る史料上の初見は応安七年（一三七四）である[6]。『応永記』[7]には応安四年（一三七一）に義弘が十六歳で九州出兵をしたと記されており[8]、これに従うと彼が「義弘」と名乗るのは十九歳以前ということになる。「義」の一字は足利義詮以降の足利将軍家の嫡流に付けられるものであり、義弘の実名《じつみょう》が「義」の一字を冠していることの意義は小さくないだろう。

もし「義弘」の「義」の一字が将軍の偏諱であるならば、どの将軍から授けられたのであろうか[9]。足利義詮は貞治六年（一三六七）に死去し、その子の義満は応安元年（一三六八）に将軍に就任している。そうすると先掲の『応永記』に従えば、義弘が将軍から偏諱を与えられた年齢は義詮の代であれば十二歳以下、義満の代であれば十三歳から十九歳の間ということになり、義満から与えられた可能性が高いだろう。

一方その頃の九州探題の手勢は少なく、地方勢力の支援がなければ室町幕府の九州平定はおぼつかない情勢であった[10]。そのために弘世の子に「義」の一字という将軍家の嫡流に準ずるような栄誉を与えてまでも、幕府は大内氏に九州探題を支援してもらわなければならなかったと考えられる[11]。

また義弘にこのような偏諱を与えたことには義満が弘世の子を自己の直臣として取り立て[12]、弘世から離間させる意味もあっただろう[13]。実際に永和元年（一三七五）に弘世は義満からの九州出兵要請を拒否したが、義弘は今川了俊を救援するために[14]この要請に応じており、義満の離間策が功を奏しているようである。結局、永和三年

（一三七七）に義弘は九州で大勝して「鎮西当方悉一統了（中略）是大内介（弘世）子息（義弘）所二成功一也[15]」と讃えられ、中央で高い評価を得た。

さらに義弘は康暦元年（一三七九）に「左京権大夫[16]」、至徳三年（一三八六）には「従四位多々良朝臣」と名乗っている[17]。義弘の正式な官位は「従四位上行左京権大夫」である[18]。室町期に武家で三位に昇りうるのは室町将軍家・関東公方・斯波氏・畠山氏に限られ[19]、多くの大名は受領などの五位相当の官職を名乗っていた。「従四位上」を持つ義弘は官職の面から見ても、在京する以前から義満に優遇されていたと推察される。

（二）中央の政変と大内氏の内訌

大内義弘が九州探題の支援に努めていた頃、京都では細川・斯波の両管領家が派閥争いをしていたが、康暦元年（一三七九）に管領細川頼之が斯波義将によって政界から追放されるという政変が起こった。中央で起こったいわゆる「康暦の政変」は、遠く離れた大内氏の領国である周防・長門両国にも大いに動揺をきたした。康暦二年（一三八〇）に大内氏の同族や家臣が庶子の満弘を擁し、義弘に対して反乱を起こしたのである。義弘と弟満弘によるこの内訌戦の最中、混乱のうち同年に父弘世は死去した。

「康暦の政変」の際に大内氏は京都でどのような立場にあったのだろうか。桜井英治氏は大内弘世の政治的立場を斯波義将の与党であると位置付け[20]、松岡久人氏は弘世は斯波義将と敵対する細川頼之を幕府内部で最も頼っていたとしている[21]。現時点では弘世の立場をはっきりさせることはできないが、少なくとも弘世と細川頼之の関係は悪くないようである。例えば永和二年（一三七六）に弘世は安芸国に侵攻したことによって石見守護を交代させられており、弘世が幕府に反抗するのではないかという風聞があった。この時に弘世の代官が管領細川頼之に対面したところ、頼之はそれ以上に弘世を追及せず[22]、周防・長門両国の守護職を没収する話は持ち出さなかったという。

一方で大内氏の国元で起こった内訌戦に目を向けると、これは義弘側と反乱軍側で中央の政変（康暦の政変）に対して違う反応をしたことによるものであった。先述したように「康暦の政変」の際における大内氏の立場が明らかにされていないため、内訌戦の構図も残念ながら推論の域を出ない[23]。考えられることは、まず父から家督を譲られた義弘が[24]細川与党であって、義弘が管領細川頼之の後ろ盾を失ったために大内氏の同族や家臣が庶子の満弘を擁して反乱を起こしたという解釈である。つまり兄弟の対立である。これとは別に父子で派閥を異にし、父の弘世が細川与党で子の義弘が斯波与党ということも考えられる。管領細川頼之の後ろ盾を失った弘世に対して義弘が反旗を翻したという解釈である。その場合に弟の満弘は父弘世の側に就いたということになる[25]。いずれにしても弘世・義弘父子と細川・斯波の両管領家との関係について詳しいことはわからない。

一連の内訌戦は『花営三代記[26]』に記されている。それによると、康暦二年（一三八〇）五月二八日に義弘は弟の満弘と安芸国内郡《うちぐん》で合戦を行い、この時満弘方に就いた「一族鷲頭筑前守父子三人・内美作守（ママ）石州守護代[27]父子二人・末武新三郎・野田勘解由・藤田（問）又三郎・讃井山城守芸州大将」を滅ぼしたという。

「系譜類[28]」によれば、平安末期以降に大内氏の前身である周防国在庁官人多々良氏は同国の東西に盛んに分派[29]しており、同国都濃《つの》郡内を本拠地としたのが鷲頭《わしず》氏と末武《すえたけ》氏、同国吉敷《よしき》郡内を本拠地としたのが野田《のだ》氏、問田《といだ》氏、讃井《さない》氏である。大内弘世はこのような多々良氏から派生した同族を家臣団の中核に据えていたが[30]、内訌戦によりこれら大内氏の同族は力を失うことになったのである。

中央の政治情勢は義弘の国元に内訌戦というかたちで影響を及ぼした。それでも義弘はこの内紛を克服することによって、それまで大内氏の領国支配を支えてきた同族を多数滅ぼし、父弘世の代とは異なる陣容の家臣団を組織することに成功したと言えるだろう。

二　在京以後の義弘

義弘は在京しない段階から幕府において高く評価されたが、康応元年（一三八九）に将軍足利義満が瀬戸内海を九州方面へ遊覧した際に随行して上洛し、以後一〇年間ほど在京することになる。

義満に近侍する大名として選ばれた義弘は、将軍と在京大名によって構成される社会にどのように加わっていったのだろうか。（一）では義弘の京都での人間関係を義満との関係及び他の在京大名との関係に分けて考察し、（二）では「南北朝合体」という政治交渉に義弘が果たした役割について、（三）では義弘が自己の保身のために考えた政治戦略について論じる。

（一）京都での人間関係

1　足利義満との関係

明徳二年（一三九一）の京都を戦場とした明徳の乱の際、義弘は山名氏清軍に対して自ら長刀を振るって奮戦している。義弘は九州だけでなく京都においても軍事力を誇示した。明徳の乱から翌年の南北朝合体（明徳三年）を経て、応永四年（一三九七）までは足利義満との関係が最も良好であったと言えよう。

明徳四年（一三九三）一〇月一九日に義弘は新たに与えられた和泉国[31]の守護所である堺で犬追物を開催し、将軍義満及び諸大名を招いて歓待した。大内氏一族からは義弘の他に新助《（介）》（弘茂）、伊豆守（満弘）、在京大名では管領

（斯波義将）、右京大夫（細川頼元）、山名宮内少輔（時熙）といった幕閣が参加している。[32] 義弘は自分の拠点で大規模な社交の場を設け、一応面目をほどこしたということだろう。同年一二月一三日に義弘は義満から九州での戦功及び明徳の乱の功績を褒賞され、将軍家の一族に準ずるという御内書を与えられている。[33] そして応永元年（一三九四）に義満が出家すると、義弘は義満に追従するかのごとく、他の大名と競うようにして自身も入道となった。

ところが応永四年（一三九七）になると義弘の反抗的態度が顕在化し、義満と義弘の関係にひびが入るが、二人が決別していく過程は単純ではない。義満は義弘に対し時に高圧的な命令を行い、時に低姿勢で懐柔しようとしている。

瑞渓周鳳《ずいけいしゅうほう》が記した『臥雲日件録抜尤《がうんにっけんろくばつゆう》』[34]によれば、応永四年（一三九七）に義満は諸大名の家臣[35]に北山第《きたやまてい》[36]の造営工事を命じた。これに対して義弘だけが家臣を土木工事に使役されることについて、自分の家臣は戦いを生業としているので工事に使役されるいわれはない[37]と言って拒否し、気骨のある態度を見せている。瑞渓周鳳はこのことを義弘が義満の命に逆らった最初であると[38]記している。『応永記』によれば、応永四年（一三九七）に義弘は二人の弟である満弘と盛見を九州に派遣したが、少弐・菊池・千葉・大村氏の連合軍が手強く、その年末に満弘は戦死してしまった。幕府の命に従い義弘は軍事的負担と人的犠牲を払っていたのに、そのことを顧みず高圧的に邸宅造営を命じるような義満に対し、義弘が不満を爆発させたものと思われる。

これとは逆に応永の乱の前年であっても、義満は低姿勢をとって義弘との関係修復を試みる態度も見せている。応永五年（一三九八）に義弘が謀叛のうわさ（荒説）を立てられている状況下で、義満はわざわざ自分の方から義弘邸を訪問している。[39]

義弘は応永五年一〇月[40]に九州に下向してから、翌応永六年一〇月に堺に参着する[41]までの約一年間は京都を離れていたが、再び堺に帰還した時には義弘は義満の政道を諫めるため謀反の決意を固めつつあった。

『応永記』によれば義弘の謀反の理由は四つあり、①義満が少弐・菊池ら九州の大名に義弘を討伐するように密かに命じていた[42]、②義満が和泉・紀伊両国を没収するといううわさがあった、③九州で戦死した弟満弘の遺児に恩賞が与えられなかった、④上洛命令は実は京都で義弘を誅殺する企てだと義弘が判断したというものである。

以上のように義弘と義満の関係は南北朝合体直後の明徳四年（一三九三）あたりが最も良好であり、その後義弘は義満の政道に対して不信感を抱くようになっていったのである。

2　他の在京大名との関係

今川了俊が著した『難太平記』[43]の中に見える義弘の言葉に、「今在京仕て如㆓見及㆒ば、諸大名御一族達の事、さらに心にくゝ不㆑存也」とある。義弘は在京の間に諸大名とその一族の動静を観察した上で、彼らのことを心よくは思わないと述べている。義弘にとって在京大名の社会は、あまり居心地のよいものではなかったのだろう。それでも今川了俊とは最も親密であったようで、先に義弘は了俊に九州で協力し、しかも了俊の弟の仲秋の娘を妻としている。仲秋は了俊の養子になっているので、了俊と義弘は義理の伯父（祖父）と聟の関係であったと言えよう。

「系譜類」によれば、義弘の姉妹の多くは他の大名や地域権力者の妻になっている。まず「山名讃岐守」[44]の妻になっている者、次に少弐冬資、大友親世という九州の二大大名の妻になっている者がいる。さらに安芸厳島の神主、筑前宗像の大宮司といった地域権力者の妻になっている者もいる[45]。大内氏歴代の中でも特に義弘の代は山名氏のような同格の大名のほか、九州に在国する大名及び中国・九州の地域権力者との間で盛んに姻戚関係を結んでいると言えるだろう。

しかしながら「系譜類」によれば、義弘は足利一門である斯波、細川、渋川、畠山氏などとは姻戚関係にない。これに対して渋川・斯波両氏のような足利一門大名の間では互いに姻戚関係があり、それが幕府政治の上での派閥を形成していたようである。例えば渋川満頼は管領斯波義将の娘婿であり、応永二年（一三九五）に今川了俊が九州探題を罷免されると、満頼は義将に推されて探題に就任している(46)。今川・山名両氏以外の在京大名と姻戚関係がないのは、大内氏が足利一門大名と対等な関係ではなかったという証だろう。

了俊が大内氏を格下に見ていたのは以下の事例からもたしかである。「今川了俊書札礼(47)」に「大内なとハ今も我々にハ恐々謹言と書候て、詞も以之外無礼に書候へ共、是又沙汰之外ニ候」、「父道階《弘世》之時、無礼にしをき、人も家人も請《受》次《継》候て振舞に候、うたてしく存計候」と記しているように、了俊は父弘世から家来に至るまで大内氏を無礼な一族とみなしていた。その一方で、了俊は同じ足利一門ながら将軍家と系譜が近いことをひけらかす斯波・渋川両氏に敵意を抱いていたとされる(48)。

このことから同じ足利一門の中でさえ、特に毛並のよい斯波・渋川両氏、それに次ぐ今川氏というように序列が存在しており、ましてや大内氏と足利一門大名たちとでは家格の差が歴然であったと思われる。

（二）南北朝合体に果たした役割

従来から大内義弘は南北両朝による和平交渉に尽力した(49)と言われているが、どのようなかたちで交渉に関わったかはよくわからない(50)。義弘は北朝の代表者として交渉にあたったのだろうか、それとも交渉の舞台裏で何らかの任務を果たしていたのだろうか。「南北朝合体」に果たした役割は、将軍と在京大名によって構成される社会における義弘の政治的地位が端的に反映されていると考えられ重要な問題である。

交渉の最終段階で明らかなことは[51]北朝から吉田兼熙、南朝から吉田宗房・阿野実為が出て折衝を重ね、明徳三年（一三九二）一〇月に義満が具体的に三か条の講和条件を出し、これを南朝が受諾したということである。

義弘が南北朝合体の交渉に関与したことを明示している文献は「天野山金剛寺古記写[52]」のみであり、「北朝明徳三年壬申十月、大内義弘蒙二義満命一、繕二南朝和睦ノ義一、閏十月二日和睦事調」と記されている。「繕」（つくろう）という表現が字義どおりであるならば、義弘が主たる交渉担当者を補佐するようなニュアンスが感じられる。吉野には南朝の朝廷があり、身分的にも職務担当の上でも政権担当に不足のない人材が集められていたとされる[53]。それゆえに当然南朝の朝廷の責任者と交渉するためには、北朝側でもそれにふさわしい身分の貴族たちが交渉の表舞台に立っていたと考えられる。義弘が南北朝合体の交渉に関与したとしても、一大名である義弘が交渉の代表者を務めることは困難だろう。

これに対し「有職抄」巻之第三[54]には北朝の使者が三種の神器を迎えに行く際、「武家」の代表として義弘が南朝から移送する際の護衛にあたったという記述が見られる。義弘は明徳の乱の功績により、山名氏の領国であった和泉・紀伊両国の守護職を与えられていた。神器の護送[55]ということなら、その支配地域が南朝の勢力圏である大和国（吉野）や河内国に隣接していた義弘が適任というべきだろう。

このように考えると、義弘が南北朝合体交渉に果たした役割は表の交渉役ではなく、南朝勢力圏に隣接した地の利を活かし[56]、舞台裏で南朝方の武士たちを懐柔することであったと推察される。

（三）大名間連合

『難太平記』には義弘の言に、「今御所の御沙汰の様見及申ごとくば、よは《弱》きものは罪少けれども御不審をかうぶり可レ失二面目一、つよ（強）きものは雖レ背二上意一、さしおかれ申べき条、みな人の知処也」とある。義満の沙汰（政治）を見るにつけ、力が弱い者は少々の罪で不興を買って面目を失い、力が強い者は上意に背くといっても許されると言うのである。諸大名の所業ではなく、もともとの勢力次第で大名の処遇を決めている義満に対し、義弘は必ずしも大名に君臨できているわけではない将軍権力の弱さを喝破していたと言えるだろう。このような状況下で家格も高いとは言えない新参者の義弘は大名としての地位を守るため、何らかの政治戦略が必要だと考えたのではないだろうか。

　義弘が在京中に到達した保身の戦略は、将軍に侮られないように大名間で連合することであった。『難太平記』には義弘が今川了俊に大名間連合を持ちかけたという記述がある。義弘は「所詮貴方も大友と義弘同心申候はゞ、たとひ上意あしくとも煩あるべからず、まして御とがめあるべからず」と言った。今川氏も大友氏と大内氏と同心すれば、たとえ義満の機嫌を損ねても困ったり罰せられたりすることはないというのである。義弘は大名間連合によって義満に対して強く出ようとしたが、結局了俊がこれに加わることはなかった。

　応永六年（一三九九）一〇月に義弘は義満への不信感を募らせ九州から戻ってくると、京都には向かわず堺に籠城した。そこで義満は義弘との仲介役として禅僧の絶海中津《ぜっかいちゅうしん》を堺に派遣し、義弘に上洛するよう求めた。以下に述べる応永の乱の経過は『応永記』の記述による。（一）で述べたように上洛命令を自分を誅殺する企てだと判断した義弘は絶海中津に対し、すでに関東公方と「同心」したので義満の仰せに従い上洛すれば関東公方との約束を違えることになると返答した[57]。義満の政道を諫めるために関東公方足利満兼と先に同盟を結んでいた義弘は義満の命に逆らうことにした自分に対し、関東公方は自分との盟約を守って動くと信じていたのである。しかし関東公方が加勢に来ることはなかった。結局幕府の上洛命令を拒否した義弘は堺に殺到する幕府軍と交戦し、応永六年（一三九九）一二月に戦死してしまった。

九州から戻ってきた当初は義弘の重臣たちには和戦両様の考え方が存在したが[58]、このような大名間連合という保身の戦略が皮肉にも後戻りを妨げ、幕府との和解を不可能にしたと考えられる。

以上のように義弘は自己の政治的地位を守るため大名間連合を結ぼうとしたが、そのことが逆に他の大名家の去就に惑わされて誤った政治的判断をしてしまうことになった。結局家格の差を打ち破ることはできず、足利一門大名である今川了俊を味方に引き入れることも、関東公方足利氏を出兵させることもできなかったのである[59]。

三　大内氏の自己認識

地方の一勢力であった大内氏が在京大名となっていく過程で、大内氏はどのように自己を認識していたのだろうか。将軍に軍事力を高く評価され晴れて在京するようになったら、次は在京大名の社会に存在する越えがたい家格の差に直面することとなった。大内氏が毛並のよい大名に交じって幕府体制の中で保身するためには、何らかの精神的な支えが必要だったのではないだろうか。

（一）在京中の義弘の意識

これまでの考察から在京大名の一員に加えられた義弘の心には、以下のような三つの意識が存在していたと推察される。

第一には軍事力で幕府を支えているという自負である。義弘は若くして九州探題への支援で功績を認められたが、在京後もますますその軍事力を自負する気持ちを募らせていたと思われる。

義弘は明徳二年（一三九一）の明徳の乱で戦功を立てたが、山名氏清の猛攻に耐えかねて将軍義満に援軍を求めた際には自分が討死にしたならば誰が自分ほどに身命を捨てて戦うだろうか、およそ自分ほどの勇士を持つことはできないだろうにと自分が将軍にとってかけがえのない忠臣であることをアピールしたという[60]。これを聞いていた将軍近侍の武将たちは、弓馬に携わる者が主人の窮地に命を惜しまないのは家臣として当たり前ではないかとささやき合ったという[61]。

このような義弘の自負を冷ややかに見つめる同時代の人間もいた。天台宗の談義僧である鎮増は明徳の乱から応永の乱にかけての山名・大内両氏に見る「盛者必衰ノ有様」は、〈飛んで火に入る夏の虫〉のような愚人の振る舞い[62]であると言っている。

義弘がいかにその軍事力を将軍に高く評価されようと、所詮大内や山名というもとは幕府の体制外にあった大名は、他の人間の目には用が済めばそのうち将軍によってたやすく滅ぼされる存在でしかないと映っていたのではないだろうか。

第二には在京大名の社会での居心地の悪さである。

義弘は幕閣を成す足利一門大名とは姻戚関係になく、頼みとする今川了俊にも格下に見られているような状況であった。一応将軍には引き立ててもらっているが、在京大名の社会での序列はけっして高くないというジレンマを感じていたものと思われる。

第三には、義満への不信感である。

応永四年（一三九七）になると九州出兵に加えて北山第の造営も命じられ、あくまで自分を駆使しようとする義満に対し、義弘は自分が義満によって踊らされているのではないかと感じ始めたようである。義弘は自分は本当に在京大名として認められているのか、将軍は単に自分の軍事力を利用しようとしているのではないかというような不信感を持つに至ったと思われる。

在京後の大内義弘は軍事力には自負があるものの足利一門大名たちとの家格の差を痛感し、義満への不信感を持つようになった。このような三つの意識が混じり合って、その後の大内氏の自己認識が形成されていったと推察される。

（二）特別な由緒

先述したような意識の中にあって、ついに義弘は幕府に対して反旗を翻すことになる。

応永の乱にあたり、義弘が自分の後ろ盾となる権威として期待をかけたのは関東公方であった。応永六年（一三九九）一一月に義弘の依頼を受け(63)、関東公方足利満兼は義満の政道を諌めるために御教書を興福寺へ送っている。この御教書には義満を討つ理由が「奉二天命一討二暴乱一、将レ令二鎮レ国安一レ民」と記されている。義満は征夷大将軍に任ぜられ、将軍を辞して後は太政大臣に任ぜられていた。天皇から最大限の権威を与えられていた義満の「暴乱」を討つには、このように「天命」を奉じる必要があったのである。この時代は朝廷や幕府とは別格の人間を超えた存在から正当性を得ることによってのみ、巨大な将軍権力に立ち向かうことができたのだろう。そして義弘も義満への反乱に向かう大義名分を天命に求め、在京大名の社会での居心地の悪さや幕府への不信感を払拭する強固な精神的支えとしても、同じように「天」や「神」のような人間を超えた権威を思い付いたに違いない。義弘が模索してたどり着いた方策は大内のイエに絶対的な権威を付加することであった。大名社会での家格の差に苦しめられた義弘が、自身のイエに特別な由緒を持たせようとすることはうなずける。

　具体的に義弘が主張したことは、ひとつは妙見を大内氏一族内部の信仰にとどめずに広く周囲に大内氏の「氏神」として認めさせることであった。妙見の祭祀は南北朝以前の大内氏の前身である在庁官人「大内介」一族の時代から行われていたと推測されるが[64]、義弘は自己を妙見に守護された特別な存在であるとアピールし始めたのである。義弘は明徳三年（一三九二）に安芸毛利氏に宛てた起請文で「氏神妙見大菩薩」の名のもとに盟約を誓っている。これは大内氏が妙見を「氏神」と呼ぶ史料上の初見である[65]。また同年に義弘は妙見を新たな領国である和泉国へ勧請しようとしている[66]。このことから義弘代の「氏神」とは大内氏のイエだけにとどまらず、すべての領国[67]をカバーする守護神として機能していたと推察できる。中世の武将は複数の軍神に縋る[68]こともあったが、義弘は「氏神」である妙見を対外的に打ち出すことによって、室町期の大名たちの社会の中で大内氏を他の大名に劣らないほど尊い一族だと主張しようとしたと思われる。

　二つ目は日本を超えて朝鮮半島に自らのルーツを求めたことである。義弘は大内氏の祖先が百済国に由来すると主張し、応永の乱の五か月前の応永六年（一三九九）七月に、朝鮮王朝に家系・出自を示すものと「土田《どでん》」（官職に応じて与えられる田）を要求した[69]。朝鮮王朝で評議した結果「土田」は不可とされたが、大内氏の先祖は仮に百済の始祖である温祚王から生じた高氏ということになった。さっそく義弘は朝鮮王朝から「高義弘」と呼ばれ、朝鮮王朝の臣下のような扱いをされている[70]。義弘はこれに先立ち「三島倭寇」を攻め、朝鮮王朝にもその軍事力を高く評価されている[71]。これは義弘が大内氏の存在価値を、足利氏一門を最上とする価値観とは別の価値観でとらえ直そうとする運動であると考えられる。あわせて義弘は周防国大内村にある乗福寺を朝鮮様式の建物で荘厳することによって、朝鮮王朝との結び付きの深さもアピールしている[72]。

このように大内氏は在京大名の社会で生き抜く精神を支えるため、氏神としての妙見や祖先が百済国に由来するという主張を取り入れることで、大内氏の由緒を特別なものにしていったと考えられる。

（三）祖先伝説の体系化

義弘の死後に幕府は義弘の後継者として弟の新介弘茂を家督に定めたが[73]、もうひとりの弟である盛見が最終的に実力で家督を勝ち取り、幕府にその継承を認めさせた。盛見は幕府との関係が修復できておらず、一族中での地位も不安定な状況下で領国内の権力基盤を固める必要があった。それでも結局は義満の死後に在京し、将軍義持のもとで「影の直轄軍[74]」と呼ばれるような幕府に忠節を励む道を選択した。盛見は三宝院満済や山名時熙を「取次[75]」として将軍との意思疎通を図り、将軍義教の代には幕府の「重臣」として評定会議に招集されるまでになった[76]。

盛見も義弘以後再び在京大名として将軍の信頼を得ることに成功したが、義弘のように大名間連合により室町殿に対抗するような態度はとらなかった。それよりも盛見が力を入れたことは、大内氏を「特別な由緒を持った存在」として認識させるための儀礼を義弘代からさらに推し進めたことであった。

盛見はまず大内氏の祖先伝説を体系化する作業を進め、義弘代においてはまだ始祖の名前として明らかになっていなかった琳聖太子を伝説中に初めて登場させた[77]。次に大内氏の氏寺であり妙見（氏神[78]）を祀る興隆寺に、周防国の枠組みを超えるような別格の地位を与えようとした[79]。以後の大内氏の祖先伝説は、始祖を琳聖太子とし氏神（守護神）を妙見とする所伝を基軸として体系化されていくのである。

盛見以後も大内氏の家督は繰り返し在京し、将軍に近侍する道を選ぶ。大内氏は自らの体系化した祖先伝説を心の拠り所として別次元の権威によって自己を尊いものと認識することにより、在京大名の社会で生き抜いていったと考えられる。

おわりに

本章において論じた内容を要約しておきたい。

第一節では大内義弘が九州探題を支援することにより、在京せずとも幕府体制内で将軍に認められていたことをみた。一方で義弘は在国していても中央の政変の影響を免れることはできなかったが、これを機に大内の同族を多数滅ぼして新しい家臣団を組織することができた。

第二節では義弘が康応元年（一三八九）の在京以後もその軍事力を誇示したことをみた。義満と義弘の関係はしばらくは良好であったが、応永四年（一三九七）以後はその関係が崩れていった。また大内氏と幕閣を構成する足利一門の大名では家格の差が歴然としており、南北朝合体交渉を例にとっても、義弘が交渉の代表者となれるほどその政治的地位は高かったとは言えない。最終的に義弘は自己の政治的地位を守るため大名間連合を結ぼうとするが、結局家格の差を打ち破ることはできず、かえって反乱（応永の乱）を起こすことになった。

第三節では在京大名の一員に加えられた義弘の心には軍事力で幕府を支えているという自負、在京大名の社会での居心地の悪さ、義満への不信感といった三つの意識が存在していたと推察した。義弘が模索してたどり着いた方策は「氏神」である妙見を対外的に打ち出し、朝鮮半島に自らのルーツを求めることにより大内氏の由緒を特別なものにしていったことである。そして盛見（義弘の弟）以降の大内氏は自らの体系化した祖先伝説を心の拠り所として、在京大名の社会で生き抜いていったと考えられる。

ここで、冒頭の問題提起を以下のように結論付けたい。

大内氏が幕府体制内に入るということは、大内氏にとっては在京大名の社会の中で将軍に体よく駆使され、大名の家格の序列に苦しめられるという問題に直面することであった。そのような状況の中で大内義弘は将軍と足利一門の大名を尊重しながらも、それとは別の価値観を持つに至った。すなわち妙見に守護されて朝鮮王朝から百済王族の末裔として認知されるという、別次元の権威に支えられていることを明確に打ち出したのである。義弘は自分にとって絶対的な価値があるのは、大内のイエであるという認識に達しつつあったのではないだろうか。

本章では大内氏から見て地方の勢力が在京大名に加えられることの意味を考察したが、他方で幕府が地方権力をどのように取り込んで体制を作ろうとしたのかという幕府側からの考察も必要だろう。今後の課題を含めて本章の最後に、室町幕府を中央政権とする政治体制について私見を述べておく。

京都は天皇を頂点とする「公家」と将軍を頂点とし大名によって構成される「武家」が拠点を置いていること、それだけで特別な場所であると認識されていたのだろう。幕府に充分な軍事力がなくとも、地方から上洛した大名は「公家」の権威に裏付けられた将軍の前では平伏する心理が働くのだろうか。大内氏は幕府としばしば敵対しながらも繰り返し在京する一方で、盛見以降の大内氏の当主は氏神を祀る大内村の氷上山興隆寺を祖先伝説の中心に置き、守護所である山口の町を整備して領国支配を充実させていく。すなわち京都を特別な場所とみなす一方、自己のイエ及び領国の繁栄に価値の中心を移していくのである。どうやら室町幕府という政権は全国の地域権力を武力でねじ伏せることを理想としているのではなく、地方で繁栄した地域権力に支えてもらうような感覚を持っていたのではないだろうか。

実際に大内氏は朝鮮・明と通交し、活発に交易を行う地域権力であった。大内氏の自己認識を支える祖先である琳聖太子や守護神である妙見は、[80]それぞれ朝鮮・明との通交によって発想されたものである。しかしこのような海外との関係維持は海賊・警固衆・倭寇という海辺の武装勢力の媒介なしには不可能であり、[81]東シナ海から瀬戸内海にかけて活動するこのような勢力を大内氏がコントロールできたことは、守護公権のみでは説明できないと思われる。

室町期の国家の最大の特徴は幕府を頂点とした支配体制にあるのではなく、大内氏のような地域権力者が割拠していることではないだろうか。将軍は律令国家における国司を頂点とした地方行政制度のように、国ごとに守護―守護被官というピラミッド構造の支配を徹底させることはできず、現実に地域を実効支配している勢力との間で個別に主従関係を結ばざるをえなかったのであろう。

もしかすると室町幕府は国や郡単位の支配領域を確保した者には「守護」、荘・郷程度の支配領域ならば「奉公衆」、そして延暦寺の衆徒には「山門使節」というように、分相応の称号を与えて大小の地域権力者と個別に主従関係を結び、その総体をもって自己を統一権力であるかのごとく見せかけていたのかもしれないのである。

注

（1）大内氏が体制外であった段階の特徴については、藤井崇氏が規定した大内氏や九州の諸大名の特徴を参考にした。藤井氏はこれらの大名の特徴として、①足利氏一門ではない、②幕政に直接参画しない、③常時在京しているわけではない、④本国について前代以来の地縁を有するという四点をあげている。藤井崇『室町期大名権力論』（同成社、二〇一三年）三五七頁参照。

（2）川岡勉『室町幕府と守護権力』（吉川弘文館、二〇〇二年）八頁参照。

（3）山田徹「南北朝期の守護在京」（『日本史研究』五三四、二〇〇七年）参照。

（4）桜井英治『室町人の精神』（講談社、二〇〇一年）三四頁参照。

(5) 弘世はこの失敗を挽回しようと上洛して幕府に取り入ろうと振る舞っている。『太平記』によれば数万貫の銭貨、新奇な唐物《からもの》を幕府要人から庶民に至るまで配ったという。

(6) 応安七年九月「大内道階弘世・同義弘連署奉加状案」(住吉神社蔵文書二三六『県史』史料中世4)。この文書には「散位義弘」という署名が記されている。

(7) 応永の乱の経緯を記した文献としては、いわゆる軍記物である『応永記』(『群書類従』二十輯、別名『大内義弘退治記』)とその異本である『堺記』(関西大学中世文学研究会編、和泉書院、一九九〇年)がある。『応永記』は「記録的性格」が強く、『堺記』は「語り物的性格」が強いと言われている。本章ではこのうち主として『応永記』を取り上げることにする。

(8) 義弘が応安四年に出兵した時の年齢を十六歳と記すことは『応永記』以外に見当たらない。

(9) 山名氏一門においても「義」の一字の偏諱が見られる。水野智之『室町時代公武関係の研究』(吉川弘文館、二〇〇五年)第三部第二章「偏諱・猶子・姻戚関係にみる大名と公家衆の関係」三一五頁参照。

(10) 『応永記』の中で義弘は今川了俊の手勢がわずか三百騎であり、了俊が九州に渡海できずに自分が四千騎で加勢したと述べている。

(11) 義弘は応永元年(一三九四)に入道となったが法名は「義弘」としており、この名を気に入っていたことがわかる。義弘は『難太平記』や『応永記』では「義弘入道」と呼ばれている。

(12) 義弘の弟である大内満弘の名もまた義満の偏諱である「満」の一字を受けていると考えられる。

(13) 桜井英治氏は有力守護一門に対する離間策として、将軍義満が山名氏の庶子たちに偏諱を与えることによって、将軍家直臣としてのプライドを植え付けて惣領への対抗心を煽ったと論じている。桜井氏『室町人の精神』(前掲)三六頁参照。

(14) 了俊は永和元年の「水嶋の陣」で少弐冬資を暗殺した後に窮地に陥っていた。この救援の功績により義弘は豊前守護に任ぜられ、大内氏は関門海峡の両側の地域の支配を固めることになった。村井章介「水嶋陣後の九州の情勢」(『東京

大学史料編纂所報』二六、一九九一年）参照。

（15）大日本古記録『後愚昧記』二　永和三年九月一日条。

（16）左京権大夫は左京職の長官である左京大夫の権官である。権官であっても大夫と官位が同等であるとすれば、官職相当の位階は正五位上となるが、義弘の「従四位上」はそれよりも高い位階である。

（17）藤井崇氏『室町期大名権力論』（前掲）九七～九九頁参照。

（18）明徳三年（一三九二）から応永元年（一三九四）に入道となるまで、義弘は領国内の寺院宛てには丁寧な署名である「従四位上行左京権大夫多々良朝臣」を使用していた。藤井崇氏『室町期大名権力論』（前掲）一〇一～一〇二頁参照。

（19）須田牧子『中世日朝関係と大内氏』（東京大学出版会、二〇一一年）二三九頁注（43）参照。

（20）桜井英治氏『室町人の精神』（前掲）三一頁参照。

（21）松岡久人氏は「頼之のいない幕府は、弘世らにとって不安この上ないものと感じられたことであろう」と述べている。松岡久人『大内義弘』（戎光祥出版、二〇一三年、初版は一九六六年）八一頁参照。

（22）大日本古記録『後愚昧記』二　永和二年七月一六日条に「元大内介《（弘世）》入道知行国者被二改替一了、依レ之、日来大内反二当方一之由雖レ有二其聞一、不レ然者、出二石州一了云々、大内代官去十四日始而武蔵守頼之、対面云々、此上者両国防州長州・守護職事、不レ可レ及二子細一欤云々」とある。

（23）この場合では先に触れたような義満の離間策として義弘に対する偏諱が功を奏し、まず新旧の惣領である弘世と義弘の間に対立が生じ、次に惣領である義弘と庶子である満弘の間に亀裂が生じたのだろう。

（24）この年まで父弘世が在世していた。

（25）藤井崇氏『室町期大名権力論』（前掲）六四頁では、父弘世が満弘を後援していたと考えている。

（26）『群書類従』二十六輯。ただし人名の注記は『県史』史料中世1所収の『花営三代記』に従う。

（27）「内美《ママ》作守」について、松岡久人『大内氏の研究』（清文堂出版、二〇一一年）一一八頁の岸田裕之氏による編集者註（7）では「同美作守」の誤字とし、鷲頭美作守のことと考えている。「系譜類」によれば南北朝期に鷲頭氏を継いだ大内長弘の孫に康弘がおり、康弘の注記には「美作守　於二下松一自害」とある。筆者も岸田氏の考えに賛同し、「内美作（ママ）守石州守護代、父子二人」を〈鷲頭美作守康弘父子二人〉のことであると考えたい。

(28) 本章では大内氏の系譜をしばしば参照する。主要なもの五種類が『山口市史』史料編・大内文化（山口市編集発行、二〇一〇年）第一編第一章「系譜」に収録されており、いずれも近世以降に作成されたものである。以下にこれらの系譜を総称する場合「系譜類」と呼ぶこととする。

(29) 鎌倉期において多々良氏一門で特に有力であったのは、周防国吉敷郡大内村を本拠とした「大内介」一族と同国都濃郡鷲頭荘を本拠とした鷲頭氏一族である。南北朝期になると多々良氏の嫡流である「大内介」一族は、周防国の地域支配者となるにともない「大内」という家名で呼ばれるようになり、後の守護大内氏に発展した。一方で多々良氏の同族は守護大内氏の有力家臣になっていった。

(30) 例えば弘世が松崎天神社（現在の防府天満宮）を造営した際の棟札に家臣の名前が列挙されているが、その棟札の上位に末武氏、問田氏、讃井氏のような大内氏の同族が名を連ねており、このような同族の者が弘世代の上級家臣であったことがわかる。貞治四年六月一一日「大内弘世天神社造替棟札写」防府天満宮所蔵文書一六二号（『防府市史』史料Ⅰ、防府市発行、二〇〇〇年）。

(31) 義弘は明徳の乱平定の功績により、山名氏の領国であった和泉・紀伊両国の守護職を与えられていた。

(32) 新訂増補国史大系三五『後鑑』第二篇。

(33) 大日本史料七編之一冊。

(34) 大日本古記録『臥雲日件録抜尤』文安五年（一四四八）八月一九日条。

(35) 「諸大名之士」と表現されている。

(36) 義満が京都北山に営んだ豪壮な邸宅。いわゆる「北山文化」の中心となり、義満の死後は鹿苑寺（金閣寺）となった。

(37) 「吾士以二弓矢一為レ業而已、不レ可レ役二于土木一」とある。

(38) 「此即義弘深逆二鈞旨一之濫觴也」とある。

(39)『兼敦朝臣記』（『県史』史料中世1）応永五年七月二六日条に「次向二大内入道《（義弘）》一、賀二一昨之儀一、是入道相国《（足利義満）》一昨日自二座主一品親王《（尊道）》御坊一御帰之次、御二渡大内入道許一、近日就二彼身上一、有二荒説一之間、御出云々、仍賀レ之了」とある。

(40) 史料纂集『迎陽記』一（八木書店、二〇一一年）応永五年一〇月一六日条に「今朝大内入道下二向鎮西一、合戦以外之間為二退治一云々」とある。

(41)『応永記』に一〇月一三日とある。

(42) このことは明徳の乱で山名氏討伐に大内氏を起用したのと同じく、幕府の体制の周縁に位置するような大名を互いに消耗させる義満の策略であった。また討伐を命じた相手に逆に討伐させるというのは、義満が有力大名を弱体化させる際に特有の策略であり、義満は明徳の乱の直前にこのような策略を用いて山名氏一族を離間させている。まず義満は山名満幸・同氏清に同族である山名時熙・同氏之を討つように命じたが、すぐに時熙・氏之を許して逆に満幸・氏清を罰している。

(43)『群書類従』二十一輯。

(44)「系譜類」には「山名讃岐守時政室」と書いてあったり、「山名讃岐守晴政」と書いてあったりするが、山名一族でそのような名は見当たらない。「山名系図」（『群書系図部集』二）参照。「山名讃岐守」を採用するならば、山名師義の子で一時は山名氏の惣領と目された山名讃岐守義幸のことであると考えられ、山名氏一族の中でも重要な地位にあった。

(45) 義弘もまた九州の守護や西日本の有力神社の神職を幕府に取り次ぐ役割を果たしていたと言えるだろう。また厳島神社や宗像神社の神職と姻戚関係を結ぶことは、大内氏がこれらの神社を懐柔する方策のひとつであろう。厳島神社や宗像神社は海賊勢力が崇敬する神社であり、大内氏は北部九州や瀬戸内の海賊勢力を臣従させるために、これらの神社を懐柔する必要があったと思われる。

(46) 川添昭二『今川了俊』（吉川弘文館、一九六四年）二一四頁参照。

(47)『続群書類従』二十四輯下。

(48) 桜井英治氏『室町人の精神』（前掲）五〇頁参照。桜井氏は了俊の斯波・渋川両氏に対する敵意は『難太平記』の隠れたモチーフであると述べている。

(49) 一例として臼井信義『足利義満』（吉川弘文館、一九六〇年）七五頁参照。これ以降の諸論稿においても同様の記述が見られる。
(50) 佐藤進一『南北朝の動乱』（中央公論社、一九七四年）四四二頁では、「最後の和平交渉はまず大内義弘によって進められたらしい」と推測の域を出ていない。
(51) 森茂暁『南北朝の動乱』（吉川弘文館、二〇〇七年）一九三頁で和平の歩みについて詳述されているが、交渉担当者についてこれ以上詳しいことはわからないようである。
(52) 『続々群書類従』三。
(53) 森茂暁『南朝全史―大覚寺統から後南朝へ―』（講談社、二〇〇五年）一五一～一六四頁参照。
(54) 東京大学史料編纂所影写本（請求番号2057―123―3―2）。三種の神器について故事が語られる中で、駕輿丁三十五人と御輿長十人が三種の神器の御迎えのために南朝に派遣され、大内義弘が同じく御迎に参ったというエピソードが紹介されている。
(55) 『応永記』によれば義弘は交渉での功績をアピールし、「某南朝御和睦ノ事ヲ取申シ、両朝一統スルノミニ非ズ、三種ノ神器ヲ当朝（北朝）ニ納ム」と述べている。この発言のうち「御和睦ノ事ヲ取申シ」はその実態がわかりにくいが、「三種ノ神器ヲ当朝（北朝）ニ納ム」はそのとおりであると認めてよいだろう。
(56) 和泉国の守護所であった堺は、南朝の支配地域（河内国・大和国）やその影響力の及ぶ地域（紀伊国）に向かう陸上交通路の結節点であり、堺を征する者は南朝と交渉する力を得ることができたのである。平瀬直樹「応永の乱と堺―大内義弘の拠点について―」（『北陸都市史学会誌』一八、二〇一二年）参照。
(57) 「大内可レ奉レ諫二政道一由与二関東一同心申ス有二子細一、今随レ仰上洛仕ナバ、関東ノ契諾可二相違一」とある。
(58) 平瀬直樹「応永の乱と堺」（前掲）参照。
(59) 義弘は諸大名の加勢を得ることができなかったが、『応永記』によれば自己の家臣以外の様々な勢力を反乱勢力に組織していた。ひとつには義弘は諸大名の一族中の不平分子に呼びかけ、美濃では土岐氏、丹波では山名氏、近江では京極氏が決起した。二つ目には義弘は南北朝合体交渉の途上で懐柔したと思われる旧南朝方の武士たちも堺に籠城させており、堺落城の際に楠木氏の二百余騎は大和路を落ちて行き、肥前の菊池氏は行方知らずになったという。

(60)『明徳記』中（『群書類従』二十輯）に「義弘討死仕ナバ、誰カ義弘程ニ身命捨テ支ヘ戦候ベキ、然バ定テ御大事出来リ侍ルベシ、急入替勢ヲ給ベシ、凡義弘程ノ勇士ヲバ御持候マジキ物ヲト」とある。

(61)『明徳記』中に「弓馬ニ携ル程ノ者ノ差当リタル御大事ニ誰カ命ヲ惜ムベキ、事アタラシキ申サレ様哉」とある。

(62)『鎮増私聞書』（『続天台宗全書』史伝2、天台宗典編纂所編纂、春秋社、一九八八年）に「誠愚人夏蟲飛テ火入振舞也」と記されている。

(63)義弘は満兼の御教書に副状を付して興福寺に加勢を要請している。「寺門事条々聞書」（国立公文書館内閣文庫蔵、『県史』史料中世1）。

(64)大内氏が妙見の祭祀を行っている史料上の初見は、正平九年（一三五四）正月一八日「大内弘世書下」（興隆寺文書二〇八『県史』史料中世3）である。大内弘世が「恒例」の神事を「先例」に任せて興行せよと命じており、大内氏の妙見の祭祀は南北朝期以前に遡る可能性が高い。

(65)明徳三年八月五日「大内義弘起請文」（大日本古文書『毛利家文書』四—一三三四）。

(66)（明徳三年）正月二九日「大内義弘書状」（興隆寺文書二〇『県史』史料中世3）。このことは後年に大内政弘が応仁・文明の乱の際、京都の陣の守護神として妙見を勧請したことに通じる行為である。

(67)応永の乱までに大内氏の守護職は周防、長門、石見、豊前、和泉、紀伊の六か国に広がっていた。

(68)平瀬直樹「日本中世の妙見信仰と鎮宅霊符信仰」（『仏教史学研究』五六—一、二〇一三年）参照。

(69)『李朝実録』（『県史』史料中世1）定宗元年七月一〇日（応永六年七月九日）条。

(70)『李朝実録』定宗元年一一月八日（応永六年一一月七日）条。

(71)『李朝実録』定宗元年五月四日（応永六年五月四日）条。

(72)伊藤幸司「中世西国諸氏の系譜認識」（『境界のアイデンティティ』岩田書院、二〇〇八年）参照。

(73) 大内氏の家督は在庁官人時代の名残である「大内介」を名乗り、家督が存命のうちにその後継者に定めた者は「新介」と名乗った。『応永記』によれば応永の乱の時点で義弘は弘茂を後継者に定めており、弘茂は「新介」を名乗っていた。

(74) 桜井英治氏『室町人の精神』(前掲)九八頁参照。盛見は上洛すると足利義持政権を支える軍事力となっていく。

(75) 桜井英治氏は将軍と地方の守護・国人とを取り次ぐ役割を果たした幕閣をこのように呼んでいる。桜井氏『室町人の精神』(前掲)一四九～一五〇頁参照。

(76) 『満済准后日記』(上)(続群書類従補遺一)応永三〇年(一四二三)七月五日条に「於二彼亭《(管領亭)》一諸大名等悉召集」とあるが、結局盛見は病気によって不参加であった。

(77) 応永一一年(一四〇四)三月「興隆寺本堂供養日記」(興隆寺文書一『県史』史料中世3)に「抑当寺者、推古天皇御宇貞居年中当家曩祖琳聖太子御草創云々」とある。次いで盛見は応永二一年(一四一四)から「車塚」という古墳(防府市)を琳聖太子の遺跡である「多々良宮」として整備した。伊藤幸司氏はこの整備によって想像上の琳聖太子が初めて可視化されたとする。伊藤幸司氏「中世西国諸氏の系譜認識」(前掲)参照。

(78) 大内氏の氏神である妙見は始祖である琳聖太子の守護神とされ、大内氏の祖先伝説において重要な意義を持っていた。

(79) 周防国だけではなく、隣国の守護段銭によって大規模な法会を営んだことを指す。真木隆行「周防国大内氏とその氏寺興隆寺の質的変容」(川岡勉・古賀信幸編『西国の文化と外交』日本中世の西国社会3、清文堂出版、二〇一一年)参照。

(80) 大内氏が氏神とする妙見には、中国道教で崇敬された真武神のイメージが導入されている。平瀬直樹「日本中世の妙見信仰と鎮宅霊符信仰」(前掲)参照。

(81) 平瀬直樹「守護大名大内氏と海辺の武装勢力―海賊・警固衆・倭寇―」(『山口県地方史研究』七一、一九九四年)参照。

補論　近世の文学・演劇に描かれた大内氏

はじめに

大内義弘が在京して以後の大内氏は、在京大名の社会の中で一方では将軍に体よく駆使され、他方では大名の家格の序列に苦しめられた。そのような状況の中で大内氏は在京大名と異なる価値観を持つようになり、百済渡来の始祖及びその守護神である妙見のような別次元の権威に縋るようになる。そのような異彩を放つ大内氏であったが、天文二〇年（一五五一）に大内義隆が重臣である陶晴賢の反乱に遇い事実上滅亡する。しかしながら大内氏の滅亡後においても、近世の民衆は大内氏の自己認識を構成する諸要素に興味をひかれていたようである。大内氏は現代の歴史ドラマでは滅多にスポットライトをあびることはないが、近世の文学・演劇に盛んに取り上げられている。そこに描かれた大内氏の姿は歴史的事実とかけ離れた場合がほとんどであるが、それでも中世に生きた大名の姿をわずかでも反映したものである。

以下では近世の文学・演劇作品から大内氏の姿を伝えると思われるものをいくつか取り上げ、大内氏のどのような側面に近世の民衆が興味をひかれていたかということを考察したい。

そのために筆者は近世の文学・演劇作品から大内氏が取り上げられているものを探すことを試み、不十分ではあろうが現在知りえた作品を注の後の表にまとめた。本文中で紹介した作品のデータや取り上げていない作品の特徴などは詳しくは表を参照してほしい。

一　「勧善懲悪的」ストーリー

（一）軍記と仮名草子

近世の軍記で好まれた題材には大内義隆・陶晴賢・毛利元就の三者によって繰り広げられる一連の事件があり[1]、基本的には〈大内義隆が武家でありながら公家の真似をして堕落する〉→〈陶晴賢が主人の義隆に謀反を起こす〉→〈毛利元就が晴賢を討伐して正義を回復する〉という展開である。このような題材を扱った江戸初期の軍記としては[2]『大内義隆記』、『室町殿物語』、『中国治乱記』などが知られている。また江戸初期を代表する仮名草子である『伽婢子《とぎぼうこ》』にも陶晴賢の謀反が取り上げられている。

（二）「大内之助」という「世界」

義隆・晴賢・元就の三者によって繰り広げられる物語は、軍記の題材となった後に浄瑠璃や歌舞伎のひとつの約束事として利用されている[3]。

歌舞伎をはじめとする近世演劇には一般的な約束事が存在しており、それは「世界」と呼ばれるお馴染みの時代背景、事件、登場人物を踏まえるというものであった。芝居関係者の手控えであったらしい『世界綱目』[4]という書物を見ると、その当時の歌舞伎ではどのようなものが「世界」とされていたかがわかる。それによれば「大内之助」という「世界」では、[5]「大内之助義隆」・「陶尾張守晴賢」・「森判官音就」（毛利元就のこと）という役名があがっている。

『世界綱目』を見る限りでは義隆・晴賢・元就の三者が絡む物語は、近世演劇で「大内之助」という「世界」を確立していたということになる。

（三）浄瑠璃や歌舞伎での大内義弘

ところが表に見るように、実際に近世中期以降の浄瑠璃や歌舞伎で「大内之助」の「世界」を忠実に踏まえた作品は見当たらない[6]。例えば歌舞伎「けいせい咬𠺕吧恋文《じゃがたらぶみ》」では、毛利元就によって謀反を暴かれる反逆者は義隆ではなく大内義弘となっている。それでもこの劇中で義弘の父[7]として義隆が登場しているので、この作品はまだ「大内之助」の「世界」から大きく離れているとは言えないだろう。

この作品は足利将軍に対する謀反を作品の下地としているので、応永六年（一三九九）に公然と足利義満に反旗を翻した[8]大内義弘が想起され彼が登場するのであろう。

他にも表を見ると、実際の浄瑠璃や歌舞伎の作例に登場する大内氏の人物は大内義弘であることが多い。

例えば浄瑠璃「苅萱桑門筑紫𨏍《かるかやどうしんつくしのいえづと》」では、本来の古説経[9]「かるかや」の物語には現れない義弘が登場する。作者は「かるかや」を翻案して浄瑠璃にする際に九州に威を誇る人物を新たに登場させており、そのイメージに義弘がふさわしいと考えたようである。歌舞伎「大門口鎧襲《おおもんぐちよろいがさね》」では将軍に対する謀反人として義弘を登場させ、彼が伊勢真九郎（北条早雲）に討たれたことが物語の発端になっている。義弘は必ずしも悪役ではなく、義弘の娘と美濃庄九郎（斎藤道三）が義弘の無念を晴らす機をうかがうという展開である。先掲の歌舞伎「けいせい咬嚠吧恋文」では義弘は足利将軍に対する謀反人で完全な悪役である。浄瑠璃「蝶花形名歌島台《ちょうはながためいかのしまだい》」の場合は実際は島津義弘が関わるところを江戸時代に存続していた大名家（島津家）をはばかるために、同じ「義弘」の名を持つ大内義弘に改めただけである。この劇では大内氏自体への関心は低い。

物語中の謀反人が陶晴賢である場合は「大内之助」の世界に従えば大内義隆が登場するはずであるが、足利将軍に対する謀反を題材とする場合は義弘が好まれて起用されていたようである。近世の民衆の間では「応永の乱」を起こした大内義弘について、〈足利将軍に対する謀反人〉というイメージが定着していたと考えられる。

以上のように近世中期以降の浄瑠璃や歌舞伎には「大内之助」という「世界」が一応あったが、作者は登場人物の組み合わせを限定せずに場合によっては義弘も起用しながら、近世の民衆が支持するような物語を多彩なかたちで生み出していったと言うことができる。

ここで義隆・晴賢・元就が登場する〈堕落〉・〈謀反〉・〈正義〉が構成要素となった物語と大内義弘が足利将軍に謀反を起こすことが題材となった物語をあわせて、「勧善懲悪的」ストーリーと呼んでおこう。「勧善懲悪的」とは単に〈謀反人が滅ぼされる〉ことだけではなく、〈公家の真似をして堕落することによって滅ぼされる〉ことも含んでいる。近世の民衆が支持するような武家倫理に従えば、〈家来が主人に謀反を起こすこと〉と同様に〈武家が公家の真似をすること〉もまた「悪」であったからである。(10)

二　大内氏自体への関心

近世後期になって大内氏が読本《よみほん》のような長編小説、黄表紙《きびょうし》や合巻《ごうかん》のような絵入り小説の題材として取り上げられるようになると、大内氏への関心は「勧善懲悪的」ストーリー一辺倒ではなくなる。例えば曲亭馬琴と十返舎一九という当時の二大人気作家も武家倫理に訴えるような筋書きを採用する一方、いずれも大内氏の持つ多彩な個性をモチーフにしてドラマを組み立てている。

（一）曲亭馬琴

『南総里見八犬伝』で有名な曲亭馬琴には大内義隆と陶晴賢を登場人物の中心に据えた「大内之助」の「世界」に忠実な一連の作品がある。

合巻『月都《つきのみやこ》大内鏡《おおうちかがみ》』[11]は大内義隆に謀叛を起こす陶晴賢を大江太郎音成（毛利元就）が討つ物語であるが、大内氏に関する詳しい知識が筋立てに活かされている。内容の特徴としては大内氏の始祖である琳聖太子相伝の多々良丸の名剣が話の流れで重要な役割を果たす他に「鸛《こう》の《の》峯《みね》城」[12]に触れていたり、大内氏が街[13]を「九条」に開かせて「西の都」としたという所伝が紹介されていたりする。

また陶晴賢の反乱を「世界」とした読本『近《きん》世《せ》説《せつ》美《び》少年録《しょうねんろく》』で、馬琴は悪の美少年たる珠之介（後の陶晴賢）を主人公としてストーリーを展開させている。その第一輯序には百済の王余璋の第三子琳聖が、推古天皇の十九年に周防国多々良浜に来て多々良公を賜り、その七世の孫の正恒が大内氏を称したと記されており、これは大内氏の祖先伝説を踏まえた内容となっている。

（二）十返舎一九

『東海道《とうかいどう》中《ちゅう》膝栗毛《ひざくりげ》』で有名な十返舎一九もまた大内氏を題材とした長編小説を書いている。黄表紙『防州氷上妙見宮利益助剣《みょうけんぐうりやくのすけだち》』は周防国の郷士が陶晴賢の陰謀を未然に防いで、大内義隆を助けるという「勧善懲悪的」ストーリーの典型例である。その一方この物語は大内氏の祖先伝説を下敷きにして展開しており、大内氏自体に対する一九の好奇心が創作の原動力となったと言っても過言ではないだろう。

『防州氷上妙見宮利益助剣』の冒頭には「氷上山妙見宮来由」という一文があり、大内氏に関する該博な知識の一端が窺える。以下に京都大学文学研究科所蔵本に基づき翻刻する。原文に随所に付された読み仮名は省略した。

氷上山妙見宮来由

推古天皇三年乙卯九月十八日に、周防国都濃郡鷲津庄青柳の浦に、忽然として天より赫々たる大星降りて、松樹の上に留り、七日七夜光明を放玉ふこと満月のごとし、国中の諸民大きに愕き、奇異のおもひを為す所に、忽巫人に託して宣く、我ハ是北辰妙見尊星なり、今より後三年過て、百済国の琳聖太子此国に来るべし、此の事を聖徳太子に告げて、かの琳聖を、此国に留むべしといふ、同五年三月二日、琳聖太子龍頭鷁首の船に乗て、多々良の浜に着玉ふ、則長門《(ママ)》の国大内の県に宮殿を構へて、是に居らしめ給ふ、此時琳聖鷲頭山に北辰妙見を勧請し、星の宮と称し、祭の日を九月十八日と定め給ふ、其後琳聖の子、大内多々良正恒より五代の孫、茂村の時に、同国氷上山に星の宮を移し、毎日の神供四季の祭式怠らず尊敬ありしに、霊応速にして響きの音に応するがごとし、大内家代々甲の天辺に、妙見の像を安置し、常に帰依して家門繁昌し、武威天下に輝きぬ、此に青柳の浦の郷士何某、此北辰尊仙王妙見を懇祈し、利益に依て、仇敵を討たる希世の珍話を記録して、孝信の至徳を世に、布施さんことを欲する而已

十返舎一九謹識

文化乙丑孟春　　（花押）

大内政弘は文明一七年（一四八五）に朝鮮王朝に対して家譜作成のため「国史」を要求しており[14]、その家譜は近世の写本のかたちで伝来している[15]。この家譜には〈大内氏の始祖である琳聖太子が百済から渡来するとともに、琳聖太子を守護するため妙見が下降して大内氏の氏神になった〉という体系化された祖先伝説が記されている。前掲「氷上山妙見宮来由」は、まさに大内政弘代に体系化された祖先伝説を踏まえたものであることがわかる。

（三）その他の作品

芍薬亭長根作の読本『双蛺蝶《ふたつちょうちょう》白糸冊子《しらいとぞうし》』は武家倫理に訴える物語ながら、妙見社の霊験譚を含んでいる。白頭子ほか合作による読本『大内多々羅軍記《おおうちたたらぐんき》』は義隆の滅亡を歴史の必然とし、晴賢を悪人としては描いていない。作者の陶氏への好意的な姿勢はその本拠について詳しく紹介していることにも窺われ、実際に陶氏の城があった若山、館があった富田《とんだ》という地名も明記されている。

次に為永春水作の読本『十杉伝《じっさんでん》』に注目したい。『十杉伝』は曲亭馬琴の『南総里見八犬伝』に対抗すべく企画されたものであるが、『八犬伝』の拙劣な模倣作とされる。それでも筆者は『十杉伝』の作者が大内氏のユニークな諸特徴に強い興味を持っていることが窺える点でこの作品を重視したい。

話の発端は関東管領足利氏満が猿楽に熱中し、舞台を作るために陸奥信夫郡の老杉を伐ろうとした際に老杉の霊が京都管領大内義弘の夢に現れ、義弘は氏満を説得して老杉を伐ることをやめさせるというものである。そして、伐採を免れた老杉は応仁・文明の乱の際に義弘の子孫である政弘を助ける。最後に信夫郡の妙見の霊夢によって政弘が十勇士を集め、足利義尚を盛り立てるというところで筋が終わる。

先掲の信夫郡の老杉は妙見宮の森にあるという設定になっており、大内氏の妙見信仰がモチーフになっている。

また作品中の「周防国大内来歴」というくだりでは、大内氏が百済国起源であることを詳述している。

この作品は義弘について、朝鮮・明との密接な関係が強調されている点に特色がある。例えば義弘の栄華を表現するくだりでは義弘は神功皇后・応神天皇にたとえられ、「朝鮮国ハ貢献の使を艤し、大明国ハ商賈の舸船往還して」と表現されている。また義弘は交趾《こうち》（ベトナム）から藤の名木を取り寄せる名誉も与えられている。

さらに作品中に「山口本」・「大内本」と呼ばれる大内氏の蔵書が優れていたという記述があり、古典文学に造詣の深かった大内氏の史実を反映していると思われる。

（四）『比奈乃都大内譚』

最後に幕末に著された笠亭仙果（一世）の合巻『比奈乃都大内譚《ひなのみやこおおうちものがたり》』を紹介したい。

この作品では義興と義隆という父子が、〈陰徳を積み、将軍のため大功を立て管領職に出世する〉父と〈美少年で愛童であった陶晴賢の謀叛によって滅亡する〉子として対比的に描かれている。その上で義弘の亡霊も登場し、義弘は南朝に対する謀反人とされている。この作品は近世の民衆にとってポピュラーな謀反人であった義弘・晴賢をともに登場させた、いわば「勧善懲悪的」ストーリーの集大成のような作品である。

この作品も大内氏自体への関心が強く、祖先伝説や大内氏の本拠[16]について言及がある。最も特徴的なのは、大内氏当主が嫡子に与える幼名に関するしきたりを上手にドラマの設定に用いている点である。戦国期の大内氏は政弘―義興―義隆と三代にわたって同じ幼名である「亀童丸」を継承し、早期に嫡子を確定して跡目相続の争いを回避しようとした[17]。作者は史実としての「亀童丸」について知っていながら、物語の中であえて義興の幼名を「亀若丸」と作り変えていると文中に明記している。

この作品の第一編は物語の全体像を示す最も重要なパートであり、その概略を説明しておこう。大内朝弘（政弘のこと）の嫡子である亀若丸（義興）は室積の遊女花岡になじみ放蕩を重ね、父によって山口を追放される。しかし亀若丸の放蕩とは実は陰徳を積む行為であり、亀若丸は仁義に疎い父朝弘の代わりに貧しい者にこっそりと金銀を恵んでいたのである。そして亀若丸が貧しい家を探して歩いていたところ、大内義弘の霊魂が出現する。義弘の霊魂は南朝を謀って三種の神器を北朝へ譲らせたことで神々に憎まれ、冥土の苦しみのやむ時がないと嘆いていたのである。そこで義弘は自分の罪も軽くなり大内の家も栄えるように、南朝方で滅んだ者の子孫を助けることを亀若丸に懇願するのであった。

この作品は「勧善懲悪的」ストーリーと大内氏自体への関心がうまく融合されたものと言えるだろう。

おわりに

大内氏が近世の文学・演劇でどのように取り上げられてきたのか、ここでその流れを振り返る。

義隆・晴賢・元就の三者が絡む物語は軍記の題材となった後、浄瑠璃や歌舞伎の約束事である「大内之助」という「世界」として確立されていた。しかし実際には近世中期以降の浄瑠璃や歌舞伎において、作者は登場人物の組み合わせを限定せずに義弘も謀反人として悪役に起用しながら、「勧善懲悪的」ストーリーを生み出していった。

近世後期になって大内氏が長編小説や絵入り小説の題材として取り上げられるようになると、大内氏への関心は「勧善懲悪的」ストーリー一辺倒ではなくなる。曲亭馬琴や十返舎一九も武家倫理に訴えるだけでなく、いずれも大内氏の持つ多彩な個性をモチーフにしてドラマを組み立てている。特に一九の『防州氷上妙見宮利益助剣』は大内氏の祖先伝説を下敷きにしており、大内氏自体への一九の好奇心の強さが窺える。また成功した作品だけでなく為永春水作の『十杉伝』のように、義弘と朝鮮・明との密接な関係が強調されている作品も注目すべきであろう。最後に笠亭仙果（一世）の『比奈乃都大内譚』は義弘・晴賢という二大謀反人を登場させ、大内氏当主が嫡子に与える「亀童丸」という幼名をドラマの設定に活用するなど、幕末における「勧善懲悪的」ストーリーと大内氏自体への関心の集大成ともいうべき作品である。

この補論の最後に、大内氏のどのような側面に近世の民衆は興味をひかれていたかということについてまとめておきたい。

大内氏の登場する近世の文学・演劇は、「勧善懲悪的」ストーリーとともに大内氏のユニークな祖先伝説が観客や読者の興味をひいたものと考えられる。すなわち近世の民衆は大内氏に一方では〈武家倫理に悖る〉一族という認識、他方では〈エキゾティックで個性的な〉一族という認識をしていたと考えられる。

大内氏が描かれた近世の文学・演劇は、大内氏へのこのような二つのイメージに基づいて作られていたということができる。しかし〈武家倫理に悖る〉一族というイメージは史実を客観的に判断した上ではなく、江戸時代の武家倫理に従い、義弘・義隆・晴賢を歴史の「悪役」に仕立てる立場から作られたものである。一方で〈エキゾティックで個性的な〉一族というイメージは、大内氏自体が一族の祖先伝説を室町幕府体制内及び対外交流の両面での自己の地位向上に役立てるために作り上げていった[18]ものである。近世の文学・演劇作品において大内氏は自らが作り出した祖先伝説によって、一方的に「悪役」と決め付けられることを回避できたと言えよう。

【付記】この補論は平成一七年度から一九年度科学研究費補助金（基盤研究C）の交付を受け、調査・研究を行った成果のひとつである。軍記・語り物研究会例会（二〇一三年七月）における発表をもとに成稿した。会の席上、多くの方々からご教示を賜った。

注

（1）内田保廣校訂『近世説美少年録』下、叢書江戸文庫22（国書刊行会、一九九三年）解題二八四頁参照。

（2）一連の軍記の作品名は『戦国軍記事典』群雄割拠篇（和泉書院、一九九七年）三四二頁に列挙されている。なお武田昌憲氏のご教示によれば中国地方の軍記と異なり、九州で著作された軍記は晴賢の謀反の裏に毛利氏の陰謀があると説く傾向があるという。興味深い観点であるが今回はこの観点から研究を深める余裕がなかった。

（3）内田保廣校訂『近世説美少年録』下（前掲）解題二八六頁参照。

（4）『世界綱目』の原型は寛政三年（一七九一）以前にできあがっており、幕末に至るまで各時代の作者たちが転写してきた。『狂言作者資料集（一）―『世界綱目』『芝居年中行事』―』歌舞伎の文献・6（国立劇場調査養成部・芸能調査室発行、一九七四年）二頁参照。

（5）『狂言作者資料集（一）』（前掲）五七頁参照。

（6）幕末においても一筆庵主人（渓斎英泉）ほか合作の合巻『其由縁《そのゆかり》鄙廼俤《ひなのおもかげ》』のように、中国探題大内義弘とその家臣である陶晴景の物語となっているものがある。

（7）実際は弘世である。

（8）応永の乱のこと。

(9)　中世の説経節の物語が近世初期に刊行されたものが古説経である。
(10)　近世の軍記では、戦国の武人としての資格を欠いていたことを義隆滅亡の理由とする。内田保廣校訂『近世説美少年録』下（前掲）解題二八四頁参照。
(11)　内田保廣・藤沢毅校訂『新局玉石童子訓』下、叢書江戸文庫48（国書刊行会、二〇〇一年）。
(12)　山口（山口県山口市）にある高嶺《こうのみね》城のこと。実際に大内氏の本城であった。
(13)　大内氏の本拠である山口の町を指す。
(14)　須田牧子『中世日朝関係と大内氏』（東京大学出版会、二〇一一年）第四章「大内氏の先祖観の形成とその意義」参照。
(15)　『寺社由来』三　山口宰判御堀村興隆寺真光院に掲載されている。
(16)　大内から山口に移ったこと。
(17)　平瀬直樹「大内氏の妙見信仰と興隆寺二月会」（佐野賢治編『星の信仰　妙見・虚空蔵』北辰堂、一九九四年、初出は一九九〇年）参照。
(18)　大内氏の祖先伝説の持つ意義に関して、須田牧子氏『中世日朝関係と大内氏』（前掲）、伊藤幸司「中世西国諸氏の系譜認識」（『境界のアイデンティティ』岩田書院、二〇〇八年）参照。

表　近世の文学・演劇に描かれた大内氏

通番	題名とその読み	作品の分類	作者	成立年代	西暦	大内氏	内容		所蔵	備考
							辞典類の参照	資料調査による所見		
1 ◎	大内義隆記 おおうちよしたかき	軍記	大内氏ゆかりの者らしい	天文24年以前の成立	1555	義隆	晴賢への批判は見られない。簡潔な祖先伝説を記す。 （異本）詳しい祖先伝説あり。			（活字本）米原正義校注『中国史料撰』所収。
2 ○	陰徳記 いんとくき	軍記	香川正矩	万治３年成立	1660	義隆	義隆・晴賢への批判は見られない。『陰徳記』は『陰徳太平記』のもとになった。			（活字本）米原正義校訂『陰徳記』上参照。
3 ○	伽婢子 とぎぼうこ	仮名草子	浅井了意	寛文６年刊	1666	義隆	第12巻「厚狭が死霊の事」で、義隆の家老である晴賢が、厚狭弾正某を降参させようと火責めにするが、晴賢はその報いを受けた。			松田修ほか校注『伽婢子』所収。
4 ○	室町殿物語 むろまちどのものがたり	軍記	楢村長教	宝永３年刊	1706	義隆	大内・毛利両氏に関係する記事はすべて『室町殿日記』から採られている。			（活字本）『室町殿物語』全２巻
5 ◎	中国治乱記 ちゅうごくちらんき	軍記	未詳	江戸時代のそれほど遅くない時期		義隆	祖先伝説の章を設けている。記述に誤りが多いが、普及した。尼子・大内・毛利のいずれにも偏らない立場を取っている。			『戦国軍記事典』群雄割拠篇参照。（活字本）米原正義校注『中国史料撰』所収。
6 ×	大内夢破 おおうちゆめやぶれ	不明	破瓢子	享保17年刊	1732	義隆		尾張藩主を義隆に擬して毀っているらしい。	資	

7 ○	苅萱桑門筑紫轢 かるかやどうしんつくしのいえづと	浄瑠璃	並木宗輔 並木丈輔 合作	享保20年初演	1735	義弘	「かるかや」などを原拠として成立。大内義弘は天下の宝を集めており、加藤家に伝わる夜明珠という玉を受け取る使者として、義弘の家臣の娘が遣わされる。			『日本古典文学大辞典』参照。
8 ○	大門口鎧襲 おおもんぐちよろいがさね	歌舞伎	並木宗輔 並木栄輔 （永輔） 合作	寛保３年初演	1743	義弘	大内義弘は謀反人として伊勢真九郎（北条早雲）に討たれた。義弘の娘である傾城“戸山野”と義弘の家来の美濃庄九郎（斎藤道三）は、義弘の無念を晴らす機をうかがう。上方歌舞伎の秀作。			『日本古典文学大辞典』参照。
9 ◎	けいせい咬𠺕吧恋文 けいせいじゃがたらぶみ	歌舞伎	並木永輔 ほか合作	明和７年初演	1770	義弘	義弘の祖父は足利家により滅亡した百済王で、父は義隆。義弘は足利将軍に謀叛を企て、正体がばれると犬神の術で姿を消すが、毛利元就の計略により自害。			『歌舞伎・浄瑠璃外題事典』、『歌舞伎登場人物事典（普及版）』参照。
10 ○	大内義隆柳夫婦龠 おおうちよしたかやなぎのみょうとたけ	黄表紙	鳥居清経画	安永７年刊	1778	義隆		小三郎と“藤を”が男女入れ替わり、最後、陶晴賢が滅んで二人は夫婦となる。	資	
11 ×	蝶花形名歌島台 ちょうはながためいかのしまだい	浄瑠璃	若竹笛躬 中村魚眼 合作	寛政５年初演	1793	義弘	真柴久吉は羽柴秀吉、大内義広は島津義弘、小坂部音近は長曾我部元親に当たるなど、『太閤記』の世界から材を取る。			『日本古典文学大辞典』参照。

12 ◎	防州氷上妙見宮利益助剣 みょうけんぐうりやくのすけだち	黄表紙	十返舎一九	文化２年刊	1805	義隆		周防国の郷士青柳三吉が、妙見の利益により、父の敵討ちを遂げた霊験譚。その上、三吉は大内義隆に対する執権“陶日向たかつら”の謀反も未然に防いだ。	他	京都大学文学研究科図書館頴原文庫蔵。
13 ◎	双蛺蝶白糸冊子 ふたつちょうちょうしらいとそうし	読本	芍薬亭長根	文化７年刊	1810	義興 義隆	大内家の興亡に放駒長吉と濡髪長五郎の巷説を付会した話。成功した作品ではない。妙見社の霊験譚を含む。			『日本古典文学大辞典』参照。
14 ×	朧月花の栞 おぼろづきはなのしおり	人情本	一筆庵可候（渓斎英泉）ほか合作	文化７年刊	1810	義弘	孝次郎とお雪が結婚するが、隣家のお多世がお雪に嫉妬する。お多世は企てが知れ、大内義弘の側女になり寵愛を受ける。			『日本古典文学大辞典』参照。
15 ○	朝顔日記 あさがおにっき	読本	雨香園（馬田）柳浪	文化８年刊	1811	未詳	駒沢次郎左衛門が深雪と相愛となり、幾度のすれ違いを経て結ばれる話。次郎左衛門は大内“満興”に仕官し、酒色に溺れた主君を名君にさせた。			『読本事典』参照。
16 ○	月都大内鏡 つきのみやこおおうちかがみ	合巻	曲亭馬琴	文化13年刊	1816	義隆	活字本解題参照。陶晴賢の叛逆が主題となっている。前半に加賀騒動の趣向。	織田・明智・羽柴の争いがモチーフとなっている。	資	（活字本）内田保廣・藤沢毅校訂『新局玉石童子訓』下。
17 ◎	大内多々羅軍記 おおうちたたらぐんき	読本	白頭子ほか合作	文政12年刊	1829	義隆		本文中で触れる。	資	

18 ◎	近世説美少年録 きんせせつびしょうねんろく	読本	曲亭馬琴	文政12年 〜 天保3年刊	1829 〜 1832	義興 〜 義隆	活字本解題参照。陶晴賢の反乱をテーマとし、悪の美少年たる珠之介（後の晴賢）がストーリーを展開させる。 第一輯序に、百済の王余璋の第三子琳聖が多々良公を賜り、その七世孫の正恒が大内氏を称す由緒が記される。			(活字本)内田保廣校訂『近世説美少年録』上・下。
19 ○	新局玉石童子訓 しんきょくぎょくせきどうじくん	読本	曲亭馬琴	文政12年刊	1829	義隆	活字本解題参照。『近世説美少年録』の続編。善の美少年として音就の弟大江杜四郎成勝が登場。			(活字本)内田保廣・藤沢毅校訂『新局玉石童子訓』上・下。
20 ◎	十杉伝 じっさんでん	読本	為永春水	（初編） 文政13年 〜 （五編） 弘化2年刊	1830 〜 1845	義弘 〜 政弘	老杉の因縁につながれて義兄弟の盟を結んだ大内家十勇士が主家の興隆に力を尽くすという構想。六勇士が登場するところで終わり、未完。『南総里見八犬伝』の拙劣な模倣作。版本の冒頭に、城が描かれた山口の町の図が掲げられている。	本文中で触れる。	資	『日本古典文学大辞典』参照。
21 ○	生写朝顔話 しょううつしあさがおばなし	浄瑠璃	山田案山子	天保3年初演	1832	義興	鎮西の探題大内義興が鎌倉で遊蕩放埒とあって、阿曾次郎が諫言のため鎌倉へ向かう途中、深雪と相愛の仲となる。			『日本古典文学大辞典』参照。
22 ○	其由縁鄙廼俤 そのゆかりひなのおもかげ	合巻	一筆庵主人 （渓斎英泉） ほか合作	弘化4年 〜 慶応2年刊	1847 〜 1866	政弘	中国探題大内“正弘”の家臣である陶晴景は、足利義視の遺児萩丸の内室に、義尚の養女三世姫を望む。未完であり、趣向・行文共に風味に乏しい。			『日本古典文学大辞典』参照。

23 ◎	比奈乃都大内譚 ひなのみやこおおうちものがたり	合巻	笠亭仙果（一世）	（初編） 安政6年刊	1859	義弘 政弘 義興		本文中で触れる。	他	山口県文書館蔵（三坂圭治文庫）

〔通番〕通番には大内氏に対する興味の傾向を示す略号を添えている。○は〈「勧善懲悪的」ストーリー〉、◎は〈「勧善懲悪的」ストーリー〉と〈大内氏自体への関心〉の並存、×は〈大内氏に関心が低い〉という意味である。

〔作品の分類〕辞典類や活字本の解題を参照した。

〔大内氏〕作品に登場する大内氏の人物。

〔内容〕【辞典類の参照】と【資料調査による所見】に場合を分ける。

【辞典類の参照】辞典類を参照した場合や活字本の解題を参照した場合は書名を〔備考〕欄に記した。

事典としては『日本古典文学大辞典』（岩波書店、1984年）、『戦国軍記事典』群雄割拠篇（和泉書院、1997年）、『歌舞伎・浄瑠璃外題事典』（紀伊国屋書店、1991年）、『歌舞伎登場人物事典（普及版）』（白水社、2010年）、『読本事典』（国文学研究資料館・八戸市立図書館編、笠間書院発行、2008年）がある。

活字本としては米原正義校注『中国史料撰』（戦国史料叢書7、人物往来社、1966年）、米原正義校訂『陰徳記』上（マツノ書店、1996年）、松田修ほか校注『伽婢子』（新日本古典文学大系75、岩波書店、2001年）、『室町殿物語』全二巻（笹川祥生校注、平凡社、1980年）、内田保廣校訂『近世説美少年録』上・下（叢書江戸文庫21・22、国書刊行会、1993年）、内田保廣・藤沢毅校訂『新局玉石童子訓』上・下（叢書江戸文庫47・48、国書刊行会、2001年）がある。

【資料調査による所見】筆者が資料保存機関において調査した作品についての所見である。

〔所蔵〕筆者が原本または写真本を調査した所蔵先を略号で示す。「資」は国立国文学研究資料館において写真本を閲覧した作品である。「他」と記したものは〔備考〕欄に所蔵先を掲げる。

〔備考〕活字本が公刊されている場合はこの欄に書名を掲げる。

第二部　地域支配と寺社

第一章　山口の都市空間

はじめに

中世都市山口の空間には守護大内氏の性格がどのように反映されていたのか、もしくは大内氏の意図しないような自己発展も見られるのであろうか。これまで大内氏居館や町並みを視野の中心として研究がなされてきたが、考古学的発掘の進捗に規定されていた。本章では細部に不明な点を含みながらも、既知の文献（文書・絵図）を活用することにより、「山口」という空間の性格を考察することを試みたい。

大内氏には山口に守護所を置く以前の故地がある。もともと在庁官人であった大内氏は本姓が多々良であり、佐波郡内の多々良（防府市）を本拠としていたことが推測でき、周防国府（防府市）に出仕していた。やがて多々良氏のうち、周防権介を世襲する惣領が大内介を名乗るようになった。これは鎌倉時代の関東における在庁官人系の御家人である三浦介や千葉介と同じであり、また加賀国の富樫介も同様と考えられる。これらの武士はそれぞれ本貫の地を名乗りとしており、大内氏の本拠が大内（山口市）であることは想像にかたくない。しかも大内氏の支族には宇野、野田、鰐石《わにし》、吉敷、黒川、平野、問田《といだ》といった、現在の山口市内の地名を名乗る者が多い(1)。しかし多々良にも大内にも大内氏が居住した痕跡（屋敷跡など）がいまだ発見されておらず、大内介の本拠はどこであるかということについて確証はない。長州藩が編纂した地誌(2)を見ても、大内氏の居館跡に関する伝承が載せられているにすぎない[3]。ただし大内氏は多々良及び大内という土地の聖性を重要視しており、多々良では車塚妙見社、大内では氷上山興隆寺（特にその境内にある上宮＝妙見社）を尊崇し、守護神である妙見神を祀っていた。

中世の大内及び山口の範囲に関係すると考えられる古代の地名は、『和名抄』[4]によれば八田郷（大内矢田）、仲河郷（大内御堀宇中川）、宇努郷（上・下宇野令）であり、大内も山口も古代まで遡る地名ではないかもしれない。山口という地名は鎌倉中期を初見とし、円政寺旧蔵の鰐口銘に見える[5]。鎌倉期のものと考えられる大内介の所領注文があるが、その中に大内とともに宇野令（山口市）も見出すことができ[6]、すでに在庁官人の段階で所領が山口近辺に及んでいたことを確認することができる。ただし藩政期には、町方の山口町と地方《じかた》（農村）の宇野《うの》令《れい》村（さらに上と下に分かれている）とは区別されていた。南北朝期以前は国衙領であった宇野令に比べ、周防国支配の中で山口がどれだけの意味を持っていたかは不明である。

「山口古図」（山口県文書館蔵）は成立が近世であるが、大内氏治下の地名や施設が記入され、他に類するものがない情報を含んでいる。これには大内弘世が正平一五年（一三六〇）に京都を模倣して町づくりをしたという意味の銘文があるが、弘世の代に町がどれだけ整備されたかは不明である。しかも山口の町は、北東から南西にかけて流れる一ノ坂川に沿うかたちで街路（「小路《しょうじ》」の名で呼ばれる）が形成され、地形に合わせた町づくりになっており、けっして京都のような碁盤目状にはなっていない。山口は耕作の点から見ても不安定であり、特に一ノ坂川の西岸は江戸中期に畠地で占められ、安定した水田耕作に向かなかったし、この川周辺が砂礫地であることは『風土注進案』にも触れられている。しかし後述するように、周防・長門をあわせて支配するにふさわしい交通形態の中心に位置している山口は大内氏の館、そしてその周囲の家臣たちの居館を設け、物資の集積・移動に適した兵站基地であったと考えることができる。山口という土地は在地領主の農業経営地の延長上にあるのではなく、初めから防長両国のいわば「首都」を建設する目的で選ばれたと考えることができる。

中世都市山口の研究については以下の四つの研究に注目したい。

（A）古賀信幸「守護大名大内（多々良）氏の居館跡と城下山口―大内氏館跡と町並遺跡の発掘成果から―」（金子拓男・前川要編『守護所から戦国城下へ―地方政治都市論の試み―』名著出版、一九九四年）

（B）百田昌夫「十五世紀後半の周防守護所―二つの会席・二つの郭をめぐって―」（『山口県史研究』三、一九九五年）

（C）乾貴子「戦国期山口城下における城館と屋敷神―周防国守護所別邸『築山』について―」（『山口県地方史研究』七四、一九九五年）

（D）山村亜希『中世都市の空間構造』（吉川弘文館、二〇〇九年）第二部第二章「西国の中世都市の変遷過程―周防山口の空間構造と大内氏」

論文Aは考古学的な所見と文献上の分析とを統合しようとしたもので、大内氏の領国形成の進展とその居館の変遷について、本格的にまとめられた初めての研究であると言うことができる。特に後述するように、現在知られている居館跡の年代を明らかにし、山口の町の形成の歴史が単純ではないことを指摘したことは、後続の研究に大きな影響を与えた。論文Bは大内氏の居館には従来「築山《つきやま》」という別邸があったとされてきたが、実は守護権力のあり方から見て、守護と嫡子それぞれの二つの郭から成ることを指摘し、都市の中核を成す居館についての考え方を一新させようとした。論文Cは論文Bの視点を発展させ、「築山」と呼ばれる場所が当時は別邸だけでなく神社や寺院であった場合を明らかにし、守護所・居館・氏寺で構成された城館群が大内氏や家臣の屋敷神と同じく、高嶺山麓に移動していた可能性を指摘した。

筆者が最も注目したいのは論文Dで、五期に区分して可能な限り同時代的史料を用いることに努めており、本格的な空間構造の復元としては初めての研究と言うことができる。この研究において寺社、屋敷、城館などの諸施設の変遷が明らかにされ、従来「山口古図」に記載された地名が当時に遡るかどうかが詳細に検討され、武士邸は「町」空間の発達に即してその縁辺に立地していたこと、そして一五世紀後半から一六世紀初頭にかけて、大内氏は居館周辺では統制を行ったが既存の町空間に対しては追認しており、その滅亡まで都市に対する統制力の異なる空間が都市に併存したことを明らかにした。

山村氏により、中世山口ひいては中世都市の研究は緻密な文献考証を必要とする段階に至ったが、山村氏の研究には二つの点で不十分なところがあると考えられる。

一つ目は中世山口の都市空間の問題である。山村氏は地割りの復元、町屋や武士の屋敷、寺社といった建物の存在を重視しているが、山口という町がどのような広がりを持っているのかを明らかにしていないと思われる。この問題について、筆者は建物のないところ（山林、空閑地）も含みこんだところに都市域を想定すべきだと考えているので、文献を調べて都市の境界を成すような地名を拾い上げてみたい。

二つ目は大内氏による都市の統制の問題である。全領国の「首都」であった山口には当然ながら大内氏による町づくりのプランはあるであろうが、それは果たして空間だけのことであったのだろうか。筆者は都市民の文化について注目しており、都市の機能も視野に入れて大内氏の町づくりの意図＝「統制」を論じてみたい。

ただし中世山口の研究が進展したのは近年のことであり、右の二つの問題を論じるには前もって山口の発展と衰微のプロセスを整理しておく必要があるだろう。

一　発展と衰微

山口という都市の発展と衰微について、領国支配の推移と関係付けながら概観しておきたい。南北朝期に大内氏で先に周防守護となったのは長弘であったが、彼を退けて周防・長門両国を統一したのは弘世である。弘世は果たして山口の町づくりにどれくらい力を入れたのであろうか。弘世は長門国の支配に努めてその背後の安全確保のため九州に出陣し、さらに室町幕府との関係に腐心しており、山口の町づくりの痕跡が少ない。

ここで山村氏の研究（論文D）に依拠し、町場形態の変遷について概観しておく。山村氏の言うところの第Ⅱ期（弘世の山口移転～政弘の山口在住）に石州街道沿いに「市町」が存在し、第Ⅲ期（大内義興による高嶺太神宮勧請まで）に石州街道に交差して「小路」が開設され、一方で竪小路からも「小路」が派生していったという。第Ⅳ期（陶氏の乱まで）には小路の両側が町化し、「町」裏空閑地に寺社が急増するという。山村氏の分析によれば、「山口古図」に描かれるような小路が発達した景観は政弘の山口在住以後の時期と考えることができ、山口の本格的な発展はいわゆる戦国期以降ということができる。

大内政弘は文明九年（一四七七）の帰国後に領国支配を固める一連の政策を打ち出し、各種の法令・制度・裁判機構などを整備した。「大内氏掟書」の大部分はこの頃に制定されたものである。山口の大内氏館が拡張されて堀と土塁で囲まれた構造を持つようになるのも同時期のこととされる(7)。各守護代をはじめ大内氏家臣は山口に居住する義務があった。[8] 山口在住の御家人は「在山口衆」と呼ばれ、無許可で在郷すれば御家人身分を剥奪される。山口は単に周防守護所であるにとどまらず、「御屋形様」（大内氏当主）の居館を中核とする領国全体の「首都」となっていた。政弘期の前後の時期に大内氏の統治機構は充実していった。

政弘を継いだ義興は明応八年（一四九九）から前将軍足利義材を山口で保護していたが、永正五年（一五〇八）に京都に進出して義材を将軍に復職させ（義尹と改名）、同一五年（一五一八）に山口に帰るまで政権を握った。帰国後における山口の空間構造への取り組みについては後述する。

義興を継いだのは義隆である。支配領域の範囲は歴代で最大となったが、天文一一年（一五四二）に出雲国で尼子氏に惨敗して以降は義隆は軍事に意欲を失ったという。それでもフランシスコ・ザビエルは義隆治下の山口の町について、「この町には一万人以上の人びとが住み、家はすべて木造です」と書簡に記し、[9] 一方で京都についても触れ、「このミヤコは昔はたいへん大きな町でしたが、今は戦争のために破壊し尽くされています。昔は十八万戸の家があったと言われていますが、（中略）まだ十万戸以上の家があるでしょう」と述べている。[10] ルイス・フロイスは天文二三年（一五五四）に大内義長治下の山口の状況について、この年は飢饉に見舞われていたが、それでも「市《まち》では毎月五、六度市《いち》が開かれ、群衆が集まった」と報じている。[11] 次いでフロイスは天正一四年（一五八六）の段階で、「山口の市《まち》は周防の国にあって、今でも（人口が）七、八千人といわれるが、破壊される前は、日本におけるもっとも人口稠密《ちゅうみつ》な都市の一つであった。（しかし今は）往時の繁栄の面影はない」と述べている。[12] 「耶蘇会士日本通信」一五五七年（弘治三）一一月七日付書簡には、毛利氏が大内義長を倒して山口を焼いたことについて「人口一万を越えたる市は一時間以内に全焼し」と記されている。[13]

義隆の重臣陶晴賢は天文二〇年（一五五一）に他の重臣と図って反乱を起こし、山口を逃れた義隆は長門国で自害した。晴賢は大内義長（大友宗麟の弟）を新たな当主に擁立したが、自身は弘治元年（一五五五）の厳島合戦で戦死し、義長は弘治三年（一五五七）に長府長福寺に逃れて自害し、同年に毛利氏が周防・長門両国の新たな支配者となった。

陶晴賢の反乱以降の山口は再三兵火に遭った。その結果として都市の衰微を招いたが、一方では左記のような戦闘の記録のおかげで、大内氏滅亡直後の山口の町の空間構造を窺い知ることができる。

弘治二年（一五五六）　杉重輔の乱

大内氏重臣であった重輔と内藤隆世が不和になり、隆世の手兵が重輔の後河原の居宅を襲撃した。

弘治三年（一五五七）　毛利氏の周防国支配

厳島合戦の後も大内義長は山口に高嶺城を築き毛利軍に抵抗したが、長門国に逃れ自害した。

同年　大内氏旧臣の反乱

大内氏の旧臣草庭越中守・小原加賀守・河越伊豆守が義隆の遺児である問田亀鶴を奉じて挙兵し、同年一一月に内藤隆春ほかの毛利軍が障子カ嶽をはじめとする山口西郊の諸城を攻めて鎮圧した。

永禄一二年（一五六九）　大内輝弘の乱

大友宗麟の後援を受けて大内氏の一族である輝弘は、毛利方の高嶺城将であった市川経好が出陣した隙を突いて豊後から山口に侵入した。輝弘は龍福寺を本営として高嶺城を包囲したが、毛利方の援軍が到着して後に滅ぼされた。

天正六年（一五七八）　市川元教の反乱

市川経好の子である元教が高嶺城で反乱を起こしたが鎮圧された。

二　都市の境界

以下では中世山口の都市空間の問題を論じる。山口は一ノ坂川の扇状地上に領国交通路の結節点として、面的よりも線的に発達した。山口の南北軸は「竪小路」と呼ばれる通りであり、東西軸は石州街道である。もとより中世日本の都市に城壁もそれを囲繞する何らの設備もありはしない。しかし漠然とであれ、この空間が「山口」であると支配者の側にしろ住人の側にしろ、認識されるおおまかな範囲はなかったのであろうか。

境界の内側は大内氏居館、家臣の館及び小路地名の発達した街区である。「大内氏掟書」には薦僧《こもそう》、放下《ほうか》といった「天狗草紙」に見られるような民間宗教者、他国者や巡礼、落人の流入を制限ないし禁止している条項や「夜廻」の規程[14]がある。ここから町の範囲が意識され、物理的に閉鎖できるようになっているものと考えられ、何らかの都市域が想定される。そこで交通路との結節点の位置、大内氏滅亡直後の時期に山口をめぐる攻防戦が行われた地名、そして藩政期の町方の範囲から、大内氏治下の山口の都市域を考察したい。

まず山口を中心とした交通体系について注目したい。竪小路から北方に萩方面へ向かう道が延びている（近世の「萩往還」）。山口から北西方向に山間部に向かう道（近世の「肥中道」）は遠く燧灘《ひうちなだ》に面する肥中《ひじゅう》の港（下関市豊北町）に続き、南西の山間部に向かう道（近世の「秋穂道」）は瀬戸内側の秋穂《あいお》浦（山口市）に続いている。東方は日本海側に出るもう一つの交通路であり、宮野から佐々並《さざなみ》を通り萩浦（萩市）に続く。

陸路の他に注目すべきは水運であって、宗祇は山口から椹野《ふしの》川に沿って下って津市《ついち》に着き、そこから陸路で長

表A　山口周辺での戦闘

地名	年号	西暦	事　　件	出　　典
今八幡	弘治２	1556	杉重輔が相果てた時、今八幡において防戦	『閥閲録』２巻653頁（小野貞右衛門）
糸米	弘治３	1557	糸井祢村（糸米村）悪心の者討罰	『閥閲録』３巻490頁（久芳五郎右衛門）
糸米	永禄12	1569	輝弘退口の時、糸祢垰（糸米垰）頸一ツ討捕	『閥閲録』３巻704頁（蔵田藤左衛門）
妙見山	弘治２	1556	妙見山を切崩し、敵五百余人討果す	『閥閲録』４巻499頁（財満瀬兵衛）
妙見山	弘治３	1557	妙見崎山（妙見山）の討捕頸注文	『閥閲録』２巻772頁（杉七郎左衛門）
宮野口	永禄12	1569	輝弘打入りの刻、宮野口において防戦	『閥閲録』４巻79頁（吉賀惣左衛門）

注：〔出典〕の『閥閲録』は『萩藩閥閲録』１～４巻（山口県文書館編修・発行、1967～71年）を指す。

門国舟木に向かった。椹野川は津市で山陽道と交わり、瀬戸内海交通と接する。椹野川の川口付近が小郡津（山口市）である。「松江八幡宮大般若経紙背文書」[15]には米五斗余を「小郡津倉敷分」としたというくだりがあり、「平賀家文書」には大内氏の領国豊前から海路小郡に送られた米が「小郡蔵」に収納されているのが見える。[16]小郡津には領国からの年貢を納める倉敷が置かれて山口の外港となっていた。さらに南方で山口湾の先に位置する深溝（山口市）には大船が着き、遣明船熊野丸が停泊していた。[17]

このように山口は多様な方向に道が通じて海ともつながり、防長両国統治の要となる立地をしており、山口を中心とした交通体系が形成されていったことがわかる。そしてそのような東西南北の交通路との結節点が都市域の境と認識されたのではないだろうか。

次に注目したいのは先に触れたような山口の町を巻き込んだ戦闘の記録であり、大内氏滅亡直後の山口の防衛線を窺うことができ、大内氏治下の山口の境界を考える上で参考になる。これらの地名については表Aで一覧できるようにした。

最後に注目したいのは藩政期の町方の範囲である。藩政期に「山口」と呼ばれた都市域は、大体において東は宮野村、西及び北は宇野令村、南は御堀村に囲まれた範囲であった。しかも藩政期の「口屋」[18]の配置から、その範囲が住民に視覚的に明らかになっており、大内氏治下の山口の範囲を知るのに参考となる。

そこで、先掲の三つの視角から東西南北の境を考察したい。

［東の境について］

近世では宮野村と接する町の東に「口屋」が置かれていた。また永禄一二年（一五六九）の大内輝弘の乱の際には「宮野口」において毛利方の吉賀頼貞が防戦に努めており（表A）、「宮野口」が防衛線になっていることがわかる。先述したように宮野村は山口の隣村であり、日本海側からの交通路が通っていた。またザビエルゆかりの大道寺跡の発掘の際、この境付近まで町屋の存在が確認されている。[19]

［西の境について］

近世では小郡へ行く道が通じており、山口の中心部から街路を通って瀬戸内海側へ行くことができ、袖解橋《そでとき》に口屋があったという。しかし大内氏治下においては椹野川の水運が重視されており、西方向の陸路は不便であったと考えられる。また長山の麓は、山村氏が詳細に論じたように家臣の所領とされる地域であり、町屋や屋敷が存在するところではないようである。山村氏の研究によると、端山田《はやまた》（早開田）から西に位置する長山は宇野令に属しており、一ノ坂川の西岸では藩政期と同様に大内氏治下においても都市域の広がりは狭いものであったことがわかる。そして大内氏滅亡直後に行われた戦闘から（表A）判断すると、一ノ坂川西岸のさらに外側に糸米《いとよね》峠―障子《しょうじ》ケ岳《がだけ》城―妙見崎という防衛線を窺うことができ、西の境はこの防衛線よりも内側であるということがわかる。この防衛線と一ノ坂川で囲まれた地域は藩政期においても小路的な街区にならないところであるが、最近町場の跡が発掘されており、[20]大内氏治下の末期にはこの防衛線の間際まで都市域として認識されていたのかもしれない。

［南の境について］

現在も椹野川にかかる橋のたもとに巨大な岩である「鰐石」があり、ここがランドマークとなりやすいことはわかる。藩政期には口屋が置かれており、中世にもここが南端であることは想像にかたくない。川の対岸は大内村である。

［北の境について］

「山口古図」には北方に「惣門」という地名とともに門の絵が描かれている。[21]この図の記述をそのまま信用するわけにはいかないが、ちょうどこのあたりに藩政期には口屋が置かれていた。この地点は萩へ向かう峡谷の入り口であり、ここで町屋は激減する。しかも大内氏治下に機能していた古城ケ岳と七尾山という二つの山城に挟まれる位置である。中世においてもこの地点が北のはずれとなることはまず間違いないであろう。

さらに大内氏の氏寺の興隆寺及び各当主の菩提寺に囲まれた範囲である〈聖なる境界〉が想定できる。

義興期には市街北西郊の「高嶺《こうのみね》」[22]に伊勢神宮の勧請及び祇園社の移築が行われ、聖地として急速に整備される。大内氏は代々禅宗寺院を菩提寺とし、死後はその寺号（院号）で呼ばれる。「大内氏掟書」には代々の年忌の日の未明にそれぞれの菩提寺に大内氏家臣が出仕することが、文明一八年（一四八六）以来定められている。各当主の菩提寺を列挙すると、乗福寺（重弘）、永興寺（弘幸）、正寿院（弘世）、香積寺（義弘）、国清寺（盛見）、澄清寺（持世）、闢雲寺《へきうん》（教弘）、法泉寺（政弘）、凌雲寺（義興）、龍福寺（義隆）となる。

これらの菩提寺のうち、香積寺、国清寺、法泉寺は山口の町の北西の位置に連なり、目に見えない境界を成すものと考えられる。高嶺の北方は深山につながり、法泉寺・香積寺のある山につながっており、山口の町を囲繞している聖なる稜線が存在する。(23) そして闢雲寺（周防国府方面への街道沿い）及び凌雲寺（肥中道の街道沿い）は山口や大内から隔たっているが、山口へ通ずる重要な街道に沿う要害を成すものと考えられ、山口の町から距離を置いて囲繞しているものと考えられる。大内の故地である大内村には大内宗家そのものを守護する氷上山興隆寺があり、重弘及び弘世の菩提寺である乗福寺及び正寿院（乗福寺の塔中）は大内村に配置されている。

以上の考察をもとに大内氏治下末期の山口について都市域を図示したのが図1(24)であり、より広く大内もあわせて、氏寺及び各当主の菩提寺に囲まれた範囲を図示したのが図2(25)である。

三　都市民の文化と大内氏

以下では都市民と彼らに直に接する聖たちに注目することによって、大内氏による都市の統制の問題を論じる。

（一）「公界仁」と「大町」

大内義興は在京している間に山口に伊勢神明を勧請しようという宿願を抱き、永正一五年（一五一八）一〇月五日に山口に着いた後に宮地の選定に入った。勧請は伊勢にある本社の許可を得たものであった。伊勢神明は皇室の祖先神であり、その勧請には領国の首都山口を日本の中心になぞらえるような意味があったのではないだろ

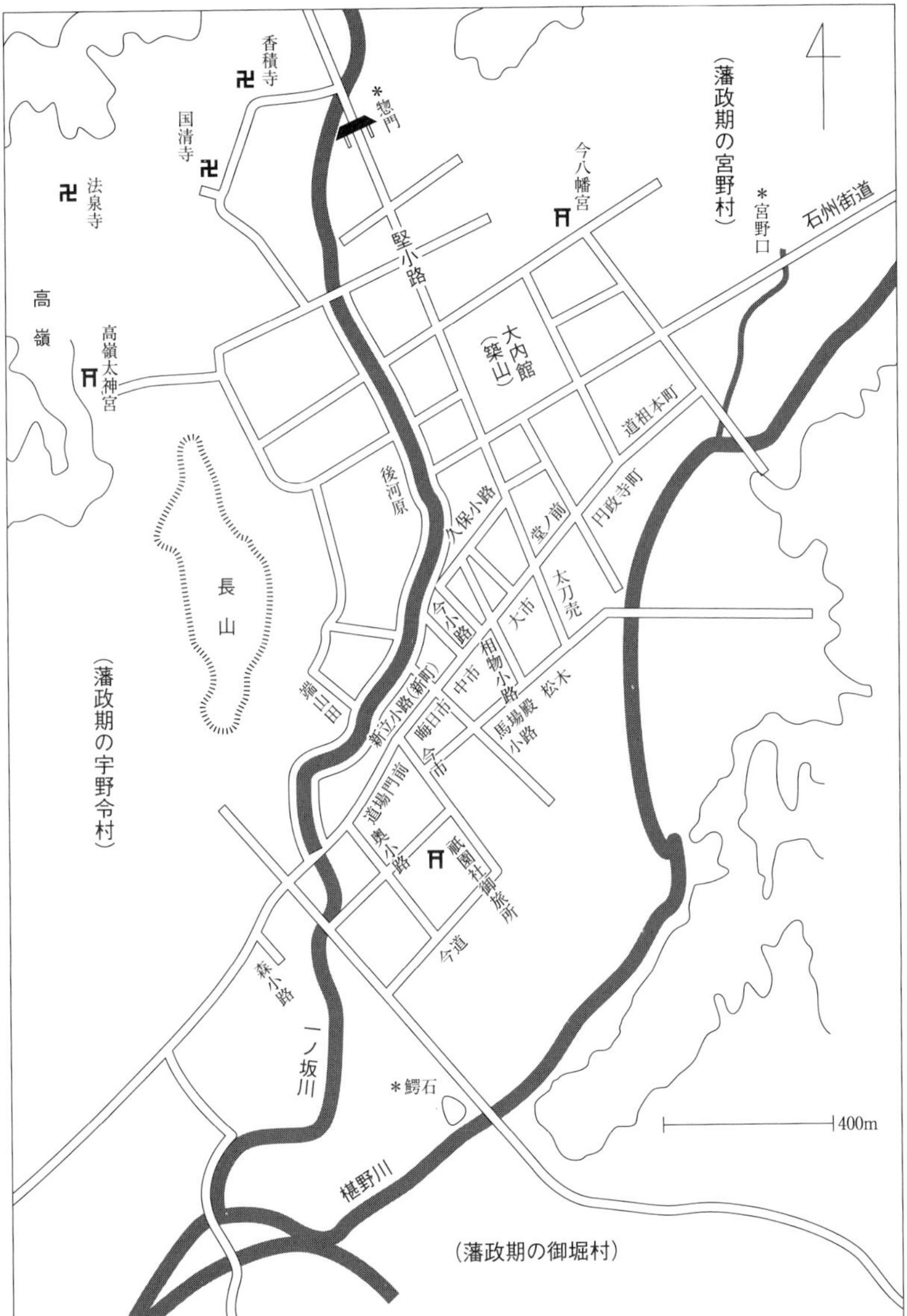
香積寺
国清寺
法泉寺
*惣門
今八幡宮
(藩政期の宮野村)
*宮野口
石州街道
堅小路
高嶺
高嶺太神宮
大内館(築山)
道祖本町
後河原
久保小路
堂ノ前
円政寺町
長山
今小路
太刀売
大市
相物小路
中市
端ノ田
新立小路(新町)
晦日市
馬場殿小路
松木
(藩政期の宇野令村)
今市
道場門前
奥小路
祇園社御旅所
今道
森小路
一ノ坂川
*鰐石
400m
椹野川
(藩政期の御堀村)

図1　中世山口の中心部

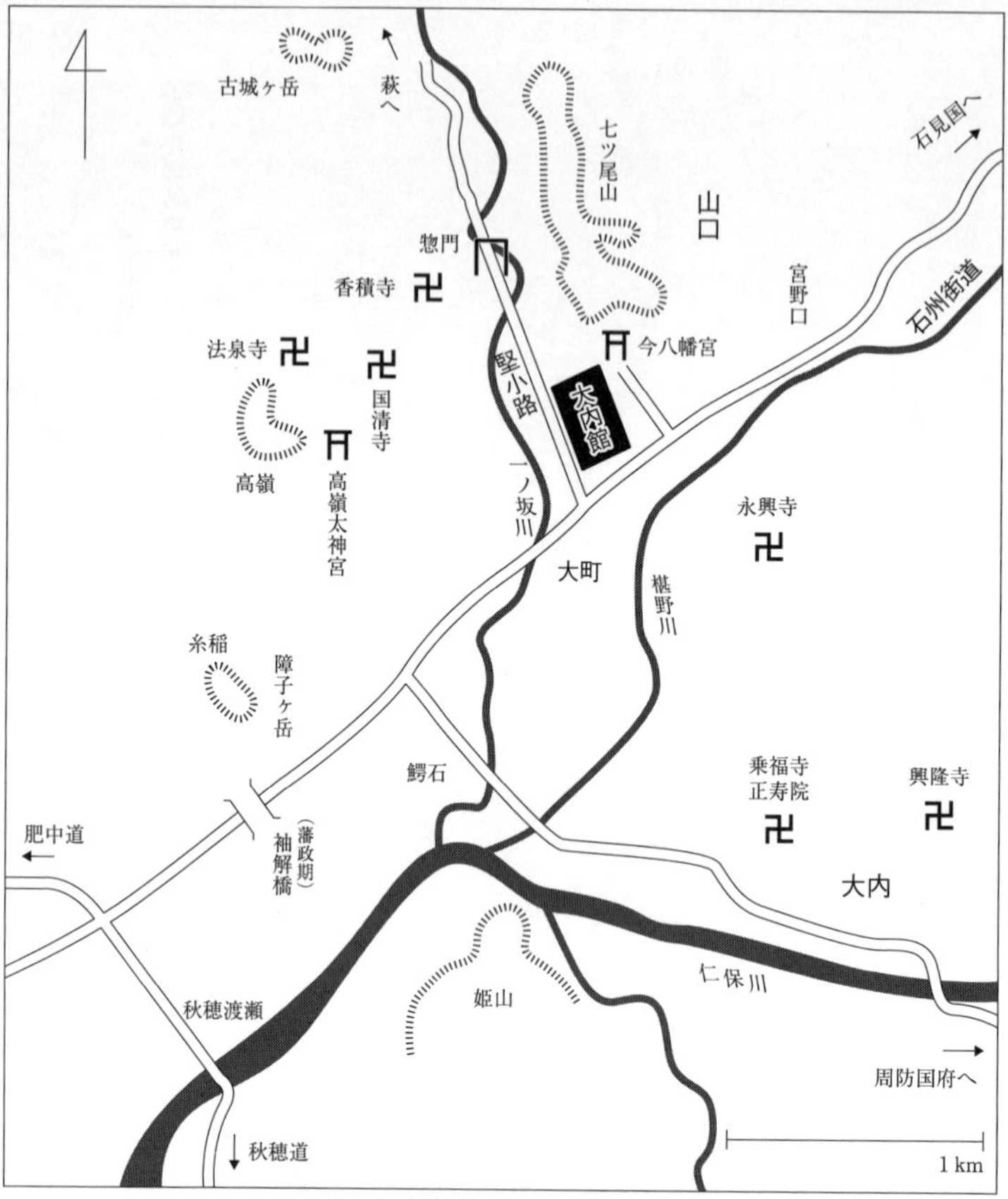

図2　中世山口とその周辺地域

うか。十穀祐覚房(26)という僧が久しく山口に徘徊し、所々を修造するために勧進(27)していた。山口の今八幡社の舞殿を造立したのが京都にいた義興に聞こえ、伊勢神明の勧進を仰せ付けられると、十穀祐覚房は永正一六年（一五一九）三月以来勧進を行った。義興はこの十穀聖による勧進と領国支配機構を介した反銭賦課とを併用して永正一七年（一五二〇）に遷宮を行い、伊勢神明の勧請が完了する。勧進の惣奉行は弘中越後守武長であり、武長は同年に「高嶺太神宮御鎮座伝記」（以下では「伝記」と略称する。山口大神宮蔵(28)）を記している。これは義興期の山口の様子を伝える貴重な史料ということができる。

以下では「伝記」の記事をもとに、神社の造営事業から見えてくる山口の都市民の性格について論じたい。以下に「伝記」から分析のために必要な記事を抜粋し、これをパート［A］～［G］と呼ぶ。

永正一七年閏六月下旬「高嶺太神宮御鎮座伝記」（抜粋）

〔A〕

一於二当国周防山口県《あがた》一御勧請事、御在京折節内々有二御宿願一歟、永正十五年戊刁従二京都一御下向之、十月五日山口御着、仍御社壇可レ有二御建立一宮地事被レ仰二付之一、被レ令レ見之処、高嶺麓正法院敷地可レ然在所云々、正方東向也、南ハ有二小山一明也今観音堂再二興之一西者高嶺《コウノミ子》峨々として、元観音堂旧跡巌崛在レ之、北ハ深山遠くめく（巡）りて法泉寺・香積寺山所々につゝく（続く）、

〔B〕

一祇薗事竪少路上に雖レ有二御社壇一、路次のほとり、まハ（周）りハ在家たるあひた、自然穢気如何被レ思二食之一、此御敷地をも可レ被レ改之由、内々仰之処、神明御宮地歴々たるあひた、同引移可レ被レ申之由、相定之条、同十三日　祇薗御社御再興釿初在レ之、

〔C〕

一十穀祐覚房事本国ハ阿波国シヤウスイノ仁云々、久於二当所山口一俳佪（徘徊）之、　神社仏閣以下所々再興修造上葺等、以二諸人志一勧進物調レ之、然処、近年者　今八幡舞殿為レ造二立之一在宮せしめ、以二勧進物一即時造二畢之一、今舞殿也、此子細京都より聞召及れ、対二十穀一、以二奉書一被二賀仰下一畢、今就二神明御勧請之勧進之儀一、彼祐覚房に依レ被レ仰二付之一、同十三日罷出、御祝儀等相調なり、永正十六年三月以来少々勧二進之一也、

〔D〕

一木屋事、御宮地ハ程隔之間、番匠往返不レ可レ輒之条、談議所於二常喜院寺内窪少路町也構二木屋一、作事等可二相調一由、武長依二裁判一構レ之、同対二寺家一八月十五日被レ成二奉書一畢、

〔E〕

一番匠衆事、公界仁を雇召仕事、相催に随て罷出之条、毎日十人も廿人も及（乃）至多人数も随二其当日一也、御大工毎日出仕也、

一公儀御木屋のことく呉丁米下行あれは、番匠衆帰宅之条、作事をいそか《（急）》るへきために、中食事十穀調レ之酒飯一度也、作料者毎日一人別五十文宛也、呉丁米ハ雖レ為二一升六合五勺宛一御‐下二行之一、依二中食一調レ之、一人別毎日二升宛勘合也

〔F〕

一宮山の事、宇野令内山也、南ハ今観音堂再興の小山の嶺、辰巳の尾をのほ《（登）》り下り、なを南おもて《（面）》ハ普門寺山也、にし《（西）》の上ハ高峯龍王山岩戸の岳を限る、きた《（北）》ハ勝音寺山のさかい《（境）》峯をくた《（下）》り、今耕月庵の上の尾はしりを限る、仍号二神明御山一、制札在レ之、面々衆加判なり

〔G〕

一祇薗御社事、為レ可レ被二引移一申レ之、去年永正十六十一月九日　御神躰御仮殿に至て御移也、其後同日拝殿を引移申、…（中略）…同翌日七日至二御旅所一御幸なり、御神事ハ、国清寺門前広橋を渡て、竪少路を下り、大町を至二今道御旅所一御幸也、同十四日可レ有二御還幸一之処、依二天気降雨一相二延之一、同十八日御神事也、当年永正十七より前々の地拍子を停止せられ、長刀ほこ《（鉾）》一、三日月ほこ《（鉾）》一、もゝのほこ《（鉾）》一、已上三なり、大町より勤レ之、其外作物ハ如二先例一之、右御幸次第・御旅所儀・ほこ三の次第いつれも当年よりはしま《（始）》る也、同十八日夜御遷宮在レ之、御遷御より直に御社へ御移なり、其入目等悉左馬大夫執二行之一、同記録別紙あるへし、

大内義興はすでに山口にあった祇園社を伊勢神明を勧請した高嶺の地に移設した。(29)もとの祇園社の地は竪小路沿いであり、周辺に民家が多くなって清浄性が保てなくなったのだという理由である。高嶺は中世山口の町の西郊にあり、町を見下ろす山である。義興はこの地を聖地として整備した。義長期に毛利氏に備えて高嶺に山城が整備されたというが、義興期に結界が張られて聖地としての境界が定められており、(30)郭などの城郭設備が聖域を改変しているかどうかは今後の調査を待たねばならない。

「伝記」には町の住人の様子も記録されており、「大町」と呼ばれる町人階層の住む区域を持ち、(31)町人階層の祭りとして祇園会《ぎおんえ》が行われていることがわかる。「大町」は大市、中市、晦日市という街区を総称したものと考えられている。(32)延徳四年（一四九二）には大内氏の館の一郭を成す築山神社の築地の上で町人階層が祇園会を見物したり、神社の宝殿や鎮守のあたりで諸人が群集したりするので、石築地の上に桟敷を設けることが禁じられた。(33)このようにすでに義興の先代である政弘の代において、山口の祇園会は都市民が熱狂する祭りとなっていたことがわかる。義興は一方で「大町」に対して祇園会の「地拍子《じばやし》」を停止し、代わりに京都風の鉾《ほこ》（祭りの屋台）三台を勤めさせた。町の共同体の祭礼に介入しており、(34)町の祭礼を京都風にすることによって、自己を室町将軍になぞらえているものと考えられる。

高嶺太神宮造営にあたっては、木屋（材木の加工所）を「窪少路」（久保小路）にある談議所常喜院寺内に構えたという。(35)その理由は太神宮の予定地は距離が隔たっているので、番匠の往返がたやすくないからであった。番匠は「公界仁」を雇って毎日十人、二十人ないし多人数もその当日に従い催し、「御大工」は毎日出仕することと定められた。(36)「公儀御木屋」のごとく「呉丁米《ごちょうまい》」（職人へのふるまいの米）の下行があれば番匠衆は帰宅してしまうので、作事を急がせるために「中食」（昼食）を十穀祐覚房が調えることになった。(37)桜井英治氏(38)は寺社から世襲の役職を与えられていた「御大工」と特定の寺社とが結び付くことなく、いわば無所有の状態で作事に携わる「公界」者の対比に注目した。これに加えて筆者は「公界」の番匠の居所に注目したい。太神宮の予定地よりも近い位置に木屋を設け、「呉丁米」の下行を行うと番匠が帰宅してしまうといった点から、「公界」の番匠は山口の都市域内、それも「大町」あたりに居住していると考えられる。そうすれば太神宮—常喜院（窪少路）—番匠の宅と、相互の位置関係が理解しやすい。大内氏は番匠が高嶺まで通勤しないですむように彼らの居住する「大町」にほど近い窪少路に作事所を設け、しかも昼食ごとに帰宅させないで給食によって能率を上げようとしたのである。当時の山口は「公界」（どこにも属さない）の職人が住み、またそれら職人に仕事が供給できる都市であったことがわかる。

ここで室町期における京都以外の中世都市とも比較しておきたい。それは鎌倉であり、松尾剛次氏による一連の研究[39]がある。室町期における鎌倉は鎌倉府の都として繁栄を遂げていたとされる。松尾氏の研究から注目したい第一点は、小町大路、大町大路が南北・東西と交差して大町大路に沿う町屋地域が「大町」と呼ばれ、小町大路に沿う町や地域が「小町」と呼ばれていたことである。室町期において町屋地域が、大小の「町」と呼ばれる現象が全国的にあったのではないかと考えられる。第二点は祇園祭が行われていたことである。一四世紀の半ばにおいてすでに鎌倉祇園会は行われていたという。現在の大町にある八雲神社は室町期の祇園社であり、六月七日から一四日まで鎌倉祇園会が行われた。天正一四年（一五八六）の北条氏直の禁制は、この祇園会が喧嘩口論の予想されるほど人々が集まり、露店もたつ賑やかな祭りであったことを示している。一五世紀半ばには祇園会の船（船鉾であろう）が鎌倉公方の御所に参り、種々の舞ものがあった。御築地塀の上に桟敷を作り、鎌倉公方夫妻がそれを見物しており、鎌倉公方も祇園会を後援していたのではないか。そして江戸時代における神輿の巡行する範囲から、鎌倉祇園会を担ったのが商人・職人ら町衆ではなかったかと推測されている。

以上のことから、室町期には地方都市において共通に一定の町人階層の発展が見られ、その指標として祇園祭が町人階層の共同体の力によって執行されるという現象が生じるということが言えるのではないだろうか。

（二）談議所常喜院と時衆善福寺

高嶺太神宮造営の木屋（作事所）は窪小路町にある談議所常喜院に置かれた。談議（義）所というのは天台宗、浄土宗、真言宗において、特に寺院で談義（説法）を行うのを旨とする宗教施設である。「伝記」中の「談議所於二常喜院寺内一」という部分は、従来「伝記」を翻刻していた史料集[40]には「談儀於常喜院寺内」とされており、常喜院という「談議所」があったということがわからないようになっていた。では中世において談議（義）所の機能は何であったか。この施設を天台宗の談義所を例に学問所ととらえる一連の研究があり[41]、それは一面正しいと考えられるが、この常喜院の実態を得ることができる史料として「真如堂縁起」[42]をあげることができる。この縁起の中で浄土宗の碩学が真如堂の再興のために談義を行って参詣者を集め、参詣者の寄進物を勧進聖が集めるという形態で宗教活動が行われ、浄土宗僧と勧進聖がコンビとなっている。また真如堂は浄土宗僧の活動の拠点となっているが、堂供養の導師には山門の門跡青蓮院がなっており、これを天台宗寺院とも浄土宗寺院とも呼びうる。おそらくこの常喜院もそのような施設であって何宗と限られるものではなく、学問僧によって談義が行われることで勧進聖が勧進を行う仕組みであったと考えられ[43]、これが祐覚房の拠点の一つだったのであろう。山口には他にも談議（義）所の存在がわかっており、毛利隆元が山口に来た時に「宇野談儀（マヽ）所」で勧進能[44]があったという。

「真如堂縁起」にはもう一つ注目すべき逸話が第一二段に載せられている。本堂を造り終えた後、供養の儀がはかどらないまま数年を経るに至った。念仏行者の善阿弥という聖が一夏の間、当寺に数旬住んでいた。住持が堂に供養なきことを歎き入り、これを相談したことから、善阿弥は永正一六年五月一七日に勧進のためにまず周防へ下向した。在国が年月にわたったがまったく便なき状態であったので、同一八年正月一日に同国赤崎弁才天の宝前で断菜木食して祈念し、同五月下旬周防国を発ち、六月一一日に帰洛したという。この聖はなぜまず周防国で勧進を始めたのであろうか。この縁起が事実ならば、永正一六年五月といえばちょうど祐覚房が山口で太神宮を造営している最中であり、内宮は同年一一月に落成する。神宮の造営に周防国内の人民が出費を強いられている状況では、この時期に山口へ行っても勧進ははかどらないはずである。永正一八年に赤崎弁才天での祈念が効を奏したとすれば、第一の理由は同一七年に高嶺社の造営が終わっていたということと、第二の理由は山口ではなくそこから海岸に出て、海上交通に関わる宗教施設に目標を変えたからではないだろうか。「真如堂縁起」によれば、赤崎明神というのは芸州厳島明神が影向した所であり、その同じ場所に弁才天も祀られていたわけで、いかにも海上交通と関係のある信仰の神社である。

応仁・文明の乱後に畿内を離れる文人は多かったが、宗教者も同じことが言える。特に職業化している勧進聖にとっては経済的に豊かな住民がいて平和が確保された都市に赴くことが、勧進の効果を上げるための手っとり早い方法であろう。しかし大内氏は宗教者の無制限な流入をチェックしようとしていた。「大内氏掟書」には「薦僧、放下、猿引事、可レ払二当所并近里一事」とあり、薦僧《こもそう》、放下《ほうか》といった禅宗系の雑芸能民を排除しようとしていた。大内氏は巡礼、落人のような「他国之仁」の流入を嫌い、芸能者的な宗教者を警戒したと考えられるが、談義を行うような宗教者の活動は認めていたと考えられる。大内氏は「諸人可二存知一御法度事」として、「近年於二説経法談之道場一毎々余経を誹謗し、他宗を罵詈悪口せしむる事、聴衆耳を驚すと云々」とあり、いわゆるであるとされている。

「宗論」を禁じている。[45]当時のこのような「宗論」で最も過激であったのは日蓮宗系の寺院であろうが、この法令ではどの宗派とも特定されていない。この制禁に背く仁は出家の人はすみやかに御分国中を追放されるべきであるとされている。

談議所常喜院に拠点を持っていた十穀祐覚房は時衆系の聖と考えられているが、山口にはもう一つ注目すべき時衆寺院があった。それは山口道場と呼ばれた善福寺であり、「寺社証文」山口善福寺には「善福寺敷地同寺領等注文」として応永一六年（一四〇九）二月二七日「大内盛見御判」が掲げられ、これに院内四至として「東限小門前、西限後河原、南限惣門前、北限横道」が記されている。乾氏（論文C）は「山口古図」にある竪小路と久保小路（窪小路）との交差点にある「惣門」という記述をもとに西が後河原、南が惣門前ということで、ちょうど現在の法界寺あたりに比定したものと考えられるが、この「惣門」の性格は特定しがたい。木町にある「惣門」のように町の門なのか、あるいは善福寺の惣門という意味なのかは不明である。ここで筆者は「西限後河原」という箇所のみに注目し、善福寺の所在を一ノ坂川よりも東、大内氏の館よりも西の位置に想定したい。いずれにしても民衆向けの顔を持った二つの寺院がともに大内氏居館の西南に近接していたことは興味深い。

善福寺の敷地はまず大内盛見によって安堵されているが、先述したように現在の大内館跡が政弘期までしか遡らないとなると、山口の町の中心が固まってくる以前から時衆寺院が定着していたことになり興味深い。この敷地は明応五年（一四九六）に大内義興によって安堵されているので、義興期には同所にあったことがわかる。その後の天正一二年（一五八四）には道場門前《どうじょうもんぜん》の地名が見えるので、毛利氏が山口に入ってきた弘治三年（一五五七）以降は藩政期を通じての所在地に移転したものと考えられる。[46]

おわりに

以下に山村亜希氏の論稿から見出した二つの問題点に関する考察をまとめておく。

一つ目は中世山口の都市空間の問題である。都市の境界に注目すると、中世山口の範囲は近世の山口町の範囲に近い範囲であることがわかり、図1に示したように、おおまかながら当時の住民が「山口」の内と認識している範囲があった。

二つ目は大内氏による都市の統制の問題である。大内義興の代を中心に都市民の文化と都市の空間との関係を考察した。第一に大内氏は既存の町に対して空間デザインは統制していないが、空間の質（＝文化）は意図を持って統制していたことが明らかになった。大内氏、鎌倉公方、室町将軍といった中世都市の支配者はいずれも室町後期において、町人階層の発展の指標とみなすことができる祇園祭をむしろ自己のものとして統制していることがわかる。第二に十穀聖や時衆聖といった、総称して「時衆（宗）系」[47]と呼ばれるような民衆向けの顔を持った僧及びその拠点寺院の存在が、大内氏にとって重要であったことが明らかになった。勧進や談義といった日常の宗教活動の延長上で、十穀祐覚房は守護権力を補う活躍を見せた。

最後に本章では十分考察することができなかった点について、今後の課題をあげておく。第一に本章は政弘の帰国以降中世末期[48]までの短い時期を中心とする概括的な考察にとどまっており、今後は対象の時期を広げるとともに細かく年代による変化を検証する必要を感じた。第二に善福寺をはじめとする時衆寺院が大内氏の領国支配に果たした役割の全体像を考察したい。大内氏領国内の時衆については従来から文芸面に果たす役割[49]や交通に果たす役割(50)が明らかにされているが、多様な側面を統合する作業が必要である。

注

(1) 問田は周防国衙に近い地名であり、宇野は早くから分かれた支族と考えられ、大内氏の歴史的推移に関係していると推測される。
(2) 中世大内村に相当すると推定できる範囲内には、藩政期において御堀《みほり》村、矢田村などがあった。『注進案』一二　御堀村の項に見える「御堀」という地名について、「郡庁考、爰を御堀といふハ今の乗福寺の奥にもとの伽藍ありし地、いにしへ大内殿の御館なりし事氷上の旧記にも出て、東には氷上川南にめくりて中川となり、西にハ鰐石川あり、中川の流れと会しておのつから城池をなしたれは、御館の外堀といふ事を御堀と名つけしにもあらん歟」と記されている。
(3) 『注進案』一二　矢田村の項に見える郎君城《らくんじょう》という地名について、「郡庁考、此地もしくハ矢田太郎弘家の居館ありし地ならん歟、矢田太郎弘家ハ乗福寺殿重弘の父なり」とある。
(4) 池邊彌『和名類聚抄郡郷里驛名考證』（吉川弘文館、一九八一年）。
(5) 『注進案』一三　四一二頁参照。
(6) 年月日未詳「大内介知行所領注文」（東大寺文書1―24―211）。
(7) 論文A参照。
(8) 「大内氏掟書」一〇三条（『中世法制史料集』三）。ただし身分の低い御家人である「少分限之仁」には、年中百ケ日の暇が許されていた（「大内氏掟書」八六条）。
(9) 「聖フランシスコ・ザビエル全書簡」書簡第九六・一五五二年（天文二一）一月二九日付（『県史』史料中世1）によれば、一五五〇年（天文一九）にザビエル一行が初めて山口を訪れた際の記述である。
(10) 注9と同じ日付の書簡。一五五〇年（天文一九）一二月にザビエル一行は山口から京都に出発したが、京都の荒廃に失望して翌一五五一年（天文二〇）に再び山口を訪れ、大内義隆のもとで布教することに決めた。

（11）『日本史』第六巻第一〇章（第一部二章）（『山口県史料』中世編・上、山口県文書館編集・発行、一九七九年）。なおルイス・フロイスの『日本史』に見える山口県関係記事は先に『山口県史料』中世編・上に収録された後に同書にもれたものが『県史』史料中世1に収録されている。

（12）『日本史』第一一巻第五九章（第二部七八章）（『県史』史料中世1）。

（13）『県史』史料中世1。

（14）〈二・六条〉（長禄三年）

一　夜中に大路往来の事

一　諸国落人、其余子細を不㆓存知㆒輩、不㆑可㆓召仕㆒事

〈八九～九三条〉（文明一八年）

一　夜中大道往来之事（中略）

一　薦僧、放下、猿引事、可㆑払㆓当所并近里㆒事

一　非㆓職人㆒、非㆓諸人之被官㆒者、他国之仁、於㆓当所㆒不㆑可㆓寄宿㆒事

一　路頭夜念仏停止事

一　巡礼者、当所之逗留可㆑為㆓五ケ日㆒、過㆓五ケ日㆒者、不㆑可㆓許容㆒事

〈一二二条〉（文明一九年カ）

一　就㆓夜中往来御禁制㆒夜廻人数番帳相番次第等

（15）「松江八幡宮天文十二年大般若経紙背文書」二〇六（『県史』史料中世4）。

（16）天文二一年（一五五二）一一月吉日「豊前津濃懸庄名寄帳」（大日本古文書『熊谷家文書・三浦家文書・平賀家文書』熊谷家文書一二四五）。

（17）「入明諸要例」（『県史』史料中世1）。

(18)「口屋」とは藩内の交通の要衝にあたる出入口、あるいは通船を待つ主要河川の川口に設けられた番所の一つで、通行人の取り締まりや運上銀の徴収にあたった（石川卓美『防長歴史用語辞典』マツノ書店、一九八六年）。山口の南及び北の口屋については『絵図で見る防長の町と村』（山口県文書館編集・発行、一九八九年）の「御堀村」及び「宇野令」に見える。

(19) 山口県埋蔵文化財調査報告第一八六集『大道寺跡』（山口県教育委員会、一九九九年）。

(20) 障子が岳の南に位置する中園町地区の土地区画整理にともなう試掘で、大内氏治下の時期の溝及び道路、建物の柱穴が発見された。

(21) 福田アジオ『時間の民俗学・空間の民俗学』（木耳社、一九八九年）第Ⅱ章第二節「村の境」によれば、中世の典型的惣村である近江国菅浦には村の両端（東西）に門があり、これで交通が完全に遮断できるわけではないが、住民には村の境としてその内側と外側は厳密に区別されていたことが報告されている。「山口古図」中の「惣門」は他の史料に見当たらずその信憑性に問題があるが、もし事実であれば山口の町を画する観念的標識があったことになり、興味深い。ただし「山口古図」中に北側のみが記され、南側の記載がないのは不審である。

(22) 高嶺《こうのみね》は「神《こう》の嶺」が原義であったかもしれず、もともと山口の住人にとっては神の住む山として観念されていたのかもしれない。この山は標高三三八ｍである。麓にもともと正法院の敷地があり、これを転じて神明の社としたのである。

(23)「伝記」抜粋パート［A］。

(24) 論文Dの表3「同時代史料において存在が確認できる現山口中心部の地名・道路名」を参照した。この表によって「山口古図」をそのまま信じるのではなく、文献上見える地名だけによって大内氏治下山口の市や小路によって構成される空間を再現できるようになった。

(25)『山口の歴史』（山川出版社、一九九八年）第四章「防長の中世社会」（筆者執筆）所収の図を少し変更した。

(26) 祐覚房の本国は阿波国シヤウスイ（勝瑞）であるという。勝瑞とは阿波国の守護所であり、祐覚房は勧進の実をあげるためにあるいは守護所のような一国の政治・経済の中心地の持つ機能をよく理解していたのかもしれない。「伝記」抜粋パート［C］参照。
(27) 益田兼房「中世の建築技術」（『講座・日本技術の社会史』七　建築、日本評論社、一九八三年）は祐覚房の勧進活動を取り上げ、律宗教団の活動が衰えて代わって一五世紀から十穀僧による勧進造営が目立つようになると述べている。十穀は時宗系念仏系の僧で、十種の穀物を断つ修行をした聖という意味であるという。
(28)『県史』史料中世2において良好な翻刻が行われ、今回はこれを参照した。
(29)「伝記」抜粋パート［B］。
(30)「伝記」抜粋パート［F］。
(31)「伝記」抜粋パート［G］。
(32) 論文D参照。
(33)「大内氏掟書」一四六条（延徳四年）（『中世法制史料集』三）。
(34)「伝記」抜粋パート［G］。
(35)「伝記」抜粋パート［D］。
(36)「伝記」抜粋パート［E］。
(37)「伝記」抜粋パート［E］。
(38) 桜井英治『日本中世の経済構造』（岩波書店、一九九六年）第二章「雇用の成立と「無縁」の原理」参照。
(39) 松尾剛次『中世都市鎌倉の風景』（吉川弘文館、一九九三年）、同氏『中世都市鎌倉を歩く―源頼朝から上杉謙信まで―』（中央公論社、一九九七年）参照。
(40) 従来より活字史料としては『閥閲録』四所収「寺社証文」今伊勢の項が参照されてきたが、翻刻にしばしば誤りが見られる。
(41) 尾上寛仲氏による一連の研究を指す。同氏「中古天台に於ける談義所」（『印度学仏教学研究』八―一、一九六〇年）

など。

(42) 続々日本絵巻大成五『真如堂縁起』（中央公論社、一九九四年）参照。

(43) 田中貴子『室町お坊さん物語』（講談社、一九九九年）によれば、室町期の天台宗において「直談」という説法が行われていた。中世後期において各宗派が庶民教化のために説法に力を入れていた状況が窺える。

(44) 「毛利隆元山口滞留日記」天文七年四月一二日条（『県史』史料中世1）。

(45) 「大内氏掟書」一七四条（大永二年）（『中世法制史料集』三）。

(46) 『閥閲録』四所収「寺社証文」山口善福寺の項には善福寺が鎌倉期に「築山の後」にあったという伝承や、今八幡道場という寺の存在も見られ、時衆寺院と山口の中心部との関係は深いようである。

(47) 中世後期の勧進聖については、藤沢清浄光寺をはじめとする時衆（宗）の諸本山との関係がはっきりせず、漠然と「時衆（宗）系」と呼ばれることが多い。

(48) 『山口県史』中世編の編纂においては、山口県における中世の終わりは毛利氏にとって領国支配の画期である関ヶ原の戦い＝慶長五年（一六〇〇）とされているが、本章においてもこの時期区分を採用している。

(49) 米原正義『戦国武士と文芸の研究』（桜楓社、一九七六年）第五章「周防大内氏の文芸」参照。

(50) 前田博司「『道場』地名と時宗寺院の盛衰」（『山口県地方史研究』六一、一九八九年）参照。

補論1　時衆寺院と交通

はじめに

「李朝実録」世宗二〇年（一四三八）六月一〇日条(1)に見える朝鮮の高官の言によれば、日本国にはもとは「倉庫・站駅」がなかったが、「大内殿」は朝鮮の制度にならい「府庫」を創設し「站駅」を設けたので、千万の兵を発することができるようになったという。この発言どおりであれば、大内氏は何らかの「府庫」（貢納物を備蓄する倉庫）と「站駅」（宿駅）の制度を持っていたということになる。では大内氏は実際に「府庫」や「站駅」の制度を持っていたのであろうか。

「府庫」の存在は現在のところ実証されておらず、それらしき制度は史料上いまだ見出せない。それでも周防国玖珂郡内の新屋河内《にいやごうち》と浅江（いずれも光市）という郷にそれぞれ設けられた「御蔵」(2)が、それに該当するような事例かもしれない。この蔵は新屋河内賀茂大明神宮の神事の費用を下行するためのものであった。

残念ながら「府庫」についてはこれ以上考察する手立てがないが、「站駅」については検討する価値があると思われる。大内氏領国内で史料上最も交通と関わっていたのは時衆寺院であった。補論1では時衆寺院と交通の関係、そして大内氏と時衆寺院の関係を考察することによって、大内氏が「站駅」に相当するような制度を施行していたかどうかを検討したい。

一　大内氏と時衆寺院

大内氏領国内の交通政策についてはこれまで十分に検討されたことはなく、山口県内の近世街道の調査が行われる際に中世の状況があわせて触れられるにすぎなかった。[3] 大内氏の場合は東国の戦国大名である今川、武田、後北条氏が有するような伝馬制度は見られない。それでも大内氏領国内の宿の整備は南北朝時代から確認できる。永和四年（一三七八）には大内弘世が長門国の河山新宿《こうやま》[4]（甲山市、山中市とも呼ばれる）の目代を補任し、永徳元年（一三八一）には大内義弘が河山新宿の境域を定めている。[5]

また大内氏の交通政策の一環であるとは断定できないが、時衆寺院が交通制度に何かしら関係していたことは知られている。前田博司氏は永享一一年（一四三九）三月三日「善福寺末寺注文」[6]から周防国内の時衆寺院が交通と密接に関わり、時衆の布教が主として街道筋の宿《しゅく》や市《いち》あるいは港湾など、交通の要衝を拠点としていたことを明らかにした。[7] 善福寺は守護所である山口に所在した時衆寺院であり、大内氏に保護されて大内氏領国内に多数の末寺を有していた。

そこで末寺の分布と交通の要衝の関係を考察するために周防・長門両国に限り、[8] この末寺注文の内容を表Aに整理した。表Aには〔記載内容〕の欄に〔所属国〕別に〔所在地〕・〔末寺名〕・〔願主〕を掲げ、さらに〔筆者による所見〕の欄に〔立地の特徴〕と〔願主の特徴〕を記した。あわせて図1に末寺の〔所在地〕地名の分布図を掲げた。[9]

〔立地の特徴〕によれば、善福寺の末寺の多くは港湾や山陽道沿いに分布していた。特に周防国では富田《とんだ》、長

表A　善福寺末寺一覧表

記載内容				筆者による所見	
所属国	所在地	末寺名	願主	立地の特徴	願主の特徴
周防国	苻中朱雀	長福寺	眼代（玉祐）	周防国府域	東大寺僧
	三田尻	勝福寺	杉豊後守重運	港湾	大内氏家臣
	賀河（嘉川）	福明寺	江口隼人入道慈源	山陽道沿い	
	矢地（夜市）	欣浄寺		山陽道沿い	
	富田	勝栄寺	陶越前入道々栄（弘政）	陶氏所領 港湾／市	大内氏家臣
	小周防	弘願寺	内藤遠江入道智陽	山陽道から竈戸関へ通じる交通路沿い	大内氏家臣
	田布施	常光寺	行阿		
	麻合（麻郷）	西方寺	奈良修理亮頼重		大内氏家臣
	楊井（柳井）	東善寺		港湾	
	竈戸関（上関）	神護寺	宇野式部丞	港湾	大内氏家臣
	鋳銭司	西円寺		山陽道沿い	
長門国	加万（嘉万）	西光寺	河越安芸守長重		
	甲山	勝蓮寺	法舜	宿／市	
	福井	福厳寺			

注：（　）内は現在の地名である。

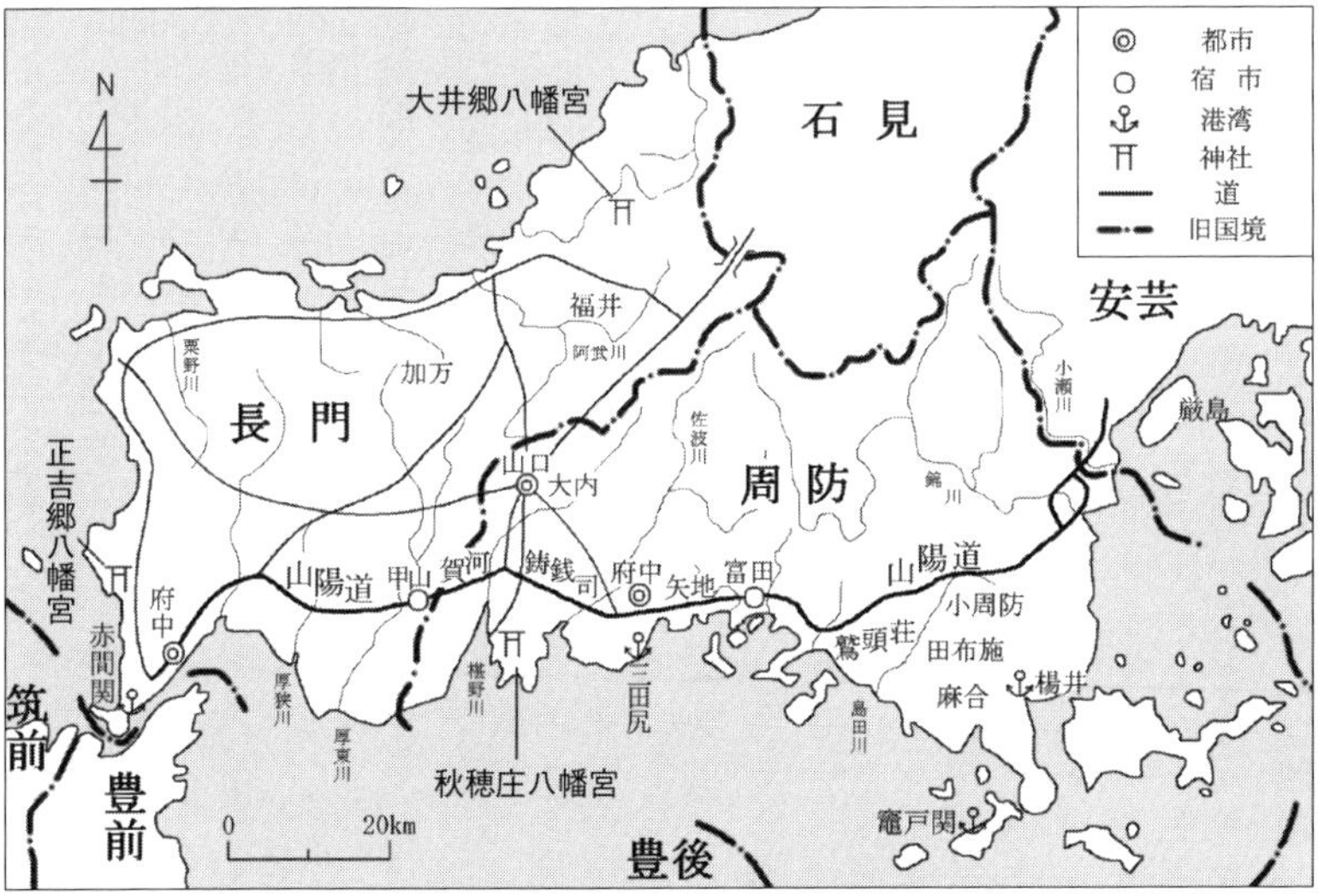

図1　周防・長門両国の時衆寺院と地域の神社

門国では甲山《こうやま》に市があったことが判明しており、それぞれ末寺である勝栄寺、勝蓮寺をともなっていた。また山陽道からはずれるが、小周防↓田布施↓麻合《おごう》というように、おそらく山陽道から竈戸関《かまどのせき》へ通じる熊毛郡内の交通路沿いに分布していると思われる一連の末寺もある。

〔願主の特徴〕によれば杉豊後守重運、陶越前入道々栄（弘政）、奈良修理亮頼重、宇野式部丞の四人が大内弘世代から盛見代にかけての家臣であることが判明し、願主の多くが一四世紀に活躍した大内氏の家臣であるという傾向が窺える。ただし苻中《(府中)》朱雀の長福寺は周防国府域という都市部に立地し、願主は東大寺僧である周防眼代（目代）という点で特殊であり、長福寺の存在は東大寺による周防国衙支配にとって意義があったと考えられる。

二　富田勝栄寺

時衆寺院が一種の宿駅の機能を果たしていたことを窺うことができる事例として、周防国富田《とんだ》の勝栄寺に注目したい。この寺院は一三四〇年代に活躍した陶氏の先祖である弘政を願主として建てられたとされ、(10)「富田道場」とも呼ばれていた。(11)

では勝栄寺が所在していた「富田」とはどのような土地であったのだろうか。まず「富田保」という国衙領(12)について触れておきたい。富田保は広大な荘域を持っており、北は須々万《すすま》で山代荘に接して荘域の中央あたりに陶氏の館があったとされ、南は富田津で瀬戸内海につながる。

また単に「富田」と呼ばれる場合は陸海の交通に関係する地名であると考えられる。陸路に関係して天文一九年（一五五〇）に梅霖守龍《ばいしんしゅりゅう》が「富田」で「滞留」してから山口へ向かったという記述がある。(13)海路に関係して

「入明諸要例」に、[14]「富田」に遣明船用の弥増丸が所属していたという記述がある。特に港湾を指す場合は「海東諸国紀」[15]のように「富田津」と呼ばれる。

さらに江戸時代の絵図である「御国廻御行程記《おくにまわりおんこうていき》」[16]から、近世の富田の町における勝栄寺の立地条件がわかる。富田の町を東西方向に横切る山陽道に、庄寺八幡宮（現在の山崎八幡宮）から富田津に向かう南北方向の道が交差している。この南北の道が海に達する手前に「古市」があり、その街区の一郭に勝栄寺があった。「古市」は中世において富田保の年貢の集積地であるとともに市場として栄えたものと思われる。

以上のことから「富田」という土地は陸海の交通の要衝であったと言える。このような「富田」の特性から判断すると、そこに所在した勝栄寺が宿駅としての役割を果たしていたとするのも想像にかたくない。以下では交通の結節点に立地していた勝栄寺の特徴について詳しく見たい。

弘治三年（一五五七）に大内義長の残党が山口の障子ケ岳《しょうじがたけ》に挙兵し、周防国に呼応者が現れた。そこで毛利元就は同年一一月一八日に子息の隆元をともなって本拠の安芸国から富田に進駐し、一二月二三日まで勝栄寺を本陣として駐留していた。また永禄年間に元就が九州への往復のため勝栄寺に在陣したという。[17]これらの事例から勝栄寺は山陽道に近く、移動の際に立ち寄りやすい立地であったと考えられる。

勝栄寺の旧境内[18]は裾部分幅七～九m、高さ約二・五mの土塁で囲まれ、その外側に幅約六m、深さ約一・六mの濠が巡らされていたことが発掘調査によって確認されている。環濠はすでに埋もれているが、土塁の一部が残存している。『寺社由来』に掲載された近世の挿図[19]のように、中世の勝栄寺も土塁と濠に囲まれていたと想定でき、[20]毛利氏が本拠の安芸国と九州の間を往来する途中の駐屯地として好適であったと考えられる。土塁と濠に囲まれた寺院は県下でも珍しい事例である。

このようなことから勝栄寺は山陽道に近いという交通の便とともに、土塁と濠による防御性から軍勢の駐屯に使用されていたことがわかる。他の時衆寺院もまた交通の便を活かし、平時は旅行者、戦時は大内氏の軍勢を駐屯させていたのではないだろうか。[21]なお勝栄寺の山号は「出城山《すいきさん》」と言い、元就によって付けられたとされるが、[22]この山号が近くにある若山城の出城としての機能を意味していたとしたら興味深い。[23]

おわりに

以上のように大内氏は周防・長門両国の領国支配の初期にあたる一四世紀において、交通の要衝に立地する時衆寺院を家臣に支援させていた。大内氏家臣が領国内に散らばる末寺を後援し、大内氏は本寺である善福寺と親密であったことから、大内氏は結果として領国内の宿や市の振興を推進していたと言えるだろう。大内氏が「站駅」（宿駅）の制度を持っていたという朝鮮王朝高官の発言は、時衆寺院が一種の宿駅の機能を果たしていたことによるものではないだろうか。

注

（1）『県史』史料中世1。
（2）延徳二年（一四九〇）九月一一日「周防国玖珂郡新屋河内賀茂大明神宮頭番相定次第案」（寶迫家文書『県史』史料中世2）。二つの郷による神事執行組織があり、郷内では名を単位として神事の負担が交替していく仕組みがあった。
（3）歴史の道調査報告書『山陽道』（山口県教育委員会、一九八三年）「二、中世の山陽道」（国守進氏執筆）参照。

（4）現在の山口県宇部市内。その後「甲山」と呼ばれるようになり、図1では「甲山」と表示した。
（5）『注進案』一五　六二三頁掲載の文書写二通による。
（6）主として『閥閲録』四「防長寺社証文」善福寺に掲載された文書写による。あわせて『注進案』一三　三二八頁に掲載された文書写によって、三田尻勝福寺の願主の「杉豊後守重連」を「重運」に改めるとともに、表Aに長門国福井の福厳寺を補った。ただし福厳寺についての記載は永享一一年段階にはなく、後に書き加えられたものである。
（7）前田博司「「道場」地名と時宗寺院の盛衰」（『山口県地方史研究』六一、一九八九年）参照。
（8）豊前国と安芸国に所在する末寺三か所は割愛した。
（9）地名は「善福寺末寺注文」に掲げられたものに従った。
（10）『寺社由来』七　徳山領富田村勝栄寺。
（11）「松江八幡宮天文十二年大般若経紙背文書」二〇六（『県史』史料中世4）には、「拾石　富田道場遊行上人」という記述が見える。
（12）年月日未詳「大内介知行所領注文」（東大寺文書1―24―211、『防府市史』史料Ⅰ、防府市発行、二〇〇〇年）によれば、大内氏は鎌倉期に富田保に地頭職を保有していた。
（13）「梅霖守龍周防下向日記」（『県史』史料中世1）。
（14）『県史』史料中世1。
（15）中叔舟著・田中健夫翻訳『海東諸国紀―朝鮮人の見た中世の日本と琉球』（岩波書店、一九九一年）参照。
（16）『絵図で見る防長の町と村』（山口県文書館編集・発行、一九八九年）六六～六七頁参照。「御国廻御行程記」は長州藩が寛保二年（一七四二）に編纂した藩主巡見路の街道図である。
（17）『閥閲録』四「寺社証文」建咲院の由緒書参照。
（18）勝栄寺土塁及び旧境内は山口県指定史跡である。この史跡については『山口県の文化財　周防部編』（山口県教育委員会発行、一九九二年）参照。

(19)『寺社由来』七　徳山領富田村勝栄寺には、勝栄寺から長州藩に提出された由来書の挿図が翻刻されている。

(20)新南陽市埋蔵文化財調査報告一『勝栄寺』（新南陽市教育委員会、一九八三年）、百田昌夫「周防富田道場勝栄寺の寺史と土塁のこと」（『山口県文化財』一八、一九八八年）参照。

(21)表Aには割愛したが、永享一一年（一四三九）三月三日「善福寺末寺注文」には、安芸国東西条に一件だけ善福寺の末寺として大福寺の名があがっている。大内氏は南北朝期から安芸国に軍勢を駐留させており、東西条は応永年間の末以降に大内氏の安芸国支配の牙城となる。東西条に善福寺末寺があるのは、大内氏がここに軍勢を駐留させる上で必要であったものと推察される。

(22)『寺社由来』七　徳山領富田村勝栄寺に「当寺山号の儀ハ元就ヨリ成被レ下之由申伝候」とある。

(23)標高二一七ｍの中世後期の典型的な山城であり、陶氏の本城であった。毛利氏の軍勢が移動する際に一時的に駐留するには不便であると考えられる。若山城跡は山口県指定史跡である。この史跡については『山口県の文化財　周防部編』（前掲）参照。

補論2　赤間関・長府の祭礼

はじめに

長門国には近い距離にある二つの都市的な場があった。それは赤間関と長府（長門府中）である。前者は港湾都市であり、大内氏時代の住人の共同体について、同時代の史料からある程度その様子を知ることができる。後者は古代の長門国府を引き継ぐ都市である。長府の場合は参考史料が大内氏滅亡直後からのものしか見当たらないが、それ以前の大内氏の時代において、都市民の共同体が自主的な祭礼を行うまでに成長していたことが確認できる。

一　赤間関の地下人と寺社

朝鮮国の日本回礼使が赤間関に停泊した際の記述[1]の中で、応永二七年（一四二〇）に使節が訪問した寺院に阿弥陀寺、全念寺（専念寺と考えられる）、永福寺の名が見える。また連歌師の宗祇《そうぎ》は文明一二年（一四八〇）に、赤間関の阿弥陀寺（現在の赤間神宮）や専念寺と考えられる寺院に参詣している。[2]これらの事例から、赤間関の都市的な場には阿弥陀寺、専念寺、永福寺といった寺社が含まれていたと考えられる。

岸田裕之氏は阿弥陀寺が「赤間関阿弥陀寺」、亀山八幡宮が「赤間関西門鎮守」、専念寺が「赤間関専念寺」と呼ばれていることから、中世赤間関の範囲を現在の赤間神宮から亀山八幡宮を越えて南部町《なべ》専念寺あたりが入ると考えた(3)。筆者はこの範囲にさらに永福寺のエリアも加えて中世の赤間関の町の範囲を、阿弥陀寺（赤間神宮）のある現在の阿弥陀寺町あたりから永福寺のある現在の観音崎町あたりの範囲であると考えたい。

「大内氏掟書」の文明一九年（一四八七）の法令(4)によれば、「関の町」と「阿弥陀寺」の「舟かた」（船方）の代表が関門海峡の渡賃について大内氏が定めた法を守ることを誓約した。このことは大内氏が「関の町」と「阿弥陀寺」という居住地ごとの代表者に法の遵守を誓約させることによって、赤間関支配のための法を徹底させようとしたことを表している。

同じく「大内氏掟書」延徳四年（一四九二）の法令(5)によれば、大内氏が「当関地下中」に「浦役銭」を割り振ったところ、地下人はあるいは「寺僕」と号し、あるいは「武家被官」と号して出銭を難渋した。この「浦役銭」には大内政弘が御座船を赤間関に課したところ、「当関地下中」が御座船の代わりに「浦役銭」を進納することを懇望したといういきさつがあった。この事件で注目すべき点は、第一に「当関地下中」と呼ばれる地下人の集団が大内政弘と課役をめぐって交渉していたこと、第二に地下人たちが「寺僕」と号して大内氏の課役を逃れようとしたことである。ここで言う「寺僕」とは寺院に限らず赤間関に所在する寺社に奉仕する何らかの身分(6)であると考えられる。

以上「大内氏掟書」の二つの法令の分析から、大内氏時代の赤間関には「当関地下中」という地下人の共同体が存在し、その下部に「関の町」や「阿弥陀寺」と呼ばれる、居住地ごとの地下人の共同体が形成されていたことがわかる。大内氏はこのような共同体を赤間関支配の基礎に据えていたことが確認できるが、その一方では地下人は直接地元寺社に結び付いて奉仕者の身分を得て、大内氏の課役を逃れようとしたことが確認できる。

なお長州藩が編纂した「御国廻御行程記[7]」によれば、近世の赤間関では海岸線に並行する道に沿って寺社が点在し、それらの寺社の門前には船着場があった。これら寺社の門前町ごとに「寺僕」と称する地下人（船方）が船着場を拠点として商業・流通に従事していたのかもしれない。

二　長門府中住人と祭礼

井上寛司氏によれば、長門一宮・二宮両社が一体となった祭礼構造は中世長門国にのみ特有な神話（中世長門神話）にもとづき、大内氏の時代になって新しく整えられた[8]。室町期長門国の在庁官人は一宮・二宮の社官と協同しながら、長府に複雑な聖俗の伝統を残存させることによって一定の地位を保っていたようである。しかしながら大内氏の時代に在庁官人以外の長府の都市住人が、一宮・二宮の祭礼にどのように関わっていたかは明らかではない。

大内氏が滅び毛利氏が支配者となった後、史料から長門国の都市住人共同体の自治的な動きがわかるようになる。このような動きを史料から大内氏時代に遡らせることはできないが、毛利氏が入ってきたからといって一挙に地域社会が変化するわけではないであろう。当然大内氏時代に何らかの変化が生じていたことが想定されるので、中近世移行期の長府（長門府中）の都市住人について紹介しておきたい。

（天正九年）七月三日「長門国二宮神事能条々[9]」によれば、毛利氏権力が長府南町中に対して五か条にわたる法度を与えており、そこから祭礼の中核は「風流《ふりゅう》」（華麗な仮装をし、囃し物をともなった群舞）と「能」であったことがわかる。また山車《だし》が繰り出されたが、その巡行をめぐって町同士でもめごとが生じて喧嘩が起こる事態が想定されていた[10]。

これに対して天正九年七月一〇日「長門国二宮七月神事能法度条書案[11]」に見えるように、長府の「四ケ町」（北町、南町、亀甲町、惣社町）は「衆評」（集団の構成員による評議）に従って「七月御神事御能法度条々事」を自ら定め、毛利氏側へ提出している。これには「念仏」、「風流」、「能」を催すための約束事が定められ、山車の巡行を競わないようにするための決まりが設けられている。その中で「つぶて」（飛礫）は「狼藉」であるとしている。

このような二宮の祭礼の事例から、戦国末期において長府に都市住人の共同体が成長していたことが明らかである。しかもこの共同体は「衆評」によって、自ら祭礼の約束事を定めていた。この時代に毛利氏権力は町の共同体の自治的な実力を活用しながら、長府の都市支配を行っていたのである。そして先掲の赤間関の事例から類推して、長府の都市住人の共同体は大内氏の時代に遡る可能性がある。

おわりに

以上見てきたように、まず赤間関の事例では大内氏の時代において地下人の共同体が存在し、大内氏はこのような共同体を赤間関支配の基礎に据えていた。次に長府の事例では、毛利氏による都市支配は地下人の共同体の自治的な力を活用していたと考えられる。そして赤間関の事例から類推して、長府の地下人の共同体も大内氏の時代に遡る可能性がある。二つの町の事例から、大内氏の時代が降るに従い都市的な場の地下人は直接地元寺社に結び付く段階を経て、その共同体の自治的な実力を高めて次第に自らの祭礼[12]を執行できるようになっていったものと推察される。

注

（1）宋希璟著・村井章介校注『老松堂日本行録』（岩波書店、一九八七年）参照。
（2）「筑紫道記」（『群書類従』十八）。
（3）岸田裕之「大名領国下における赤間関支配と問丸役佐甲氏」（『大名領国の経済構造』岩波書店、二〇〇一年）参照。
（4）文明一九年四月二〇日「赤間関小倉門司赤坂渡賃事」（「大内氏掟書」一〇八〜一一五条『中世法制史料集』三）。
（5）延徳四年五月二日「諸人被官公役事」（「大内氏掟書」一四五条『中世法制史料集』三）。
（6）寺社の被官とも考えられるし、神人・寄人のような身分とも考えられる。
（7）『絵図で見る防長の町と村』（山口県文書館編集・発行、一九八九年）一三六〜一三七頁参照。
（8）井上寛司「中世長門国一宮制の構造と特質」（一宮研究会編『中世一宮制の歴史的展開』上、岩田書院、二〇〇五年）、同氏「中世後期一宮の諸形態」（『日本中世国家と諸国一宮制』岩田書院、二〇〇九年）参照。
（9）忌宮神社文書二七三（『県史』史料中世4）。
（10）慶長三年（一五九八）七月二〇日「長府北ノ町衆連署書状案」（忌宮神社文書二九三『県史』史料中世4）によれば、長府北ノ町の山車が南町・亀甲町・惣社町の山車ともめて御神事能が延期されるようなことがあった。
（11）忌宮神社文書二八二（『県史』史料中世4）。
（12）長府の事例では二宮の祭礼とは言っても、地下人が主体であることが明らかである。

第二章　応永の乱と堺

はじめに

応永の乱は応永六年（一三九九）に大内義弘が室町幕府に対して起こした反乱である。ここで興味深い点は主戦場が大内氏領国である周防・長門方面ではなく、幕府側に有利な堺の地ということである。本章においては応永の乱において、堺の町が大内義弘の拠点としてどのような意義を持ち、機能を果たしたかということを考察したい。(1)

現在は文化財保護法により「堺環濠都市遺跡」として南北約三㎞、東西約一㎞の範囲が指定され、発掘により中世の町の姿が明らかになりつつある。しかし慶長二〇年（一六一五）大坂夏の陣による大火以前の環濠及び道路の発掘が進んでいるものの、南北朝期に遡るような発掘箇所は限られている。(2)

大内義弘は父弘世から領国を受け継ぎ、さらに九州探題今川了俊を支援して九州を転戦した。一方で義弘は康応元年（一三八九）に将軍義満の九州方面への遊覧を接待し、これに随行して上洛した後に在京するようになった。明徳の乱（明徳二年、一三九一）の際は京都で山名氏清を倒して戦功があり、翌明徳三年（一三九二）には氏清の替えとして和泉・紀伊両国守護となる。次いで同年に実現した南北朝合体にあたっては一定の役割を果たした。その後は幕府の命により、九州において幕府に反抗する大名を鎮圧する。しかし義弘は次第に幕府に反感を抱くようになり、応永六年（一三九九）、幕府の上洛命令を拒否して堺において挙兵、幕府軍の前に敗死した。

応永の乱における堺の様子及び堺での大内氏の動向を記した文献は限られており、いわゆる軍記物である『応永記』と『堺記』が主たる分析の対象となる。『応永記』[3]は別名『大内義弘退治記』であり、その異本が『堺記』[4]である。両書の構成的特色として『応永記』は「記録的性格」を、『堺記』は「語り物的性格」をあげることができる[5]。

また『応永記』については興味深い現象がある。朝鮮王朝の基本法典で一四八五年に完成した『経国大典』巻之三「礼典」の記載によれば、訳科（通訳）官員の採用試験で「倭学」（日本語）に課される書目のうちに『応永記』が見える[6]。

『応永記』と『堺記』は大筋では内容的に近いが、その文体・記述には微妙な違いがある。そこで大内氏の防衛線及び堺の様子を考察するにあたり、両書を対照しながら記事を参照できるように表Aを作成し、抜粋した記事をaからiの項目に分類した。

表A　『応永記』と『堺記』の対照

『応永記』	『堺記』
a　防衛線	
河内高山ヲ討取テ。東條土丸ノ辺ヲ陣取テ。和泉。紀伊国ヲ管領セバ。五年十年ナリト云トモ。御方ツマルコト不レ可レ有。堺ノ浦。清水ノ浦。中国ノ船ノ通路モ其便リ可レ有ト申ケレバ。	河内の嵩山を打取り、東條・土丸の辺を陣に取て和泉・紀伊国を管領せば、五年十年なりと云とも御方つまるべからず。堺の浦・清水の浦、中国の船の通路も便あるべし。

b	義満陣襲撃の計略 堺ノ浦ヲ落ル体ニテ乗レ舟。尼崎ニ取上リテ。ソレヨリ八幡ノ御陣ヘ懸リテ。	堺の浦を落体にて尼崎に取あがり、其より八幡の御陣にかゝりて、
c	和泉・紀伊の民心 打二捨堺一出テハ和泉。紀伊国ノ人可レ参二京方一。（中略）此処ハ為二当方ノ管領一。不レ致二非義非法一ノ間。土民モ開二喜悦眉一。聊モ御方違背ノ心不レ可レ有レ之。其上兵粮材木多キ処ナレバ。思様ニ構二要害一……。	堺打捨て出ては、和泉・紀伊国の国人皆京の御方へ可参。（中略）此所には当方の管領□して非義を致さゞる間、土民も悦の眉を開て聊も御方を背心あるべからず。其上、兵粮・材木多き所なれば思様に要害を構べし。
d	堺の築城 驟テ集二材木一以二数百人之番匠一尽二種々之功一。勢楼四十八。箭櫓一千七百。東西南北合テ十六丈ノ魚鱗鶴翼ノ陣取ナレバ。	驟材木を集め、数百人の番匠を以種々の工を尽して、勢楼四十八・矢櫓一千七百、東西南北各十六町、魚鱗・鶴翼の陣を張りけるは、
e	幕府軍の布陣 南北ノ三方ニ陣ヲ取リ。西ヲバ四国淡路ノ海賊百余艘ニテ詰寄セタリ。	南北の三方に陣を張、西をば四国淡路の海賊百余艘の舟にてつめ寄たり。
f	堺を取り巻く守備隊 杉九郎二百余騎。森口城ニテ今川上総入道。結城越後入道ト日々合戦シテ相支ヘケルヲ喚取リ。鵙山ニ杉備中守ガ在ケルヲモハヅサセテ。	杉九郎次郎二百余騎、森口の城にて今川の上総入道・結城越後入道と日々に矢軍有て支たりけるも呼とり、守主山に杉備中守が有けるをも堺に呼返し、

g　堺城とその周辺	・（幕府軍の評議）是程ノ平城只一度ニ可二責落一トテ。 ・管領ノ手二千余騎ニテ北ノ方一二ノ木戸ヲ責破ル。既ニ三ノ木戸ヲ責破ラント……。 ・勢楼矢櫓ヲ用意シ。又大左義長ヲ造テ城ヲ焼払ントノ巧也。東ノ方ハ深田ナリケレバ。一色今川両手ハ直ニ城へ切リ入ラントテ。路ヲ造ラセナドシテ。	・（幕府軍の評議）是程の平城只一束に責落すべし、 ・管領の手二千余騎ニテ北の方の一二の木戸を責破て、已ニ三の木戸を破らんむと……。 ・勢楼大三毬打を作り立て城を焼かむとの工なり。東方は深田なりければ、一色・今川の両手は直に城に責入らむと、うめ草を切こみ路をつくらせ、
h　陣営内の内通・離脱	・大内ガ若党紀伊国住人富田ト云者。此二三日程ニ管領ノ御手ニ降参シタリケルガ申ケルハ。爰ニ真先ニ進テ見へ候コソ大将ニテ候ヘト尾張守ニ告ケレバ。 ・大内ガ後ロニ扣ヘタル者。石見国ノ住人二百余騎、自レ元内通ノ事ナレバ。管領ノ御手ニ馳加キ。 ・自二南方一細川赤松以下手痛ク戦間。厳島ノ神主降参シテ。 ・楠木二百余騎。今迄ハ眼前ノ御敵ニテ。今更降参申ン事無益也トテ。大和路ニ懸リテ行方不レ知落失ヌ。 ・菊地（池）肥前ハ自證ニモ不レ似。討死ハセズシテ行方不レ知成ニケル。	・大内が若党紀伊国住人富田と云者此二三日のほどに、管領の手に降参したりけるが、是こそ大内にて候へと尾張守に告ければ、 ・大内が後に引かへたりける国人（石見国とは記されない）二百余騎、本より内通したりければ、管領の手に一所になる。 ・南の方は細川・赤松手いたく戦間、厳島の神主叶はじと思て降参しければ、 ・楠木二百余騎尚相戦けるが、新介降参すと聞て、今は腹切に及ばず、降参も無益なりとて、大和路にかゝりて落行けり。 ・菊地（池）の肥前は、自称にも似ず、打死もせずして行方知らず落失ぬ。
i　堺の焼亡	堺一万間一宇モ不レ残同時ニ焼ケレバ。	堺一万□□□□□□至まで、一宇も残ず同時に灰燼とな□□□□□□……。

一　南北朝期の堺

（一）都市の成長と南朝の拠点

堺という地名の初見は永保元年（一〇八一）とされる。[7] 堺の町は摂津と和泉の国境にまたがり、北半分が堺北荘で南半分が堺南荘と呼ばれていた。中世の堺は砂堆に立地し、ラグーン（潟湖）を利用したような天然の良港ではなく大船が停泊できないため、砂浜に小船を引き上げていたと考えられている。[8]

元徳元年（一三二九）には堺浦住人で屋地と土蔵を持った者が見える。[9] 永和二年（一三七六）には「堺浦南北両庄」の泊船目銭（商船への関税）が、幕府から東大寺八幡宮に寄進されている。[10] 永和四年（一三七八）に山名氏清が和泉守護になって以後、[11] 和泉国の政治的中心である守護所がそれまでの府中（和泉市）から堺南荘に移ったとされるが、それ以前から堺は交易に重要な港湾であったことがわかる。

嘉慶二年（一三八八）には堺の万代屋《もず》が施主となって高野山奥の院の空海廟が修造され、[12] 康応元年（一三八九）には野遠屋周阿弥陀仏が、堺の住人共同体の紐帯を成す念仏寺（開口神社）に如法経料田を寄進している。[13] また正平一九年（一三六四）には道祐居士が正平版『論語』を出版した。[14] これらの事例から、室町初期までに「～屋」と名乗るような富裕な商人が堺に定住しており、堺は港湾としての機能に限らない政治・経済・文化にわたる多様な機能を備えた都市として発展していたといえる。

堺は町の鎮守である開口《あぐち》神社を介して住吉社と結び付いており、正平一五年（一三六〇）に南朝は堺荘をもとのごとく住吉社に返付している。[15]建武四年（一三三七）には「堺浦」の魚貝売買の輩が南朝に通じていると疑われ、幕府によって活動停止にされているように、[16]堺とその周辺地域は南朝の勢力基盤となっていた。暦応元年（一三三八）には北畠顕家が高師直と堺浦で合戦した[17]ように、堺は南北朝両陣営が争奪する重要な軍事拠点であった。

（二）陸上交通の結節点として

図1[18]に見られるように、中世堺の町中を熊野街道が通り、長尾街道、竹内街道、西高野街道もこの町に合流している。熊野街道は紀伊国へ、長尾街道及び竹内街道は河内国を通って大和国へ、西高野街道は河内国を通って紀伊国高野山へ向かう。[19]先述したように港湾としての機能に弱点はあっても、堺は陸上交通路とのアクセスのよさによって重要な位置にあったと考えられる。これらの街道は南朝支配地域である河内国及び大和国（特に吉野）につながっており、堺を征する者は南朝と交渉する力を得ることができる。大内義弘は山名氏を遡る北朝側の和泉守護及び河内守護たちによる交渉の蓄積を踏まえ、急速に南朝との交渉を促進させたものと推測できる。

また表A－bのとおり、義弘の家臣である杉豊後入道重運は堺から落ちゆくように見せかけながら船で移動して尼崎から上陸し、そこから八幡（石清水八幡宮）にある足利義満[20]の陣を襲撃する策を提案している。堺は対岸の尼崎方向へ、大阪湾を船で移動するのにも便利とされていたと考えられる。

（三）両朝合体の交渉

『応永記』・『堺記』から義弘が行った南朝勢力との折衝の様子を窺う。大内氏が和泉・紀伊両国の民心につい

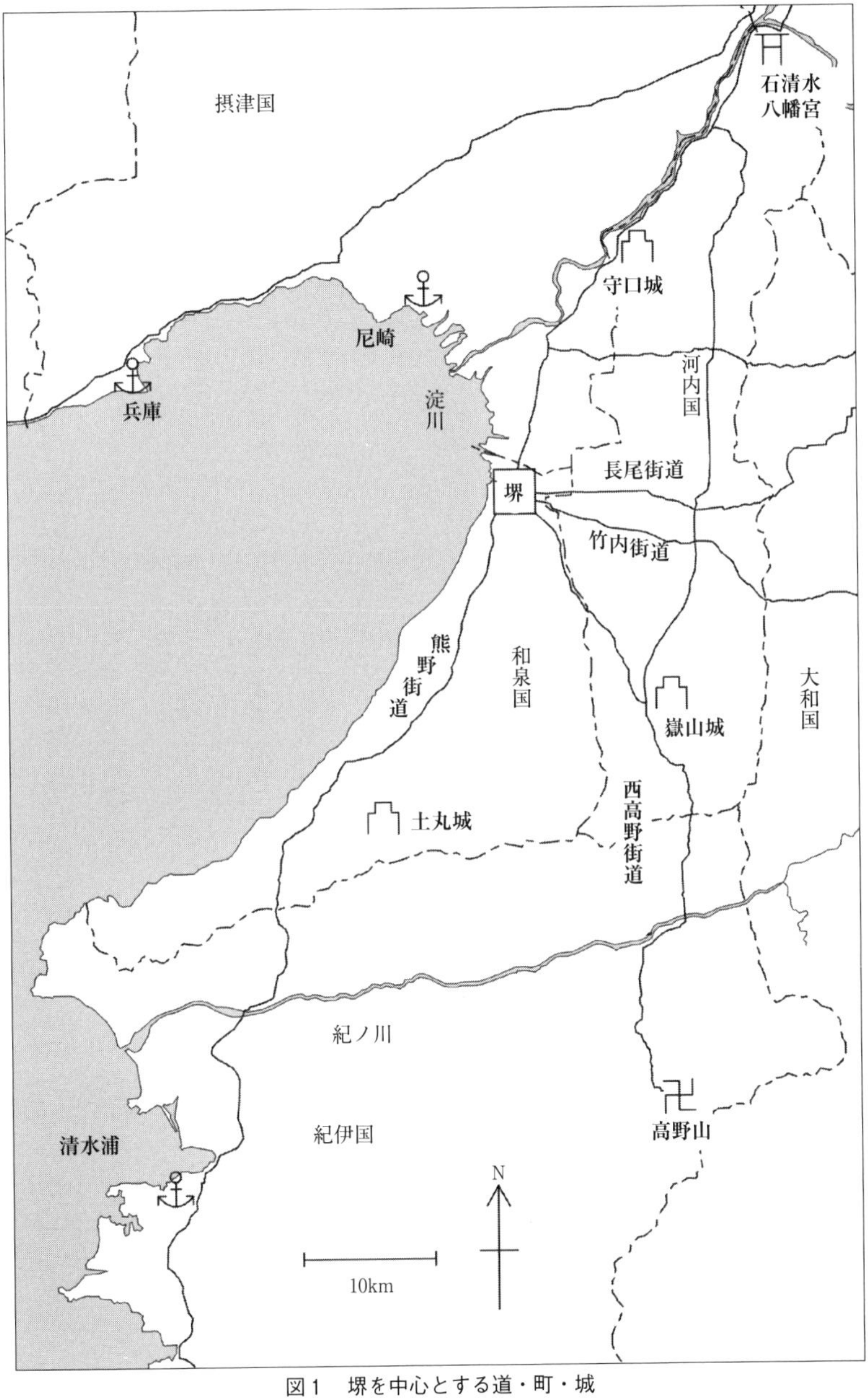

図１　堺を中心とする道・町・城

て、表A―cのような認識を持っていたことが窺われる。[21] 和泉・紀伊には大内氏が支配において非義[22]を行っていないので、「土民」（武士から農民に至るまで地元民）もよろこびの眉を開いて、いささかも大内氏に背くことはない、その上に兵粮・材木の多い所なので、思うように要害を構えることができるというような認識である。もしこの記述どおりなら、和泉・紀伊両国に対して懐柔策を施したということになるのではないか。

足利一門でもない外様大名である義弘が、南朝との交渉を代表するということは建前上考えられない。表の交渉は北朝を構成する貴族たちが務め、その裏で義弘はまず和泉・紀伊両国内に要害を点在させ、次に南朝を支える地元の勢力を懐柔し、やがて南朝勢力を河内の一部と大和の吉野に閉じ込めていったものと考えられる。

また表A―hに見られるように、堺が落城する際には大内軍に加わっていた楠木氏の二百余騎が大和路を落ちていき、肥前の菊池氏も行方知らず落ちていった。もと南朝方の武士たちは大内氏に被官化したわけではないが、両朝合体の交渉の途上で大内氏の配下に加わったものと考えられる。同じ現象は幕府軍でも見られ、一例としてはもと南朝方の伊勢国司北畠氏がこれに従軍していることがあげられる。[23]

義弘が交渉にあたっているのと並行して、河内国では楠木氏の惣領である楠木正儀が北朝方の守護となり、南朝勢力を吉野周辺へ追い詰めていった。あとは南朝方の面子をつぶさないように両朝合体の手はずを整えるだけである。

畿内近国に十分な政治的基盤を得ていたとは考えられない義弘であるが、『応永記』・『堺記』ともに南朝和睦のことを取り成して両朝一統するのみならず、三種の神器を北朝に納めたと記されている。他の記録にも「北朝明徳三年壬申十月、大内義弘蒙㆓義満命㆒、繕㆓南朝和睦ノ義㆒、閏十月二日和睦事調、南帝熙成王（後亀山天皇）到㆓着嵯峨大覚寺㆒、同五日被㆑渡㆓三種神器於禁中㆒、蒙㆓太上天皇尊号㆒、号㆓後亀山院㆒」という記述があるので、[24]当時は義弘が交渉の立役者のように言われていたのであろう。その結果として明徳三年（一三九二）一〇月二五日に、駕輿丁三十五人と御輿長十人が三種の神器を迎えるために南朝に派遣され、大内義弘が同じく迎えに参ったと記される[25]。

なお観応二年（一三五一）に洞院公賢が海会寺という禅寺を堺に「草創」しているが[26]、北朝の最上級貴族もまた堺を結節点とし、禅僧を使者として和睦の交渉を模索したと考えられる。

（四）義満と義弘の蜜月

堺における和泉国守護所の位置は明らかにされてはいない。ただし大仙古墳（伝仁徳天皇陵）の西に位置する大仙遺跡について、守護所とみなせるような地割を持っていることが指摘されている[27]。また両朝合体後の明徳四年（一三九三）一〇月一九日に堺で犬追物が行われ、義満、管領斯波義将、大内義弘、同弘茂、同満弘、細川頼元、山名時熙など有力大名が集まっている[28]。このことから将軍・大名とその家臣団を接待するための施設及び宿舎があったと考えられ、単に政庁があるだけでなく大内氏の私的な生活も含み込んだ、本格的な守護所としての体裁が整いつつあったということではないだろうか。

応永の乱当時の堺の戸数は正確にはつかめないが、表A―ⅰに見られるように落城の際には誇張的に一万軒と数えているようである。戦国期末の周防山口が一万戸とされるので、南北朝末期に大きな都市であったことは類推できる。

二　堺防衛の方策

（一）防衛線

表A－aのとおり、堺における合戦の評議において義弘の弟である新介弘茂は義弘を諌めることをあきらめ、まず河内の高山（嵩山）を討ち取り東条土丸のあたりに陣取って和泉、紀伊国を支配すれば、五年、一〇年であっても味方が困ることはないと主張した。また弘茂は堺の浦、清水の浦には中国（地方）の船の便があると言った。清水の浦（和歌山県海南市冷水）は紀伊国にあって後に雑賀衆の根拠地のひとつとなった港湾であり、阿波国とつながっていた。また中国地方への海路が開けていただけでなく、南へ向かって土佐から薩摩へとつながる海路があったとされる。

明徳の乱の後に義弘は紀伊に残っていた山名氏清の弟である義理を討つべく出陣した。その際[29]に義理は「両山（雨山）」・土丸に立て籠もるが、赤松氏が播磨・備前両国に進攻すると山名勢が脱落していったので、清水の東の浦から海賊梶原八郎左衛門に助けられて海上に脱出した。この脱出に協力させられたのは「清水三浦ノ者共」であったが、彼らが罪科を恐れたために義理は由良の湊に上陸して陸路を逃走することにした。このように清水の浦は、山名義理の別の領国がある中国地方へ海路がつながる港として期待されたのであった。

義弘軍は一枚岩ではなく、先述のとおり重臣の杉重運は堺の浦を落ちゆくふりをしながら、石清水八幡宮にある幕府軍を強襲して勝敗を決することを主張した。別の重臣の平井道助はもともと謀叛の無益さを諌めてきたので、表A―cに見られるように表面では堺を捨てては和泉・紀伊国の人は京方に参上すると主張しながら、心中では他国を攻めたりせず、このまま後で幕府に泣き付くことを考えていた。

図1のとおり、河内国方面の備えとしては高（嵩）山城（大阪府富田林市）があり、嶽山城とも記されて別名は東条城である[30]。この城はかつて楠木氏が河内における最も重要な拠点とした城である。幕府方はここを拠点として頑強な抵抗を行う南朝方の武士を「東条凶徒」と呼んで恐れた[31]。ここを左右することができるということは、義弘が楠木氏を従えているということであって、義弘方に楠木氏が参戦していることと呼応する。

かつて南朝は正平七年（一三五二）に後村上天皇が本営を賀名生《あのう》から東条に移し、さらに摂津住吉大社に移した。東条は南朝の吉野↓東条↓住吉と拡大する勢力範囲の途中に位置する。

一方で和泉国方面の備えである土丸城（和泉佐野市）は、南北朝初期には地元の領主である日根野氏の根拠地であったが、和泉国最大の要衝とされて南北両朝間で争奪戦が繰り返された[32]。文和二年（一三五三）にこの城を陥落させた南朝方が観応の擾乱に乗じ、勢いづいて京都へ進撃したことがある。その後に幕府方の和泉守護となった山名氏清は康暦二年（一三八〇）にこの城を確保し、次いで明徳の乱の際には大内軍の別動隊が攻略し、ここから山名氏の軍勢を排除している。山名氏の残党を排除することは幕府方にとって困難な作業であったと考えられるが、これを義弘が遂行できたということは短期間のうちに和泉・紀伊両国内に自己の勢力を扶植できたということを意味する。

表A―fのとおり、大内氏は堺を取り巻く諸地域に守備隊を置いている。図1のとおりに森口（守口）の城は京都への備えである。また守主《もず》山（鵙山）は河内国方面への備えと考えることができる。しかしこの山は天然の山に手を加えた山城と考えるよりも、いわゆる百舌鳥《もず》古墳群に含まれる古墳なのではないだろうか。歴史的に百舌鳥と呼ばれる地域には、古墳以外には軍勢が立て籠もることができるような高地は見当たらない。

砂堆上の町である堺は城郭化するには限界があり、当然その周囲にいく重にも防衛線を用意しておく必要がある。堺の周辺には出城とできるような高地がなく、堺の防衛のために周囲の古墳を城郭に転用することがあったのではないだろうか。大仙古墳（伝仁徳天皇陵）については築城のような加工は行われていないと言われている[33]が、戦国末期になると三好氏のような外来勢力であれば、堺周辺の古墳を城郭化していくことが指摘されている。[34]

ところで中世の「城郭」の原型を、堀や掻楯《かいだて》・逆茂木《さかもぎ》など交通を遮断するバリケードに求める説がある。[35]これに従えば、例えば大仙古墳（伝仁徳天皇陵）のような街道に沿った古墳であれば、敵の交通を遮断するために堀や郭のような土木工事をともなわない、掻楯・逆茂木程度を仮設するようなことはありえたと考えられる。

（二）堺の城

能登国から参戦した得田章光という武士が提出した軍忠状の中に、応永六年一一月二九日に「堺城」において合戦をしたとある。[36]しかし堺の町中に大内氏によって築かれた城の構造を窺い知るための文献は『応永記』・『堺記』に限られる。

先述のとおり、義弘は和泉・紀伊両国の地元民の支持を得ている上に兵粮材木が多い地域なので、思うように要害を構えることができると考えた。表A―hのとおり、義弘は紀伊国住人の富田を若党（家来）として近侍させており、紀伊国の武士も被官化しつつあったことが窺える。そして義弘は表A―dのとおり、材木を集め数百人の番匠をもって種々の功を尽くし、井楼[37]四十八、櫓千七百、東西南北あわせて十六町の陣取りを行っている。義弘は城の体を見廻り、この中にわが手の者五千余騎を籠めたならば、たとえ数百万騎の勢でも破ることができないと喜んだとされる(38)。

一方で幕府の軍議では表A―gのとおり、堺城についてこれほどの「平城」はただ一束に攻め落とすべきであるという意見が出された。堺城は現代の分類で言うところの「平城」ではなく、丘陵を利用することもない、守護館に手を加えたようなものを想定した方がよいであろう。表A―gのとおり、管領の手二千余騎が北の方の一・二の木戸を攻め破り、三の木戸を破ろうとしたとある。入り口（木戸）が三段階に設けられ、引き入れた敵を徐々に消耗させる備えとなっていたのであろう(39)。

表A―eのとおり、幕府軍は攻城にあたって南北の三方に陣を設け、西を四国・淡路の海賊百余艘の舟で詰め寄せたとある。西は海なので陸上兵力は南・北・東と記すべきなのだろうか。それとも南北で三つの大きな軍団（陣）を設け、東側には配置できなかったと素直に読むべきなのであろうか。表A―gのとおり、東方は深田なので一色氏・今川氏の両軍は直接城に攻め入ろうと埋め草を切って道を作らせたとある。この記述によれば、東側は湿田地帯で騎馬で攻め込むには足場が悪いというのであろう。現在の「堺環濠都市遺跡」の北東部は砂堆と百舌鳥古墳群の丘陵に続く段丘とに挟まれて土地が低く、後背湿地となっていたと考えられている(40)。

西の海上で待機している海賊は、当時の管領細川氏の領国である四国と淡路から動員されたと考えられる。これに対して大内軍では表A―hのとおり、「石見国ノ住人二百余騎」（『応永記』のみ）及び厳島の神主が見え、中国地方の武士が動員されていることがわかる。義弘の父弘世は周防から東方に位置する石見国及び安芸国への進出を図ったが、この地盤があって義弘は当該地域の武士を動員することが可能であったと考えられる。

最後に幕府軍は表A―gのとおり勢楼や左義長《さぎちょう》(41)を作り立て、城を焼く策略をめぐらせた。

（三）守護神の勧請

大内氏は義弘の頃までに妙見神を守護神（氏神）として崇敬し、本拠である周防国大内村の興隆寺（氏寺）に祀っていた。義弘はこの守護神を新たな領国である和泉国を守護するために勧請しようとした。（明徳三年、一三九二）正月二九日付「大内義弘書状[42]」によれば、義弘は興隆寺別当に対し「当国泉州中、妙見を可㆓勧請申㆒候、二月会過候者、早々可㆑有㆓御上㆒候」と勧請の準備を急がせている。

この妙見は義弘が「開発大檀那」とされている堺の妙光寺に伝わり、安永三年（一七七四）に記された義弘の過去帳には「当寺鎮守妙見大菩薩者、義弘公之守本尊ニテ有㆑之候事、今ニ申伝候也」とある。このことは応仁・文明の乱の最末期に、大内政弘が京都の陣の鬼門に妙見を勧請した先駆[43]となるような行為と考えることができる。

おわりに

応永の乱以後に大内氏は再び和泉守護となることはなかったが、堺を拠点とする禅僧や商人と密接な関係を持っていたことが明らかにされている[44]。また大内氏が周防守護となって間もない頃、領国の流通経済に堺の商人が介在したことが窺える。康暦二年（一三八〇[45]）に東大寺法華堂衆が同寺学侶方に対して提出した請文[46]の中に、周防国東仁井令の年貢を兵庫・堺において割符《さいふ》（為替）と引き換えに納入する条項が見える[47]。さらに堺において考古学的に模鋳銭の生産が確認され、大内氏領国内の撰銭令に見える「さかひ《（堺）》銭」と呼ばれる悪銭との関係が議論されている[48]。

以上のように大内氏にとって堺の存在意義は多様であって、所領化するのとは別次元である。今後は個別の町または港湾との関係に限らず、大内氏と九州・中国・大阪湾岸の多様な港湾との関係について、その全体像を明らかにすることが求められるであろう。

最後に本章の考察の範囲を越えてしまうが、大内氏にとって応永の乱はいかなる意義があったか、現在考えていることを書き留めておきたい。義満は義弘から堺の没収にかかったが、義弘は百済国王の子孫を主張するなどの振る舞いを見せて将軍権力の前に平伏しないような感覚を得つつあった。応永の乱には結果として、それ以後応仁・文明の乱まで、幕府と大内氏の距離を規定するような意義を見出すことができる。義弘の後継者である盛見以下の大内氏の当主は、再び政弘が公然と将軍に敵対するまでは在京して将軍に近侍することに努め、将軍も直接軍事力で大内氏を追い詰めることはなかった(49)。

筆者は室町時代の国制に関するいわゆる「室町幕府—守護体制論」(50)を大枠では支持しているが、これを諸国の守護に対して同じように機能すべき秩序であるとは考えていない。それよりも個々の大名が自力で勝ち取った幕府との力関係の総体であると考えたい。幕府は当該期の国家にあって求心的な力を握っているが、足利一門、大内氏、遠国の大名（九州・関東など在京しない大名）、将軍権力に強く依存する大名（富樫氏など）といった多様なタイプの大名との間に、多様な力関係が存在しえたのである。

〈謝辞〉本章を作成するにあたって、二〇〇四年に嶋谷和彦氏（堺市立埋蔵文化財センター）・吉田豊氏（堺市博物館）から、発掘及び文献史料に関する丁寧なご教示を受けたので両氏に謝意を表したい。なお職場は当時のものである。

注

（1）中世堺の歴史的推移について、主として『堺市史』一（堺市役所、一九二九年）及び吉田豊「堺のまちの歴史像―名著堺市史から七五年―」（『堺市博物館報』二三、堺市博物館、二〇〇四年）を参照した。

（2）『よみがえる中世都市　堺―発掘調査の成果と出土品―』（堺市博物館、二〇一〇年）五頁によれば、中世の幹線道路で南北方向の「大道」（紀伊国へ向かう）と東西方向の「大小路」（長尾街道につながる）の交差点付近の開発が古く、この範囲内に応永の乱の焼土層が認められている。

（3）『応永記』（群書類従二十）。

（4）『尊経閣文庫蔵　堺記』（和泉書院、一九九〇年）。

（5）加地宏江『中世歴史叙述の展開―『職原鈔』と後期軍記―』（吉川弘文館、一九九九年）第Ⅱ篇第二部「『堺記』『応永記』にみる十五世紀の歴史叙述」二一五頁参照。

（6）法制処訳注『経国大典』（一志社、一九七八年）二〇四頁参照。「伊路波、消息、書格、老乞大、童子教、雑語、本草、議論、通信、鳩養物語、庭訓往来、応永記、雑筆、富士」という書目が並べられている。手習いの教科書的な書目に交じって、唯一軍記物として『応永記』があげられていることは興味深い。『経国大典』完成と同じ頃、日本においても「倭学」として軍記物が尊ばれていたようで、『蔗軒日録』文明一八年三月一二日条（『県史』史料中世1）に、すこぶる「倭学」があって「太平」・「明徳」の二記等を暗唱する老人のことが紹介されている。なおこの老人は応永の乱の発端についても語り、菊池・大友を討った時に義満が和泉・紀伊両国を奪おうとしたので、義弘が憤慨して堺に陣を営んだという。

（7）『大阪府史』三（大阪府、一九七九年）二七三頁参照。

（8）朝尾直弘ほか共著『堺の歴史―都市自治の源流―』（角川書店、一九九九年）第二章「荘・浦から都市へ」（仁木宏氏執筆）五六頁参照。あわせて仁木宏「戦国時代摂津・河内の都市と交通―中核都市・大坂論―」（栄原永遠男・仁木宏編『難波宮から大坂へ』和泉書院、二〇〇六年）も参照した。

（9）豊田武著作集四『封建都市』（吉川弘文館、一九八三年）第一編　堺〔補注〕「金剛寺文書」新出。
（10）法隆寺所蔵文書（大日本史料六編之四六冊）。
（11）『愚管記』・『後愚昧記』（『堺市史』四　資料編第一、堺市役所、一九三〇年）。
（12）日野西真定編『高野春秋編年輯録』（名著出版、一九八二年）。
（13）開口神社文書（『堺市史』四　資料編第一）。
（14）『大阪府史』四（大阪府、一九八一年）八一三頁参照。
（15）吉田豊「堺と住吉―古代・中世の祭祀と社領」（『堺市博物館報』二八、堺市博物館、二〇〇九年）参照。
（16）春日神社文書（『堺市史』四　資料編第一）。これは港湾としての堺の初見とされる。
（17）『大阪府史』三（前掲）七二一頁参照。
（18）『よみがえる中世都市　堺―発掘調査の成果と出土品―』（前掲）二頁の図「中世・大坂の主要街道」を一部書き換えて作成した。
（19）堺が都市として発展したため、南北朝期までに熊野街道がルートを変えて堺中を通るようになった。朝尾直弘ほか『堺の歴史―都市自治の源流―』（前掲）第二章五三～五四頁参照。
（20）義満はすでに応永元年（一三九四）に将軍職を義持に譲り、「室町殿」となっていた。
（21）もともとは義弘の家臣の平井備前入道道助が密かにこの謀反を無益と考え、堺にとどまって和平交渉をするために進言したことであるが、義弘はこれに同意した。
（22）後年に義弘は高野山金剛峯寺から非難されている。応永一七年三月「金剛峯寺政所関所文書案」（大日本古文書『醍醐寺文書』十五―三三六五）によると、義弘が紀伊守護の時に「私之儀」をもって鎮守天野社の修理料所である伊都郡内の政所関を没収した結果、社頭が破壊顛倒したという。なお義弘の紀伊守護としての事績については、百田昌夫「大内義弘の紀伊国守護職関係文書」（『山口県地方史研究』五〇、一九八三年）に詳しい。
（23）『応永記』・『堺記』ともに。

(24)『金剛寺古記写』(『続々群書類従』第三史伝部)。
(25)『有職抄』巻之第三。東京大学史料編纂所蔵影写本による。
(26)『園太暦』観応二年一一月八日条(『堺市史』四　資料編第一)。
(27)古野貢「細川氏権力と港湾都市」(前掲『難波宮から大坂へ』)に、このような地割の所見があることが紹介されている。
(28)新訂増補国史大系三五『後鑑』第二篇。この頃の義満と義弘の関係は良好であるらしく、同年一二月一三日に義満は義弘を一族に準じている(「内閣記録課所蔵古文書」大日本史料七編之一冊)。
(29)『明徳記』(群書類従二十)。
(30)『応永記』・『堺記』ともに、嶽山城を東条城とは別の城であると考えているらしい。
(31)この城の頂上には約四〇〇m四方くらいの平地があり、「千人隠れ」と称する場所もあって、かなりの城兵を擁しうる山城であったとされる。『大阪府史』三(前掲)七一六〜七一七頁参照。
(32)『大阪府史』四(前掲)一七七〜一八一頁参照。
(33)遠藤啓輔「古墳の城郭利用に関する一考察」(城館史料学会編『城館史料学』三、二〇〇五年)。
(34)村田修三「「陵墓」と築城」(日本史研究会・京都民科歴史部会編『「陵墓」からみた日本史』青木書店、一九九五年)参照。
(35)川合康『源平合戦の虚像を剥ぐ』(講談社、一九九七年)第三章「源平の『総力戦』」参照。
(36)「得田文書」(『堺市史』四　資料編第一)。
(37)「せいろう」と読み、戦場で適宜の場所に組み立て、敵陣偵察に用いたやぐらのことである。
(38)『応永記』・『堺記』ともに。
(39)中澤克昭『中世の武力と城郭』(吉川弘文館、一九九九年)一七二頁によれば、城郭において敵の進入を遮断する施設である木戸は、南北朝期以降では「一」、「二」、「三」という順番を付けて、複数以上の段階に設定されるようになったとされる。

(40)『茶道具拝見―出土品から見た堺の茶の湯―』(堺市博物館、二〇〇六年) 掲載の図一「慶長二〇年以前の堺の町」には、町の中央に位置する砂堆の東側に後背湿地が表示されている。

(41) 城に火を燃え移らせるための構築物を、小正月に燃やす竹製の飾り物である左義長にたとえているのであろう。

(42) 興隆寺文書(『県史』史料中世3)。

(43) 文明九年(一四七七)二月一二日「大内陣の艮方に妙見を勧請する告文」(『続左丞抄』新訂増補国史大系二七、吉川弘文館、一九三八年)。

(44) 伊藤幸司「大内氏の日明貿易と堺」(『中世日本の外交と禅宗』吉川弘文館、二〇〇二年) 参照。従来は大内氏は博多商人と結び、細川氏は堺商人と結んだと言われてきたが、実際はそのように単純ではないことがわかる。

(45) この年に周防守護は初代である父弘世から義弘に交替している。

(46) 康暦二年三月二九日「周防国東仁井令年貢請文案」(『防府市史』史料I、防府市、二〇〇〇年)。

(47)『堺市史』一(前掲) 三一四～三一六頁において、割符の支払人が兵庫や堺の商人であったと推測されている。

(48) 朝尾直弘ほか『堺の歴史―都市自治の源流―』(前掲) コラム⑥「さかひ銭の謎」(嶋谷和彦氏執筆) 参照。なお嶋谷氏によれば、堺の銭生産は大内氏の撰銭令よりも約百年時代が下るという。

(49) 和田秀作「大内武治及びその関係史料」(『山口県文書館研究紀要』三〇、二〇〇三年) によれば、大内政弘でさえ伯父の大内教幸(道頓) から幕府公認の家督及び家臣の支持を奪い返すことに苦しんでいる。室町後期においても、幕府の権威は有力大名家中に影響力を及ぼしており、守護大名側に幕府への依存がなくなったわけではない。

(50)「室町幕府―守護体制論」をめぐる議論については、川岡勉『室町幕府と守護権力』(吉川弘文館、二〇〇二年) を参照した。川岡氏は室町期を「室町幕府―守護体制論」ととらえた上で、その基本構造を将軍の持つ天下成敗権と守護の持つ国成敗権の相互補完として説明している。

第三章　地域共同体と神社の祭祀

はじめに

大内氏領国内には国、郡、荘、郷、町といった大小のレベルの地域があり、そのようなレベルの地域ごとに住民の共同体が形成され、各共同体の中核には神社があったことが想定される。以下では国、郡、荘、郷、町にあった神社の祭祀が、大内氏の地域支配とどのように関わっていたかを論じる。第一節では周防国を代表していた防府天満宮を取り上げ、第二節では長門国の阿武郡の中核にあった大井郷八幡宮を紹介し、第三節では長門国正吉郷の荘郷鎮守であった正吉八幡宮に注目する。

一　防府天満宮

中世の長門国では一貫して一・二宮が一体となり国の中核となる神社であり続けたが、周防国では鎌倉期以降一・二宮の地位が低下し、代わりに防府天満宮が周防国を代表する神社となり、国衙や守護のような地域支配権力の崇敬を受けていた。

明治元年の神仏分離令以前の防府天満宮の景観上の特色は、天神を祀る本殿の前面の参道沿いに社坊が複数集り、これがそのまま社僧による管理運営の拠点になっていたことである。他の神社のように神宮寺が附設され仏教的領域が限定されているのとも異なり、また外部から別当寺の管理を受けていたのとも異なる。

前近代においては神社も当然顕密仏教の影響下にあったわけだが、そのことをもって僧の優位を自明のこととするわけにはいかず、社坊や社僧の果たした役割を明らかにする必要があると考えられる。本節では社坊が独特の発達を遂げた防府天満宮を例に、社僧はいかなる役割を果たし社坊はどのような発達を遂げたかについて考察したい。

ここでの主たる史料は「防府天満宮文書」である。この文書群は『県史』史料編中世2に収録されており、以下では参照した文書を（防府五二）などというように表記する。原文書は防府天満宮に所蔵されているが、原文書が失われている場合は『注進案』[1]一〇所収の近世の写を参照し、「防府天満宮古文書写」の通番を『注進案』一〇―三二四番などというように表記する。

なお防府天満宮は中世から近世初頭にかけて神社名を変化させている。応永末年（一五世紀前半）までは「松崎天神宮」と称していることが確認でき、遅くとも文明一一年（一四七九）までに「松崎天満宮」に変わり[2]、毛利元就が周防国を支配する頃には「防府天満宮」と呼ばれている[3]。このように神社名は一定しないが、この神社の近世や現代にも言及する必要があるので、以下ではこの神社の名称を現在と同じ「防府天満宮」に統一して適宜「天満宮」と略称することとする。

（一）近世の姿

まずは中世との比較のため、近世の景観と組織について簡単にまとめておきたい。

天満宮を描いた最も古い絵図は江戸中期寛保二年（一七四二）完成の『御国廻御行程記』[4]である。そこで『御

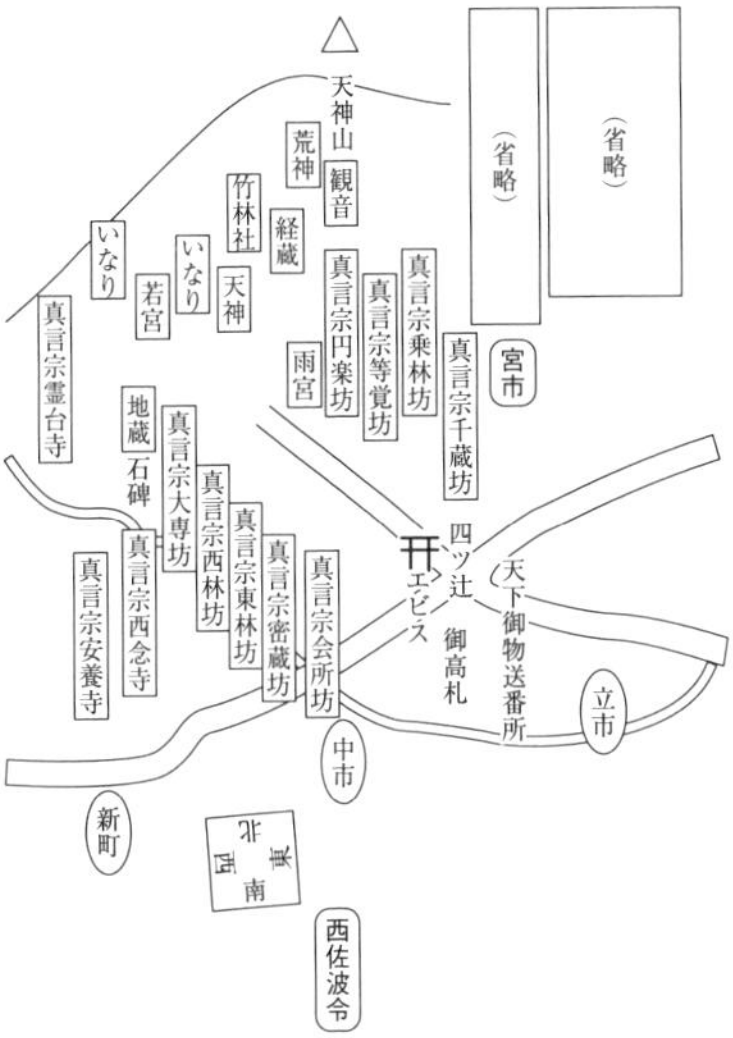

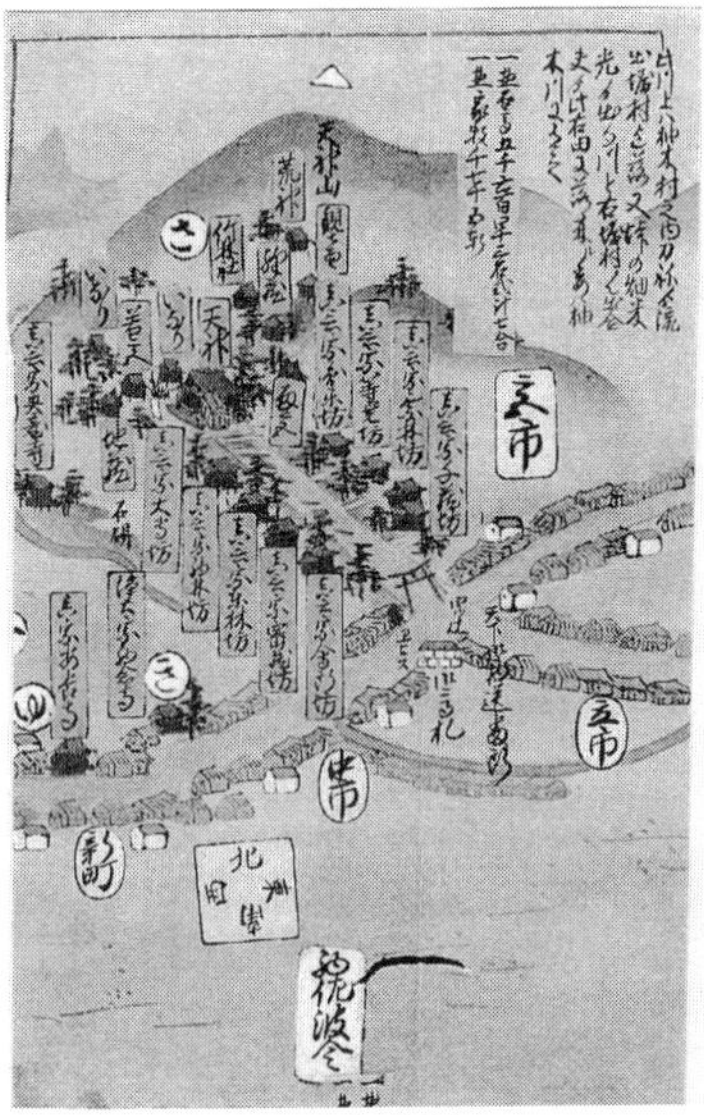

図1　近世の防府天満宮（『御国廻御行程記』山口県文書館所蔵）

国廻御行程記』から該当場面のトレース図及び写真を図1に掲げる。[5] 図1を見ると「天神山」を背にして「天神」と書かれた建物がひときわ大きく描かれ（以下これを「本殿」と呼ぶことにする）、そこから鳥居へと続く参道は山陽道と直交し、門前町である宮市町は山陽道に沿って今市・新町・中市・立市・前小路に及ぶ町並みを形成している。本殿の背後には若宮以下摂社とともに観音堂や経蔵といった仏教的な建物も配置され、参道沿いには大専坊以下の社坊が立ち並んでいる。このような景観は基本的には明治元年[6]まで変わらない。

では、このような景観の中にあった近世の管理運営組織はどのようなものであったのだろうか。

慶長四年（一五九九）に毛利氏の検地奉行は「周防国佐波郡松崎天満宮社領惣目録」[7]（以下「社領惣目録」と略称する）をもって社領を確定した。この中に社坊及び社家ごとに所領があげられている。社坊は大専坊・円楽坊・乗林坊・密蔵坊・東林坊・千蔵坊・等覚坊・会所坊・西林坊の九か坊[8]である。「社領惣目録」の充所には大専坊・乗林坊・円楽坊・武光左近大夫・都治部太輔・鈴木式部太輔の名があげられており、このことから判断して、毛利氏側から天満宮を代表する者として見られていたのがこの六名と考えられる。

その筆頭者の大専坊が天満宮全体を統括する「別当」である。そして近世では「御年中行事ニ付テハ大専坊掌レ之、御宮造営等之事ハ円楽坊掌レ之」[9]とあるように、大専坊が宗教活動の、円楽坊が実務の中心となっていた。しかも「社領惣目録」から、両坊が他よりも抜きん出た所領を認められていたことがわかる。また九か坊はすべて萩満願寺末寺として真言宗に属し[10]、天満宮全体が一方では満福寺という寺号を持っていた[11]。これらのことから、大宮司以下の社家よりも別当以下の社僧の方が優位に立っていたことがわかる。

また社坊や社家ごとに特定の役職が定められており、その主要なものを整理すると次のようになる[12]。

〈社僧の職〉		〈社家の職〉	
別当（宮司ともいう）	大専坊	大宮司及び公文	武光家
下司	乗林坊		
執行（御膳所ともいう）	円楽坊		

以上のように近世の天満宮は天神を主神としながらも、景観及び組織の面では寺院と共通する性格を有していたのである。

（二）中世の姿

先述したような近世の姿はいかなる変遷を経て生じてきたのであろうか、中世の姿を考察するために管理運営組織の総体を概観しておきたい。

防府天満宮文書には元徳二年（一三三〇）から現代に至るまで、旧暦一〇月の十月会を執行する大行事・小行事などについて、翌年の諸役人を予め定めておく一連の文書（差定《さじょう》）が伝来している。[13] まずは連署者の組み合わせを類型ごとに整理して表A[14]にまとめた。諸役人を定める主体は「天神宮政所[15]」であり、これが当時の管理運営組織と考えられ、各年の差定の末尾の連署者がその構成員であると考えられる。

表Aの〔県史〕207番の応永二年（一三九五）までの段階では、神主／大宮司／下司／宮司／御膳所の五種の役職が見える。207番と208番の長享元年（一四八七）の間には九二年の欠落があり、その間の変遷が窺えないが、208番以降では神主が消え公文と執行が現れる。まずはこれらの役職を個々に見ていこう。

ⓐ神主　常に花押をともなわず実体が不明である上に伝承もない。

ⓑ大宮司　近世では武光家[16]に定まっているが、中世のどの時期まで遡れるかは不明。これもしばらく花押をともなっていなかったが、198番の永和四年（一三七八）にはその存在が確認できるようになる。しかし208番の長享元年（一四八七）に至る時点で、宮司よりも序列が下になる。

これに対して185番・187～193番・195番・197番に見えるように、ⓒ下司・ⓓ宮司・ⓔ御膳所が組織の実質的中心である。いずれも僧がなり、特に宮司と御膳所が中心となっていることは次のような史料にも明らかである。

史料A　『松崎天神縁起[17]』奥書

此御絵有二拝見志一類者、企レ参二詣於当社拝殿一、可レ令レ開レ之、雖レ為二権門勢家命一、更不レ可レ出二社壇一、若令レ違二犯此旨一輩者、可レ罷二蒙太政威徳天之神罰於拝見之仁身一也、仍誓文如レ件

応長元年辛亥閏六月日　　　御膳所大法師　隆真
　　　　　　　　　　　　　宮司　大法師　実尊
　　社務法眼和尚位道澄

宮司は次の史料に見るように神事についての責任者であり、そのための神供・人料や料畠を管理する立場にあった。

史料B　天神宮政所下文(18)

天神宮政所下
　老松夏御祭沙汰事
　　僧実尊
右役者、代々宮師執二営之一云々、然者専二神供一全二人料一、可レ被レ管二領料畠等一之状如レ件
　永仁三年三月　日
政所（花押）

御膳所は表Aに見るように、常に連署の末位で日下に署名することから実務担当者と考えられ、214番の延徳四年（一四九二）などでは執行とも称していることがわかる。このように中世の宮司と執行（＝御膳所）のコンビの役割は近世のそれとよく似ているが、中世では宮司は別当とは称してはいない。

ⓕ公文　近世では大宮司の兼任[19]であるが中世ではそうとは言えない。表Aに現れる以前からすでにその存在が知られ、正元二年（一二六〇）[20]の為成、文永九年（一二七二）[21]の六郎大夫資成、暦応二年（一三三九）[22]の孫三郎兼成というように代々周防国在庁官人賀陽家に相伝されたと考えられる。そして文保元年（一三一七）九月六日天神宮公文宛て「慶重奉書案」[23]に、「近年所使以下々沙汰人等、違二旧例一、閣二預所・公文所一、任二雅意一忘二公平一、致二自由所務一之由其聞候、為二事実一者太以不レ可レ然候、且又為二重代公文職一、付二諸事一、所下令二相綺一給上云云」と見えるように、「重代」にわたり社領の所務に携わっていたことがわかる。社領の収取にあたる者が在庁官人であるということは、収取の実効力を期待する上で必然性があったと考えられる。次に注目すべきは暦応二年（一三三九）[24]に、賀陽氏の相伝であるはずの公文職を賀陽兼成に譲ったのが御膳所隆真であり、しかも彼が観応三年（一三五二）には「重代相伝私領」をも兼成に譲っていること[25]である。この隆真という僧は賀陽氏の一族とみなせるのではないだろうか。つまり社僧は収取の実務を任せたり、その一族を構成員に加えることによって、国衙在庁とのつながりを持っていたと考えられる。

最後に京都北野天神社との関係について触れておく。防府天満宮は京都北野天神社、ひいてはその別当職を有する山門曼殊院門跡領であったと言われている[26]。つまり史料Aの奥上に署判を据える「社務法眼和尚位道澄」及び史料Bの奥上の「政所」は北野側の人物であろうし、先掲奉書の奉者である慶重も北野側の高僧の執事と考えられる。曼殊院は寛弘元年（一〇〇四）以来北野別当職を握っているので[27]、防府天満宮がその傘下に加えられたのは鎌倉期よりも遡るかもしれない。北野社では中世・近世を通じて社僧の勢力が大きく、その傘下に入ることによって、防府天満宮が組織を構成する上での依拠すべきモデルが与えられたと考えられる。

表A　管理運営組織の構成員

<table>
<tr><th>県史</th><th>西暦</th><th>年紀</th><th>連署者</th><th>備考</th></tr>
<tr><td>181</td><td>1330</td><td>元徳2</td><td>神主／大宮司／下司代（花押）／宮司（花押）／御膳所（花押）</td><td></td></tr>
<tr><td>182</td><td>1347</td><td>貞和3</td><td rowspan="3">神主／大宮司／下司（花押）／宮司（花押）／御膳所（花押）</td><td rowspan="3"></td></tr>
<tr><td>183</td><td>1349</td><td>貞和5</td></tr>
<tr><td>184</td><td>1351</td><td>観応2</td></tr>
<tr><td>185</td><td>1352</td><td>観応3</td><td>下司（花押）／宮司（花押）／御膳所（花押）</td><td></td></tr>
<tr><td>186</td><td>1354</td><td>正平9</td><td>神主／大宮司／下司（花押）／宮司（花押）／御膳所（花押）</td><td></td></tr>
<tr><td>187</td><td>1356</td><td>正平11</td><td rowspan="5">下司（花押）／宮司（花押）／御膳所（花押）</td><td rowspan="5"></td></tr>
<tr><td>188</td><td>1357</td><td>正平12</td></tr>
<tr><td>189</td><td>1358</td><td>正平13</td></tr>
<tr><td>190</td><td>1361</td><td>正平16</td></tr>
<tr><td>191</td><td>1363</td><td>貞治2</td></tr>
<tr><td>192</td><td>1367</td><td>貞治6</td><td>下司／宮司／御膳所</td><td></td></tr>
<tr><td>193</td><td>1372</td><td>応安5</td><td>下司（花押）／宮司（花押）／御膳所（花押）</td><td></td></tr>
<tr><td>194</td><td>1373</td><td>応安6</td><td>神主／大宮司／下司（花押）／宮司（花押）／御膳所（花押）</td><td></td></tr>
<tr><td>195</td><td>1375</td><td>永和元</td><td>下司（花押）／宮司／御膳所（花押）</td><td></td></tr>
<tr><td>196</td><td>1376</td><td>永和2</td><td>神主／大宮司／下司（花押）／宮司（花押）／御膳所（花押）</td><td></td></tr>
<tr><td>197</td><td>1377</td><td>永和3</td><td>下司（花押）／宮司（花押）／御膳所（花押）</td><td></td></tr>
<tr><td>198</td><td>1378</td><td>永和4</td><td rowspan="10">神主／大宮司（花押）／下司（花押）／宮司（花押）／御膳所（花押）</td><td rowspan="5"></td></tr>
<tr><td>199</td><td>1380</td><td>康暦2</td></tr>
<tr><td>200</td><td>1381</td><td>永徳元</td></tr>
<tr><td>201</td><td>1383</td><td>永徳3</td></tr>
<tr><td>202</td><td>1385</td><td>至徳2</td></tr>
<tr><td>203</td><td>1388</td><td>嘉慶2</td><td>御膳所に花押がない。</td></tr>
<tr><td>204</td><td>1391</td><td>明徳2</td><td></td></tr>
<tr><td>205</td><td>1393</td><td>明徳4</td><td>神主・大宮司・下司の花押破損。</td></tr>
<tr><td>206</td><td></td><td></td><td>後欠のため年紀不詳。</td></tr>
<tr><td>207</td><td>1395</td><td>応永2</td><td>前欠。</td></tr>
</table>

208	1487	長享元	宮司（花押）／下司（花押）／公文（花押）／大宮司（花押）／御膳所（花押）	
209	1488	長享2		
210	1489	長享3		
211	1490	延徳2		
212	1491	延徳3	公文（花押）／大宮司（花押）／執行（花押）／下司（花押）／宮司（花押）	
213	1491	延徳3	宮司（花押）／下司（花押）／公文（花押）／大宮司（花押）／御膳所（花押）	
214	1492	延徳4	宮司（花押）／下司（花押）／公文（花押）／大宮司（花押）／執行（花押）	
215	1493	明応2		
216～220この間毎年				
221	1499	明応8		
222	1500	明応9	宮司（花押）／下司（花押）／大宮司（花押）／公文（花押）／執行（花押）	
223	1504	永正元	宮司／下司／公文／大宮司／執行	
224	1507	永正4	宮司（花押）／公文（花押）／大宮司（花押）／下司（花押）／御膳所（花押）	
225	1522	大永2	宮司（花押）／下司（花押）／公文（花押）／大宮司（花押）／執行（花押）	
226	1523	大永3	宮司（花押）／下司（花押）／公文（花押）／大宮司（花押）／御膳所（花押）	
227	1528	享禄元	宮司（花押）／下司（花押）／公文（花押）／大宮司（花押）／執行（花押）	
228	1529	享禄2	宮司（花押）／下司（花押）／大宮司（花押）／公文（花押）／執行（花押）	
229	1530	享禄3		
230	1531	享禄4		
231	1532	享禄5	宮司（花押）／下司（花押）／公文（花押）／大宮司（花押）／執行（花押）	
232	1533	天文2	宮司（花押）／下司（花押）／公文（花押）／大宮司（花押）／執行（花押）	
233	1534	天文3	宮司（花押）／下司（花押）／公文（花押）／大宮司（花押）／御膳所（花押）	238は差定ではない。
234～240この間毎年				
241	1541	天文10		
242	1542	天文11	宮司（花押）／下司（花押）／大宮司（花押）／公文（花押）／御膳所（花押）	永禄2年と天正5年は1年に2回の差定。天正4年の差定なし。269・280は差定ではない。261には御膳所に花押がない。
243～302この間毎年				
303	1600	慶長5		

（三）中世の社坊と社僧

参道沿いに社坊が並び、特定の坊に特定の役職が固定していったのはいつ頃からなのだろうか。まず境内の景観について。応長元年（一三一一）の『松崎天神縁起』にはすでに山の麓に本殿、その前からの参道が鳥居へと続き、本殿裏の山際には摂社が配置されるという図1に似た構図が窺える。ただし参道の両側は霞がかかってぼかされており、建物の屋根だけは見えるが社坊は確認できない。次に内容が文保元年（一三一七）に遡る「松崎天満宮社領注進状写」[28]に見える建物を、近世史料に見える建物と対比してみよう。

〈摂社〉△老松社　△若松社　福部社　○若宮
〈堂〉○観音堂　三昧堂　東三昧堂　西三昧堂
〈社坊〉○△大専坊
＊注記　○は『行程記』及び『御国廻御行程記』に見えるもの。△は『寺社由来』三または『注進案』九に見えるもの。

もちろん災害などによる建物の建て替えはある。[29]建久六年（一一九五）頃に国司上人俊乗坊重源によって「天神宮御宝殿并拝殿三面廻廊楼門」が造替され、元徳二年（一三三〇）の炎上の後に貞治三年（一三六四）の本殿造替、永和元年（一三七五）の拝殿造替、そして大永六年（一五二六）の「神殿・楼門・塔婆以下片時回禄」した大火の後に享禄三年（一五三〇）に再建されている。

それでも山を背にして本殿―参道―鳥居という線を主軸とし、本殿の背後に天神の本地堂である観音堂や摂社を配置する「聖域」の基本形式は鎌倉後期以来、図1とあまり変わっていないものと考えられる。

これに対し社坊についてはどうであろうか。近世に見える九か坊の初見は以下のようになる。

①大専坊　先掲の文保元年（一三一七）の「松崎天満宮社領注進状写」のように鎌倉末期には見える。

②円楽坊　享禄三年（一五三〇）一〇月一四日「松崎天満宮御遷宮神馬到来注文」[30]に大専坊とともに連署し、神馬を貢上した陶尾張守以下大内氏家臣の名を書き上げている。この頃には大専坊―円楽坊のコンビが宮司―執行のコンビとして、天満宮を代表するようになっていたと考えられる。

③乗林坊　文亀元年（一五〇一）[31]の文書に「乗林坊慶双」と見え、明応九年（一五〇〇）[32]には下司であることがわかる。

④密蔵坊及び千蔵坊　大内義長期と考えられる年未詳九月二九日「賢兼・賢種連署書状」[33]に大専坊・円楽坊宛てで、「就二千蔵坊後住之儀一、密蔵坊・乗林坊雖下被レ申二結子細一候上、御繁多之条、両方可レ止レ綺候、於二後住之儀一者可レ為二上意一由言上候、尤可レ然候」とあり、社坊の相続をめぐり社内に争いのあったことがわかる。

⑤東林坊及び西林坊　東林坊については（文明三年）正月二九日「陶弘護書状」[34]に見える。西林坊の初見は永禄一二年（一五六九）[35]と下るが、東林坊と対になって近い時期に創設されたのではないか。

⑥等覚坊　天文一三年（一五四四）[36]から見える。

⑦会所坊　永禄四年（一五六一）[37]から見える。

以上のようにすべての坊が戦国期にはすでに見えており、大専坊以外の坊も鎌倉末期以前に遡る可能性がある。そして②・③に見られるように、戦国期には近世と同じく宮司＝大専坊、下司＝乗林坊、執行＝円楽坊という特定の役職が定まっていたと考えられる。すでに鎌倉期には社僧勢力が優位に立っていることから、このこともさらに早い時期に遡るのではないだろうか。

（四）大内氏と大専坊

次に想起すべきことは地域支配権力者との関係である。社僧が社内を管理運営していくためには鎌倉期においては国衙在庁の、南北朝期以降においては周防守護大内氏の保護を得ることが必要であり、そのことが社僧の勢力、ひいては社坊の性格にも変化を与えるものと考えられる。鎌倉期の在庁官人との関係については先述したように公文家に見ることができるが、それ以外に詳しいことは不明である。では戦国期以前の中世後期はどのようであったのだろうか。以下では大内氏と社僧の関係について考察したい。

第一に社殿の維持について。『注進案』所収の棟札の写を見ると、貞治四年（一三六五）[38]には大内弘世によって、永和元年（一三七五）[39]にも同人によって、そして享禄三年（一五三〇）[40]には大内義隆によって本殿以下が再建された。その際の棟札には多数の大内氏家臣が「結縁衆」として名を連ねている。

第二に年中行事の維持について。応永九年（一四〇二）[41]には「神楽料田」が宮司に与えられ、天文二二年（一五五三）[42]の「大内氏奉行人連署奉書」によれば、「定灯夜灯料」が「往古」より佐波郡段銭内をもって春秋社納されていたという。また先掲の享禄三年（一五三〇）の「神馬到来注文」には大内氏家臣四十三人が名を連ねている。

第三には大内氏に対する私的な祈祷について。観応三年（一三五二）[43]の「大内弘世袖判宛行状」には「息災延命安穏」のため僧印尊へ天神宮祈祷料田が宛行われたことが見え、また応永九年（一四〇二）[44]には祈祷のため「周防国符〔府〕中宮市并仁戸田渡残下地」が宮司に与えられている。

以上のことから大内氏は家臣団をも動員して天満宮の運営を支え、一方で天満宮の社僧は大内氏の保護を得るため、祈祷によって奉仕したということができる。

さらに注目すべきは大内氏と有力社坊である大専坊との直接的関係である。まず（文明三年）正月二九日「陶弘護書状(45)」（前掲）に「大専坊事、前住祐算弟子中祐賢為二一老一之上者、寺務領掌之段無二余儀一候」とあるように、その相続が大内氏によって安堵されていることに注目したい。

以下では天満宮にではなく大専坊に対し、門前町である宮市について、市目代の補任権及び津料の得分権が大内氏から与えられていたことに注目したい。

史料C　大内氏奉行人連署奉書(46)

防府宮市同目代事、可レ為二当坊計一之由、去文明十年十二月十一日相良遠江守正任奉書遂二披露一訖、仍当目代木工允事、対二寺家一条々不儀之由言上之上者、被レ改二易彼職一者也、至二自今以後一者、可レ被レ任二寺命一之由、所レ被二仰出一也、仍執達如レ件

大永四年六月十日

備中守（吉見正頼）（花押）

兵部少輔（野田興方）（花押）

松崎

大専坊

史料D　大内氏奉行人連署奉書(47)

宮市津料事、従二前々一当坊受用候之処、近年無二其実一之由言上之通致二披露一候、往古以来進止上者、今以可

レ為二同前一候条、任二其例一可レ被二申付一之由候、恐々謹言

六月八日（大永四年）　　　　　　　　　　弘頼（吉見）（花押）

大専坊　　　　　　　　　　　　　　興方（野田）（花押）

市目代は市を取り締まる役職と考えられ、その補任権は市を支配する上で重要である。また津料は商品の流通に課する一種の関税である。その権利が大内氏によって保証されかつ市が賑うならば、右二つの権限はその収益の大きさから、大専坊を社内において決定的に優位な立場に置いたものと考えられる。なぜなら図1に見られるように、宮市とは山陽道が通り、鎌倉期から周防合物座《あいものざ》の長《おさ》職を持つという兄部《こうべ》家の本拠のある、(48)商業上の要地だからである。

史料C・Dに見る大永四年（一五二四）の段階では宮市支配も困難になってはいるが、宮市を重視するならば、大専坊やそれに連なる社坊が参道沿いに位置することは重要な意味を持ったものと考えられる。

残念ながら戦国期以前について社坊の立地を示す史料は見当たらないが、南北朝期以降の守護大内氏の領国支配の進展による庇護のもとで門前町の経済発展に即して、社坊は参道沿いに定着していったものと考えられる。図1に見られる景観は南北朝期から室町期の間に、すでに現れていたのではないだろうか。

なお毛利氏の防長征服(49)以後について触れておくと、坊舎を元就父子の本陣に提供した大専坊は宮市の特権を失

わず[50]、円楽坊もまた毛利氏と親交[51]があり、両坊は元就父子の時に近世における社内の地位を確立することができたと考えられる。

小括

以上の考察から社坊が参道沿いに並び、特定の社坊に特定の役職が固定される制度が戦国期まで遡ることが明らかにできた。またそれ以前については南北朝期以降の大内氏の庇護と宮市の経済発展のもとで、それが定着していったであろうという見通しが得られた。

中世の寺院において堂や塔は神聖な場所とされ、僧の私的生活はいくつかの「坊（房）」の中で営まれた。やがて「坊（房）」の中で有力なものが特定されていき、そのような「坊（房）」は弟子や従者を集めて独自の所領を持つことによって、人間集団かつ財産相続の単位となった。しかもその私的実力により、寺内の管理運営のための要職を独占するようになっていった。それがさらに規模を大きくして「院」と称されたり、貴族的な存在となって「門跡」となる場合もあった。

中世の防府天満宮においてもこれと同じことが言え、「神仏習合」は単に思想上のことにとどまらず、神社と寺院の空間構造上及び組織上の共通性にも見出すことができるのである。

大専坊跡は一九八七年一〇月二二日付で、記念物（史跡）の県指定を受けた（山口県教育委員会発行『教育広報』三九七、一九八八年、三三頁参照）。現在、その境内地には寛延二年（一七四九）建立の坊舎が保存されている。また建物こそ壊されてはいるが、円楽坊の敷地も残されている。本節は中世における社坊の役割を明らかにすることによって、その遺跡が持つ文化財としての重要性をさらに強く訴える試みでもあった。

両坊跡が残されたことによって『御国廻御行程記』などに見られる近世の景観は立体観を持つようになり、さらにその空間を感じながら読むことによって、中世の史料はいきいきとしたイメージを与えてくれるようになる。その意味で両坊跡は前近代の宗教のあり方を正しく知る上での貴重な遺産なのである。

二　長門国大井郷八幡宮

前節で一国レベルの中核となる神社（周防国防府天満宮）について、大内氏との関係を論じてきた。以下では国と荘郷の中間にある郡レベルの中核となる神社の祭祀について、大内氏の在地支配との関係を論じたい。また郡とは別の広域の場合にも言及し、複数の村落を含むような荘園の核となる神社に注目する。

大内氏は郡の核となるような神社の祭祀に直接関与しており、長門国では阿武郡を代表する大井郷八幡宮が注目される。(52) 長門国阿武郡は実は大内や山口の所在する周防国吉敷郡の北隣りの郡であり、大内氏の本拠の背後に位置する地域であった。南北朝期に大内弘世が周防・長門両国を統一することによって、長門国もまた大内氏の中心的な領国となったが、長らく周防国在庁官人を務めた大内氏にとって、阿武郡は支配下に入って日の浅い地域であっただろう。

まず大内氏が大井郷八幡宮の作事を重視していたことを指摘したい。永享二年（一四三〇）の作事では作事奉行に阿武郡の給人である三善見嶋氏が二人起用されているが、阿武郡に所領を持つ大内氏家臣が同じ郡を代表する神社の作事に責任を持たされたということであろう。(53)

次に大内氏が一族をあげてこの神社を篤く崇敬していたことを指摘したい。永享二年（一四三〇）の上棟にあたって当主の盛見の他に「すけとの（持盛）」、「あたらし殿（新造）」（盛見夫人）、「はゝ殿《馬場》（満世）」、「御あん（庵）さま」（前当主未亡人）、「山口との」（持世ヵ）が引馬を奉納していた[54]。持盛、満世、持世といった大内守護家の家督の有資格者たちが名を連ねており、盛見が当主であった頃の領国支配権力の構成を反映している[55]。このように大井郷八幡宮は単なる郡を代表する鎮守社にとどまらず、大内氏一族の結束にとっても意味があったと考えられる。

大井郷八幡宮の作事を行う以前、応永一四年（一四〇七）に大内盛見は朝鮮から輸入した高麗版一切経を供養する法会（一切経会）を興隆寺で行い、その費用の主要部分を阿武郡に賦課した守護段銭でまかなっている。このように盛見が周防国に所在する興隆寺の法会を隣国の段銭でまかなったことについて、真木隆行氏[56]は興隆寺を周防国の枠組みを超えるような別格化を図ったと述べている。どうやら大内氏は支配下に入って日の浅い阿武郡を興隆寺の法会に奉仕させることと、郡の鎮守社である大井郷八幡宮を一族をあげて崇敬することを組み合わせることによって阿武郡の住人を懐柔しつつ、彼らへの支配力を強化していったのではないだろうか。

元亀元年（一五七〇）に大内氏滅亡後の阿武郡一帯を支配していた吉見氏[57]の奉行人は、大井郷八幡宮祭礼に出仕した鼓頭《ことう》の座席順を記している。鼓頭とは阿武郡内の各郷の代表であり、左座・右座に分かれて大井郷八幡宮の祭礼を執行した。大内氏治下の阿武郡は「郷」という単位の村落に分かれていた。郷の名称は近世の藩政村の名称とほぼ同じであることから、近世村に近い範囲を持った村落を基本単位として、阿武郡内が結集する祭礼が行われていたと考えられる。この座席順は大内氏家臣である三善康忠が文和元年（一三五二）に作成した「案書」に従ったものであると記され[58]、大内氏治下のしきたりが強固なものであったことがわかる。

しかしながら永正五年（一五〇八）八月一日「大井八幡宮済納米銭役人事書」には[59]、「来十五日御祭礼以前、早々可二送給一候、若無沙汰候者、御上使入部候て、一段可レ有二催促一候」という文言が見える。この時期にはもはや大井郷八幡宮の祭礼は阿武郡内の郷民だけのものではなくなっている。大内氏は「御上使」という役人による強制力を用いてまでも、祭礼のための費用と人材を各郷から供出させていたことがわかる。つまり郡を代表する神社の祭礼の執行には、大内氏の郡支配を正当化する意味合いがあったことが予想される。

　また大内氏の重臣である陶氏も、その所領内の在地神社の把握に努めている。南北朝期に大内氏は惣領の系統である大内重弘流と、重弘の弟である長弘流の両流に分かれて周防守護を争っていた。陶氏は重弘流である大内弘幸に仕え、陶氏の本貫である吉敷郡陶保から都濃郡富田《とんだ》保に本拠地を移した。貞和三年（一三四七）に陶弘政は周防国東部への重弘流による前進基地を築くため、生野屋与一権守に対して所領及び松尾八幡宮の鼓頭職を宛行って[60]鷲頭荘内の祭祀に介入している。大内長弘は同族である鷲頭氏を継いでおり、鷲頭氏の本貫である周防国鷲頭荘は重弘流にとって敵地であった。先述のように弘政は富田の勝栄寺の願主であり、勝栄寺とつながることもまた敵地への懐柔策の一環であると考えられる。

　次に大内氏が在地神社に間接的に関与する事例として、在地神社を自己の傘下にある禅寺の所領とし、その禅寺に神社の神職の補任権を持たせる場合を紹介する。大内氏は大井郷八幡宮を自己の傘下にある禅寺である山口の保寿寺の所領とした。保寿寺は永享七年（一四三五）に大井郷八幡宮の祭祀の中心に位置する勾当（鼓頭）職の補任権を持っていた。[61]保寿寺は大内氏の子弟が住持となるような一族にとって重要な禅寺であり、この時の保寿寺の住持である梵穎痴鈍は大内弘世の弟である師弘の子である。大井郷八幡宮は単に郡の鎮守社の位置付けにとどまらない。また陶氏もこれを真似ており、自己の所領である周防国富田保にある福明神社の神職を最寄りの禅僧に委ねている。[62]

最後に複数の村落を含むような荘園の核となる神社にも言及しておく。周防国においては秋穂庄《あいお》八幡宮(63)の造営に大内盛見とその一族が奉加を行っている(64)。この奉加帳は年紀をともなわない近世の写ではあるが、先掲の大井郷八幡宮と同様に盛見が当主であった頃の大内氏一族内の実力者である盛見、持盛、持世、満世が名を連ねており、当時の守護権力の構成を反映した内容であると判断できる。秋穂庄八幡宮(65)は秋穂二嶋荘の中心となる神社で、中世の祭祀について詳細なしきたりが記載された「周防秋穂八幡宮旧記(66)」が伝存する。先述したような阿武郡の場合と同様に秋穂庄に対しても、大内氏は地元の鎮守を崇敬しながら支配力を強化していったものと推測される。

三　長門国正吉八幡宮

「有光家文書《ありみつけもんじょ》」は長門国豊浦郡正吉郷《まさよし》内の正吉八幡宮(67)（現在の永田神社）の大宮司を務めた有光家に伝来した文書群である。中世の正吉郷は正吉村とも呼ばれ、現在の山口県下関市大字永田郷の範囲に相当する。この文書群は現在は山口県文書館に寄贈され、全一二二点が国指定重要文化財（古文書）になっている。大宮司職は江戸中期に有光家から江木家に交替したが(68)、有光家は伝来文書を手放さなかった。そのため有光家には多数の中世文書を含む、鎌倉初期（建保三年）から江戸中期（貞享五年）にわたる年代の文書群が伝来した。

正吉八幡宮の大宮司家は正吉郷内に居住していたので、この文書は荘園領主や地頭に伝来したものとは異なる、いわば中世の「在地文書」として全国的に貴重な存在ということができる。しかし従来は保存状態の悪さとともに独特の字体・文体であることから難読を極め、全文書に目を通すことは容易ではなかった。それでも『下関市史』資料編Ⅲ(69)に収録されるのを機に筆者が翻刻作業を担当し、これによって初めて「有光家文書」の全文書が誰

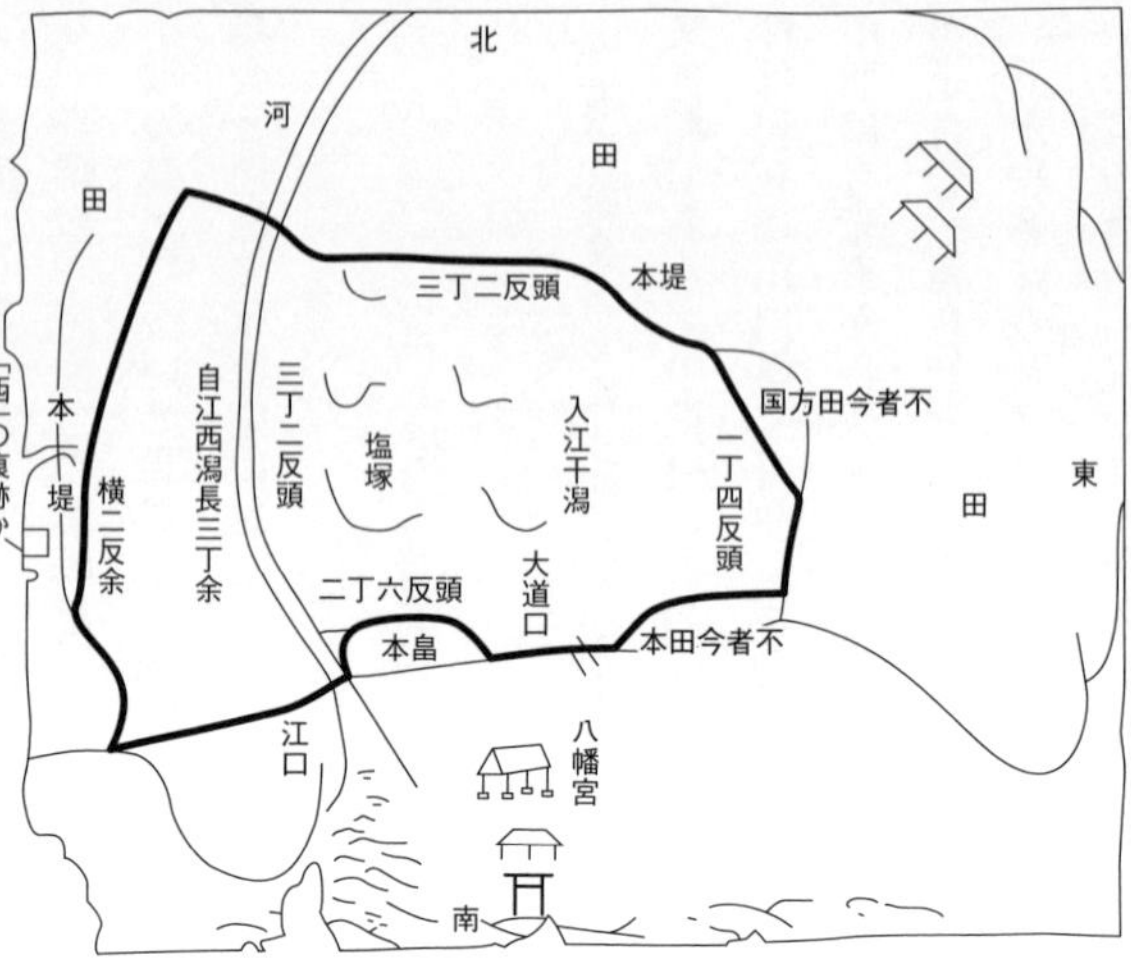

図２　長門国正吉郷入江塩浜絵図

注．太線は原絵図に引かれた朱線を表す。

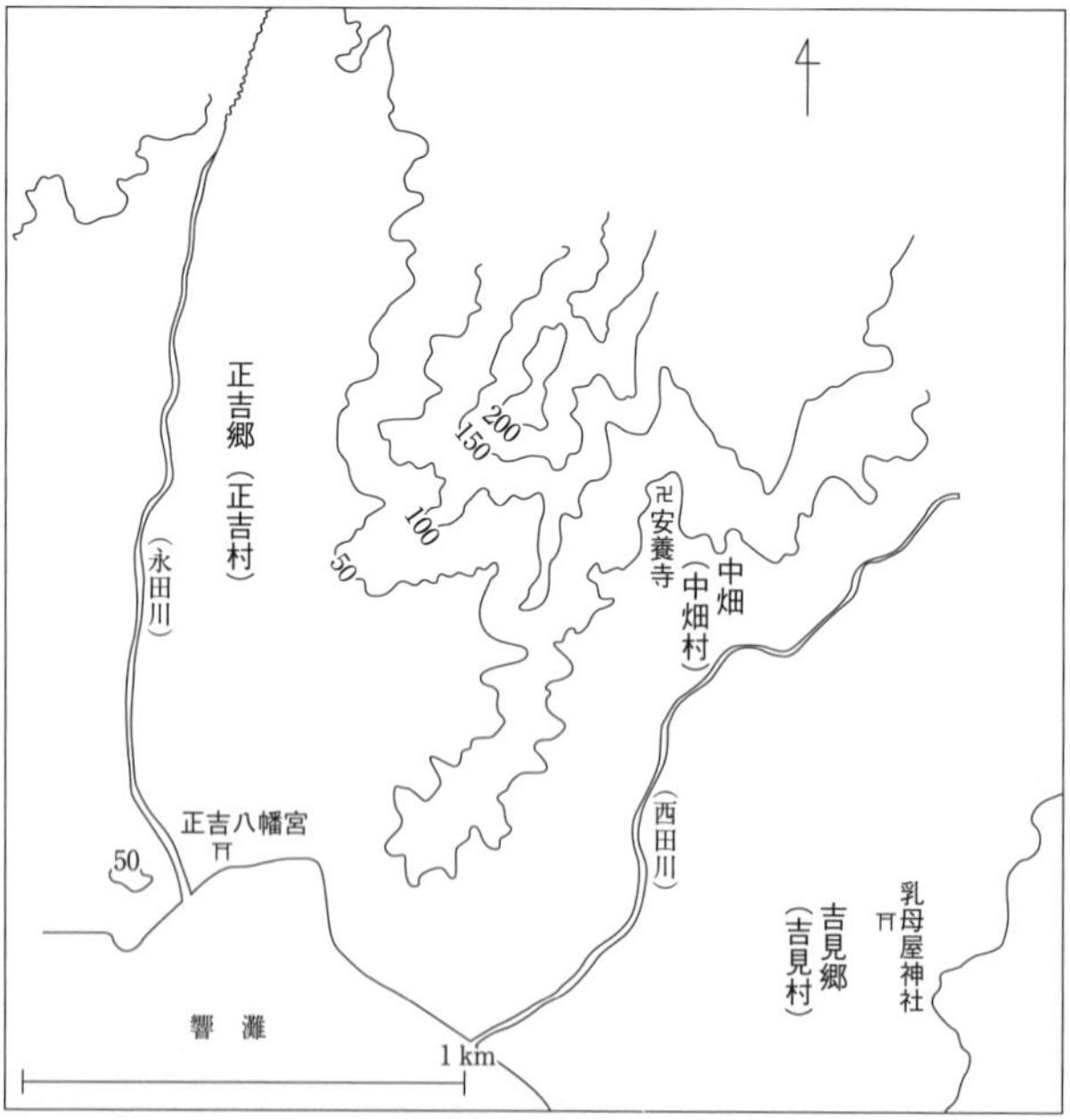

図３　正吉郷と近隣の村落　概念図

注．等高線は50m 間隔。海岸線は推定。河道は現在のとおり。

でも読めるようになった。幸い山口県文書館で文書の補修が施されたので、筆者は原文書に接する機会に恵まれた。さらに「有光家文書」は『山口県史』史料編中世3に再度収録された。[70]

「有光家文書」のうち年月日未詳「長門国正吉郷入江塩浜絵図」[71]（図2参照）については山口県教育委員会による製塩遺跡の調査報告書で紹介された後、[72]網野善彦氏によって鎌倉末期に古式入浜の技術が開発されていた事実が確認されたことから、[73]中世製塩に関する重要史料[74]として注目されるようになった。ところが「有光家文書」にせっかく「在地文書」として豊かな内容が含まれているにもかかわらず、正吉郷そのものに関してはどのような中世村落であったかというような基本的な事実がいまだに明らかにされていない。[75]そこで本節では「有光家文書」に見える正吉八幡宮大宮司家の動向を追うことによって、長門国正吉郷という中世村落の実態を追究したい。

なお正吉郷の「中世的世界」はその近隣の地域ともつながっており（図3参照）、「有光家文書」以外にも正吉郷の近隣地域に伝来した中世文書をしばしば取り上げる。それらはいずれも山口県下関市内に所蔵され、『山口県史』史料編中世4に収められている。[76]以下では「有光家文書」及び正吉郷の近隣地域に伝来した中世文書を掲げる場合に『山口県史』の収録番号を用いる。[77]文書名や解読について、『山口県史』と筆者の見解が異なる場合はその旨を明示する。

（一）「有光家文書」に見る正吉郷

正吉郷は江戸期には長州藩の支藩である長府藩領であり、江戸中期までは正吉村と呼ばれていたが、江戸後期以降永田郷村と呼ばれ[78]現在に至っている。ところが中世においては正吉郷が属する所領単位として、「富安名」または「安成名」という「名」があった。以下では二つの「名」の性格に触れながら、正吉郷を支配する権力について考察を行いたい。

1　富安名について

正吉郷は弘安二年（一二七九）には[79]「富安正吉村」、応長二年（一三一二）には[80]「富安正吉郷」と呼ばれていることがわかる。そしてこの「富安」とは、以下に掲げる嘉暦二年（一三二七）二月一二日「惣公文物部武久請文案」[81]に見られる「富安名」のことであることがわかる。この文書が伝来した龍王神社[82]（下関市大字吉見）は中世には乳母屋神社といった。

「惣公文物部武久請文案」

長門国二宮供僧慶尊申、富安名内正吉入江事、如二正安二年御内検目録一者、彼干潟者為二塩焼浜一毎年地子塩拾石云々、雖レ然前御代去弘安年中之比、被レ勘二落彼塩焼免田壱町伍（五）段一之間、其〇《以》後土民等就レ不レ事二其業一、追レ年塩屋所二破損一也、仍当時無二公平一候、但旧塩塚拾捌（八）内七者如レ形掻二置沙（砂）於塩塚一候了、塩屋壱宇雖レ令二現在一、未レ焼レ塩候、残塩塚者無二可レ焼レ塩之用意一候、彼入江書二絵図一、引二朱於四方一候内、頻令二半〇《分》一計者現量可レ為二塩浜一也、所レ残者或黒土或蘆苧生塞候之間、非二公益之地一候、仍絵図一通謹進上候、以二此旨一可レ有二御披露一候、恐惶謹言

嘉暦二年二月十二日　　惣公文物部武久請文

この文書によって年月日未詳「長門国正吉郷入江塩浜絵図」の年代が推定され、かつ絵図の作成目的も明らか

にされている。[83] この文書の要旨は以下のとおりである。長門国二宮供僧慶尊が主張するには、正安二年（一三〇〇）の「御内検目録」により富安名内正吉入江の干潟は塩焼浜として毎年地子塩十石が賦課されているという。これに対して惣公文物部武久[84]はこう主張する。弘安年中に塩焼免田一町五段が勘落（没収）されて以後は土民等が塩焼きの業に従事しないので、塩屋が破損して現在は「公平《くびょう》（地子塩）」がない。入江を絵図に描いて四方に朱線を引いた範囲のうち半分ばかりは塩浜であるが、残る所は黒土であったり蘆《あし》や苧《お》が生えたりしているので、公益の地ではない。よって絵図一通を進上するので、この旨を披露されたい。

「長門国正吉郷入江塩浜絵図」では南側の海岸と「入江干潟」の間に「八幡宮」が描かれている（図2参照）が、現在も永田神社（旧正吉八幡宮）のある一角が微高地であり（図4参照）、中世では八幡宮の背後に海水が回り込んで「入江干潟」を浸すような地形であった。

長門国二宮と正吉八幡宮との関係は明確ではない。しかし八幡宮はその立地が入江干潟と密接に関係しており、かつ塩というものが神事において宗教的な意味合いを持つことから、両社が無関係とは考えにくい。塩の貢納を介して、長門国二宮と正吉八幡宮が本社―末社のような関係にあったことは想像にかたくない。[85]

また「有光家文書」には時代は下るが、大永七年（一五二七）から天文六年（一五三七）に及ぶ大宮司が神道の秘伝を伝授された文書で、密教で言うところの「印信《いんじん》」に似た形式を持つ一連の文書がある。このうち「長州二宮道場」において伝授されたことがわかるものがあり[86]、このことからも本社―末社のような関係にあったことが推測できる。

一方で長門国二宮は忌宮《いみのみや》神社ともいい、その伝来文書のうち貞和二年（一三四六）一一月二日「足利尊氏寄進状」[87]によれば、足利尊氏は長門国二宮社に対して、長門国富安名を同国紫福《しぶき》郷の替所として寄進している。こ

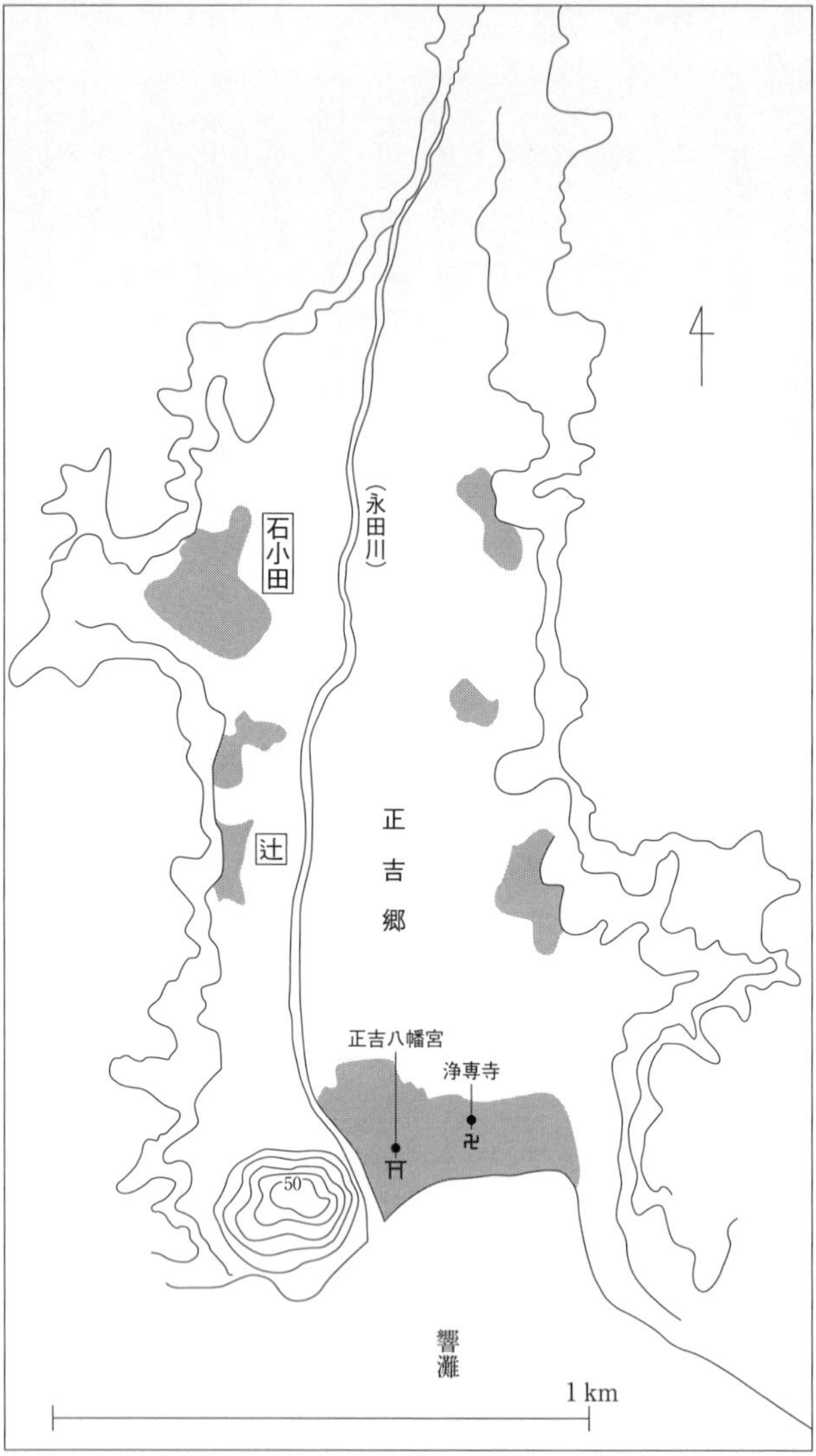

図4　正吉郷　概念図

注1．▒は主な微高地

2．等高線は10m 間隔。海外線は推定。河道は現在の通り。

の時に初めて富安名が社領となったのか、既存の社領で権利が不安定であったのを安堵されたものかは不明である。なお下って天文二二年（一五五三）においても、正吉郷は「富安郷内正吉」と称されている。[88]

次に正吉郷に近い場所に安養寺（下関市大字吉見）があるが（図3参照）、そこに伝来する正和元年（一三一二）

一一月三日「源長義下知状(89)」では安養寺の立地が「長門国富安内中畑野田安養寺」と記されており、富安名には「中畑」という土地が含まれていたことがわかる。この「中畑」は近世では正吉村の東隣りに位置する中畑村（現在の下関市大字吉見上）に相当する。つまり「富安名」とは近世の村（長府藩領）である正吉村及び中畑村の二か村にまたがるような所領単位であったことになる。

2　安成名について

「長門国一宮公文賀田清遠申状(90)」

（端裏書省略）

長門国一宮公文賀田清遠謹言上

御領正吉住人進士弘延并〔　　〕等〔　　〕米并早馬雑事分二一宮用途大上〔　　〕

右彼弘延等所持者、安成名内公田并伏田〔　　〕為二一宮御神事料米一、被レ切二渡下地共一之処、弘〔　　〕先御代依レ訴二申之一、令レ遂二結解一之時、未進拾□(伍カ)〔　　〕銭陸貫伍百拾陸文、不レ致二其弁一之間、為御〔　　〕渡レ之、猶以無沙汰之間、重可二責渡一之由、被二仰出一之処、□乱事令レ延二引之一者也、且為二御神事料米一之上者、急速□御使之召二賜之一、弥為レ致二御祈祷忠節一、恐々言上如レ件

建武元年九月　日

（奥裏書省略）

この言上状に見える「長門国一宮」とは住吉神社のことで、「公文」という役職は長門国一宮の神職のうち社

領全般を管理する職掌であり、賀田氏が世襲していた。「進士弘延」とは正吉八幡宮大宮司であった秦弘延のことである。この言上状によれば「御領正吉」とあるので、建武元年（一三三四）当時は正吉郷は住吉神社領であったということがわかる。そして正吉郷において賦課されているのは「［　　］米并早馬雑事分二宮用途」というものであって、「二宮用途」も設定されていることがわかる。また弘延等が所持しているのは安成名内公田並びに伏田であり、それらは「一宮御神事料米」であった。しかし弘延が乱に事寄せてその弁を致さないので、長門国一宮は譴責の使者の派遣を要請したのである。(91)

住吉神社の伝来文書のうち応永二七年（一四二〇）一二月六日「平重安打渡状案」(92)の中で、一宮公文貞方が罪科により所職名田等を改易された際に「安成名内正吉田地」が一宮大宮司に打渡されたことが見えるので、正吉郷が安成名に属していたことがわかる。また永和四年（一三七八）一一月二一日「長門国留守所書下案」(93)の充所は「一宮《安成地頭》大宮司殿」となっており、一宮大宮司が安成名の地頭職を持っていたこともわかる。なお応永二七年一二月六日「某奉書案」(94)には「安成名沙汰所」が見え、荘園の政所のような役所があったことがわかる。

また康永四年（一三四五）には秦武弘は長門守護に対して、「一宮神官掠申年貢抑留由事」について事実糾明を要請し(95)、応永二年（一三九五）には正吉郷内に「いちのミや《（一宮）》のやすなりミやう《（安成名）》そのほかのつほ《（坪）》」が設定されていた(96)ことから、南北朝期を通じて住吉神社は正吉郷を社領としていたことがわかる。

では同じ正吉郷が時には二宮領「富安名」のうちとされ、時には一宮領「安成名」のうちとされることについて、どのように理解すればよいのであろうか。それは正吉郷内やその隣村に設定されている所領の集合体が一宮の場合では「安成名」、二宮の場合では「富安名」として呼ばれていたからではないだろうか。これは必ずしも正吉郷を覆ってしまうものではなく、郷内に散在している所領を束ねたものであってもよいと考える。ただし安成名と富安名のそれぞれに現地の監督がおり、安成名の場合は「安成名沙汰所」が富安名の場合は「惣公文」の存在がわかる。

（二）大宮司秦氏

正吉郷八幡宮の大宮司家は中世を通じて「有光」氏であったわけではない。「有光家文書」中に「有光」姓の人名が見えるのは、やっと文明年間（一四六九〜一四八七）になってからであり、その間大宮司を代々務めていたのは「秦」姓の一族であった。以下では大宮司秦氏について、正吉郷という中世村落内での位置付けを試みたい。

建治三年（一二七七）五月「地頭代記・公文種玄連署寄進状案(97)」によると、地頭代記（紀カ）と公文僧種玄は二段大の田地を正吉八幡宮に寄進し、「所当并万雑公役等」を除くことを定めた。正吉八幡宮は地頭代と公文によって社田を設定されるような、村落の中核的神社（荘郷鎮守）であったことがわかる。

「地頭下文(98)」

下　正吉郷八幡大宮司大夫職□（事）

　　秦弘安

右人補二任彼職一、於二以後一者、越二□（無）官之輩一、無二違乱一可レ被二座□（着）一、仍公文百姓等可レ被二承知一之状如レ□（件）、

　承久三年十一月十六日

　　地頭（花押）

承久三年（一二二一）の地頭の下文によって、秦弘安が正吉八幡宮の「大宮司大夫職」に補任されている。「大宮司大夫職」のうち「大夫」とは、いわゆる「大夫成」（官途成の一種）のことである[99]。「大宮司大夫職」とは大宮司職と大夫職とが一体となったものと考えられ、これを得ることによって弘安は「無官之輩」を超え、違乱なく「座着」（「着座」と同じと考えられる）することを許された。村落共同体の正員の身分が「大夫」などの官途で表され、しかも宮座の座席で序列が表現されるという、中世村落内の身分秩序の特質が端的に表されている文書ということができる。地頭は村落内の身分秩序をコントロールし、それを「公文百姓等」に承知させることによって、村落支配を行ったと考えられる。名主層によって営まれる宮座の性格から、荘郷鎮守は荘郷内における身分秩序の確認の場であったと言われているが[100]、正吉八幡宮もまた同様の性格の荘郷鎮守であったということができる。

これと関連するのが文永五年（一二六八）一〇月「地頭代補任状[101]」であり、秦弘重が地頭代から「伍位職[102]」に補任されている。これは「伍位」＝「五位」＝「大夫」という連関から、大夫と同じ質の村落内身分と考えられる。弘安二年（一二七九）九月二六日「地頭代沙弥下文案[103]」によると、弘重は「二代相伝」の屋敷が公文宗真の違乱を受けたので、地頭代から安堵を下知された。文中において弘重は「正吉村住人弘重」と称されているが、この場合の「住人」という言葉には単なる居住者というだけではなく、村落共同体の正員というニュアンスがある。

ここで正吉郷の地頭について触れておくと、総じて姓名が判明する地頭はおらず、そのためどのような者が地頭になっているのかはわからない。また地頭及び地頭代が正吉郷内に居住していた形跡は認められない。そして南北朝期の康永元年（一三四二）[104]を最後に地頭の存在は窺えなくなる。

以上のように秦氏は、一方では大夫職を得ることによって「住人」の一員ながらも村落共同体内で優位に立ち、他方では大宮司職を得ることによってそのような身分秩序の確認の場そのものを自己のものとしていたということができる。そして（一）で考察したように、正吉八幡宮が長門国二宮の末社的な地位にあることから、大宮司は長門二宮領の一種の荘官的な立場に立ち、公文に次ぐ地位を得ていたものと考えられる。

弘安九年一二月「公文物部某外二名連署補任状」[105]に「知彼野」の神人職として散位正吉弥二郎が見える。時期は下るが応永二年（一三九五）に、秦三郎兵衛武弘が「正吉三郎ひやうえ」と呼ばれている[106]。秦氏は「正吉」を名乗っていたと考えられるので、この正吉弥二郎もまた秦氏と考えられる。「知彼野」というのは「知波野」の書き誤りではないかと考えられ、そうであるならば「ちはや」と読ませて「乳母屋」の宛字としたと考えられる。乳母屋神社[107]は正吉郷に隣接する吉見郷にある（図3参照）が「長門国第三鎮守」として重視され、正吉郷内にも供田が設定されていた[108]。文書中に見える公文物部武貞[109]は吉見郷の公文と考えられる。このように秦氏は、正吉八幡宮の大宮司を務める一方、隣郷の乳母屋神社の神人職も兼ねていたことがわかる。

弘安一一年四月九日「むねをかののふかけ売券」[110]によると、「むねをかののふかけ」は「まさよし（正吉）のいしのをた（石小田）」の五郎大夫に田を売った。南北朝期には正吉郷内の「石小田」という土地に秦氏の屋敷があったことがわかるが[111]、この「五郎大夫」も秦氏と考えるならば、秦氏の屋敷が石小田に存在したことを鎌倉後期まで遡らせることができる。

中世の「石小田」は現在では「石王田」と呼ばれる二〇軒程度の小集落（図4参照）である。「石王田」は「正吉入江」と呼ばれ、塩浜から可耕地に開発されていく低湿地帯の北方に位置し、微高地になっているため民家が集中している。正吉郷の地形は中世から現在に至るまで「長門国正吉郷入江塩浜絵図」に描かれた景観と基本的には変わらず、「入江干潟」の周辺に微高地が点在し、そこに田畠や集落が営まれている（図4参照）。

永仁三年（一二九五）一二月九日「秦安延譲状[112]」では、秦安延が恒安名内の畠を（正吉）弥二郎に譲っている。この畠の坪付けは「合恒安名内ツチノヤシキないけ一反」となっているが、「ツチ（辻）」という地字は旧正吉郷の範囲内に現存する（図4参照）ので、恒安名は正吉郷内にあったということがわかる。また時期は下るが応永一五年七月一六日「妙祐譲状案[113]」によれば、「大畠のりかく」の後家妙祐が女子相続を受けていた恒安名三分の一を「つねやす《（恒安）》のそうりやう《（惣領）》兵衛三郎武定」に譲り渡している。

このように秦氏が経営単位とする恒安名は正吉郷内にあるが、この「名」は（一）で考察した一宮・二宮の所領単位である「安成名」や「富安名」とは次元が異なっており、名主層が保有する経営単位であると考えられる。暦応三年（一三四〇）二月一日「秦弘延譲状[114]」及び暦応四年二月五日「秦弘信譲状[115]」は重要な文書[116]であり、秦氏の経営内容がわかる。いずれも秦兵衛三郎武弘への譲りで、譲る主体は前者が秦弘延、後者が秦弘信となっているが、両者は同一人物の「ひろのぶ」とみなすことができる。

それでは、暦応四年二月五日「秦弘信譲状」から秦氏の経営内容を詳しく分析する。

「秦弘信譲状」

ゆつりわたす《（譲渡）》長門国正吉郷弘信相伝田畠等事、
一八幡宮大宮司職・同神田畠事、
一福楽寺いんしゆしき《（院主職）》・同免田畠事、
一いゑやしき《（家屋敷）》・しさいさうく《（資材雑具）》の事、
一かりきやうし・さんや《（山野）》畠の事、

一下人牛馬のこる（残）ところ（所）もなくゆつる（譲）事、
一こへち（小別）名よりた（田）一反ハ、こけ（後家）ニゆつる（譲）ところ也、こけいちの〔こ脱〕のちハ、武弘たふ（給）へし、
右件所職免田畠山野以下をよそ弘信かあと（跡）にをいてハ、一分段歩ものこ（残）さす、したいせうもん（次第証文）をあいそ（添）ゑ、ひやうへ（兵衛）三郎武弘に永代ゆつりわた（譲渡）すところ（所）しち（実）なり、四至さかい（境）ハほんせうもん（本証文）ニみ（見）へたり、為㆓一子㆒上者、たの（他）さまたけ（妨）あるへか〔らす脱〕、よてゆつり（譲）状如㆑件

暦応四年二月五日　　秦弘信（花押）

秦弘延（信）が兵衛三郎武弘に譲ろうとした経営内容はこの文書の一つ書きの部分に見ることができ、その主なものは以下の五項目と考えられる。

①　正吉八幡宮大宮司職・同神田畠
②　福楽寺院主職・同免田畠
③　家屋敷・資材雑具
④　かりきやうし・山野畠
⑤　下人・牛馬

②から秦氏は福楽寺[117]という寺院の院主職も持っていたことがわかる。天文二三年（一五五四）三月一七日「長門国豊浦郡恒安名五郎左衛門抱分坪付指出案[118]」に「一々六十歩フクラク寺ヲコナイ田」とあり、恒安名は正吉郷内なので、福楽寺は正

吉郷内にあることがわかる。福楽寺において「ヲコナイ（おこない＝修正会[119]）」が行われていた。中世村落において修正会《しゅしょうえ》が正月に行われる五穀豊穣の予祝として重要な意義を持っていたことから、この寺院もまた正吉八幡宮と同様に村落祭祀の重要な場と考えることができる。

④の「かりきやうし」については何を指すかは不明であるが、あるいは「狩行事」であって、狩猟の場である山野を「行事[120]」として取り仕切るような役職であるかもしれない。もしそうであるならば秦氏が山野にも権限を持っていたことになり、この点に領主的な性格を見出すことができる。

⑤で注目すべきことは牛馬とともに下人を掲げていることであって、秦氏の農業経営が労働力としての下人[121]を含んでいたことがわかる。

以上のように鎌倉期から南北朝期にかけて、秦氏が一方では「住人」として村落共同体の一員であるが、他方では荘官的な立場に立ち領主的な性格も合わせ持っていたことが明らかになった。このような存在は大山喬平氏が措定した「村落領主[122]」の範疇に入り、公文以下の中下級荘官として現れ、中世村落の持つ共同体規制を自らのうちに体現することによって領主たりえた、小規模な領主であると考えられる。

秦氏の「村落領主」としての主たる特徴は正吉八幡宮の大宮司を世襲し、村落共同体の身分秩序の確認の場そのものを自己のものとしていた点にある。秦氏の場合は公文のような下級荘官に補任されたり、武力を保持したりするやり方ではない。正吉郷の支配権力である長門国一宮、同二宮、そして地頭のもとで、村落共同体内部で伝統的に保持された宗教的権威を世襲することにより、秦氏は支配機構の末端に位置付けられていたものと考えられる。「村落領主」は中世という時代を真の意味で担った歴史的主体であったと言われている。[123]それゆえ「有光家文書」は中世村落史にとって重要な存在である「村落領主」自身によって残された、希有な性格を持つものであるということができる。

（三）大内氏と荘郷鎮守社

文明年間（一四六九～一四八七）になると「有光家文書」中に「有光」姓の人名が見え、やがて大宮司職は秦氏から有光氏に交代してしまう。では大宮司家が秦氏から有光氏に変わる背景にはどのような事情があったのであろうか。

まず文明年間の正吉郷八幡宮の祭礼をめぐる紛争に注目する。

「宮大夫・大宮司武盛連署請文」[124]

当所八幡宮今月十七日行事役就二所課御供事一、大宮司・師大夫配当相論を仕候て、及二喧嘩一候之処、さゝゑ（支）られ申候により候て、御祭礼無為無事ニ候、為二公私一目出候、雖レ然社頭をよこし（汚し）申、悉可レ及二破乱一事、其咎不レ軽候、以二御私一依下不レ〇《被》レ及二御成敗一候上、可レ有二御注進一由候て、御状被レ認候、尤候、乍レ去自今以後、於二社頭一如レ此振之（ママ）舞仕候者、公方へ明申、堅可レ預二御罪科一候、両方理非之段者、追而以二対決又者罰文一可二究申一候、仍為二後日一請状如レ之件、

文明八丙申九月廿二日　大宮司　武盛（花押）

宮大夫（花押）

有光殿

この時宮大夫と大宮司（秦）武盛は今後社頭において喧嘩をするならば、「公方」（長門守護である大内氏）に訴えられてもよいと誓約している。この時誓約した相手が「有光殿」であり、「有光家文書」中で有光姓を持つ人物の初見は大宮司とは異なる立場にある大内氏（公方）側の人間であった。

祭礼をめぐる紛争というのは九月一七日に大宮司と師大夫が「行事役」の「所課御供」の配当をめぐって相論し、喧嘩に及んだことである。「有光殿」が私的に処理したので、大内氏の「成敗」には及ばなかった。それでも「有光殿」は大内氏に注進すべき案件であるとしている。そして社頭を穢した咎は軽くないとされ、大内氏によって「堅可レ預二御罪科一」ものとされていたことがわかる。このことから正吉郷の在地住人にとって「公方」（公権力）というものは、荘郷鎮守のような在地神社の紛争にまで介入すべきものであると考えられていたことがわかる。

次に秦氏が大宮司職を手放す年代を考察する。

「五郎左衛門書状」[125]

正吉郷大宮司先祖与七所職名田等、悉其様へ去渡被レ申、為二御名代一被レ差候へ共、彼仁事躰なしニよて、此間者為二御名代一、社役已下取沙汰仕候、連々我々名代役被二仰付一候者、余可レ為二御扶持一候、屋敷なと召離され候者、可二他国仕一候、其時者何候きこしめし被レ開、預二御扶持一候者、安堵可レ仕候、可レ得二御意一候、
恐々謹言、

明応四年乙卯六月十三日　五郎左衛門（花押）

吉母□〔真〕鍋殿まいる

明応四年（一四九五）の時点で、すでに「大宮司先祖与七」の大宮司職及び名田等は「吉母□（真）鍋殿」という正吉郷の西北方向の隣村である吉母《よしも》に居住する人物に移っていた。そして五郎左衛門が言うには与七は名代として「被㆑差」た（指名された）が、「彼仁」（与七）の事は「躰なし」[126]（実体がない）なので（五郎左衛門は）この間名代として社役以下を取沙汰してきた。五郎左衛門は大宮司である「□（真）鍋殿」の名代役であり、屋敷等を召し放されたならば「他国」してしまうと言い、名代役を安堵することを「□（真）鍋殿」に嘆願している。

「大宮司先祖与七」という人物は延徳四年（一四九二）一一月二四日「大宮司与七譲状」[127]に見える「正吉石和田」の「大宮司与七」と同一人物と考えられる。この譲状で「大宮司与七」は大宮司職を彼の甥である市上丸に譲っている。先述のとおり石和田の地は伝統的に大宮司秦氏の屋敷地であり、「大宮司与七」は秦氏であることがわかる。また年月日未詳「某打渡状案」[128]に「与七方他国仕候上ハ」という記述がある。与七が大宮司職を譲ったことの背景には、「他国」（よその土地へ移住すること）しなければならない何らかの事情があったのであろう。先掲の「五郎左衛門書状」で「為㆓御名代㆒被㆑差候へ共、彼仁事躰なしニよて」とあるのは、与七が「他国」ないしその寸前まで無力化されていたことと関係しているのではないだろうか。

このように（秦）与七が大宮司職を譲った延徳四年（一四九二）から、五郎左衛門が名代役の安堵を「□（真）鍋殿」に嘆願した明応四年（一四九五）までの間に大宮司秦氏が「他国」し、大宮司職は正吉郷の外の人間に移っていったのである。

最後に有光氏が大宮司職を得る年代を考察する。文禄二年（一五九三）には「有光彦七」という人名が見え[129]、かつ同五年（一五九六）には「正吉八幡大宮司彦七」[130]という人名が存在することから、文禄年間の大宮司が有光彦七という名前であったことがわかる。この時の有光彦七から五〇年以上遡る天文六年（一五三七）には「正吉大宮司彦七」という人名が認められる。[131]二人の「彦七」は同一人物でないとしても同じ家系であると判断することが可能であり、有光姓の大宮司は大内氏の時代である天文六年（一五三七）までは遡ると考えられる。

以上見てきたように文明八年（一四七六）から天文六年（一五三七）までの六〇年ほどの間に、まず大内氏側の「有光殿」が正吉八幡宮の祭祀をめぐる紛争に介入し、次に秦氏が大宮司職を手放し、最後に大内氏は自己の側に立つ有光氏を大宮司職に据えたものと思われる。

大内氏領国内においては「公方」と呼ばれる存在は室町将軍でも荘園領主でもない。荘郷鎮守社をめぐる紛争に至るまで、在地民にとって裁判による裁定を執行する存在は大内氏であった。応仁・文明の乱の前後の時期、大内氏は公権力として荘郷鎮守の祭祀にまで支配力を及ぼそうとしていたと考えられる。

小　括

本節では長門国正吉郷という中世村落のあり方について、以下の三点について論じた。

第一に正吉郷の支配権力は長門国一宮と二宮であり、正吉郷内やその隣村に設定されている所領の集合体が一宮の場合では「安成名」、二宮の場合では「富安名」として呼ばれていたことである。第二に大宮司秦氏は村落共同体の身分秩序の確認の場そのものを、自己のものとしていたことを特徴とする村落領主であったことである。第三に文明八年（一四七六）から天文六年（一五三七）までの六〇年ほどの間に、まず「有光殿」が正吉八幡宮の祭祀をめぐる紛争に介入し、次に秦氏が大宮司職を手放し、最後に大内氏が有光氏を大宮司職に据えたことである。

秦氏は鎌倉初期以降、正吉郷の荘郷鎮守である正吉八幡宮の神職を基盤として村落内で勢力を持ち続けた。しかし長門守護大内氏が「公方」として荘郷鎮守社をめぐる紛争にまで介入するようになると、秦氏は村落共同体と守護権力の間で「力のバランス」を失って大宮司職を担うことができず、有光氏と交替してしまったものと推察される。

おわりに

大内氏は各レベルの地域の神社に対して祭礼の費用を負担するなどして、神社の祭礼を奨励している様子が窺える。神社の祭礼は本来地域住民が共同体の結束のために執行するものであるが、大内氏が保護することによって、次第に大内氏のための祭礼という性格を帯びるようになった。時には大内氏が祭礼の執行を強制することもあり、神社の祭礼は地域の住民が大内氏に対し忠実であることを示す機会となっていったのである。

〈追記1〉史料閲覧に際して防府天満宮のご援助を得たのでお礼を申し上げたい。また依拠すべき史料については山口女子大学国守進教授（当時）にご教示を受けたので、あわせてお礼を申し上げたい。
〈追記2〉「有光家文書」の所蔵先であり、筆者の元の勤務先である山口県文書館、翻刻の際に種々ご苦労をおかけした下関市史編纂室の方々、そして永田郷に住まわれ、多くの興味深いご教示を頂いた福本上氏に謝意を表したい。

注

（1）『注進案』は長州藩が天保年間に編纂した藩内の地誌である。

（2）「松崎天神宮」から「松崎天満宮」への変化については、森茂暁「大内氏の興隆と祖先伝承」（『山口県史研究』一一、二〇〇三年）参照。
（3）（永禄八年）卯月四日「毛利元就書状」（防府五二）による。
（4）山口県文書館蔵『毛利家文庫』三〇地誌。この他に同時期の作成とされる『行程記』にも同様の図が描かれているが、完成年次について確証がない。『御国廻御行程記』の年代比定については、広田暢久「長州藩歴史編纂事業史」其の四（『山口県文書館研究紀要』一二、一九八五年）参照。
（5）トレース図及び写真はそれぞれ『絵図で見る防長の町と村』（編集・発行山口県文書館、一九八九年）七八・七九頁から転載した。
（6）この年に神仏分離令によって社坊が廃止された。
（7）防府一七一。
（8）「社領惣目録」には他に「宮之坊」という坊も見受けられるが、その地位及び所領は下級の社家よりも劣り、『注進案』九—一二六～一二七頁の境内図によれば、本殿のすぐ左脇にある小規模な建物である。他の社坊とは異質である上に、中世には見えないので触れないことにした。以下では『注進案』九の参照頁は『注進案』九—一二六頁というように表示している。
（9）『注進案』九—一二九頁。
（10）『寺社由来』三—七七頁の「防府松ヶ崎天満宮由緒」参照。
（11）『注進案』九—一三三頁。
（12）鈴木家と都家は中世に遡る史料が見受けられないのでここでは省く。
（13）『県史』史料中世2には鎌倉末期から慶長五年（一六〇〇）までのものが、防府一八一から三〇三として掲載されている。
（14）表A中の〔県史〕欄は、『県史』史料中世2所収の「防府天満宮文書」の文書番号である。

(15) 206番までは「天神宮政所下／差定　明年十月五日御会行事職事」のように政所下文の形式をとる。ただし208番の長享元年（一四八七）以降は、差定の冒頭が「差定　天満宮諸役事」などのように「政所」を称さなくなる。
(16) 武光家の存在そのものは、徳治二年（一三〇七）から見え（防府三二二）、何等かの社務を果たす家柄であったのだろう。
(17) 『松崎天神縁起』続日本絵巻大成一六（中央公論社、一九八三年）。
(18) 防府一。
(19) 『注進案』九―一三二頁に見える。
(20) 防府三一八。
(21) 防府三一九。「成」の通字により賀陽氏の同族と考えられる。
(22) 防府三二一。兼成は永和五年（一三七九）に「散位賀陽兼成」として見えるので（防府一二）、賀陽氏であることがわかる。賀陽氏は重源が国司上人となった鎌倉初期以来在庁官人の中に見える。
(23) 防府四。
(24) 防府三二一。
(25) 防府七。
(26) 近藤芳樹『松崎神社顕聖記』及び御薗生翁甫『防府天満宮考録』参照。前者は『防府天満宮縁起集』防府史料第二六集（防府市教育委員会発行、一九七七年）所収。後者は防府史料第一五集（同教育委員会発行、一九六九年）所収。
(27) 北野社と曼殊院との関係については、竹内秀雄『天満宮』（吉川弘文館、一九六八年）参照。
(28) 防府三四。もともと文保元年（一三一七）一〇月二八日に記されたものが、天文九年（一五四〇）に宮司・下司・執行によって筆写されたものである。内容としては郷ごとに社殿で執行される行事や役者に充てる料田が書き上げられている。
(29) 『松崎天神縁起』（前掲）解説八八頁参照。

(30) 防府二九。
(31) 『注進案』一〇―三二〇～三二二番。
(32) 防府二二二。この年のみは天満宮政所のメンバーの名も付され、宮司　祐実（花押）／下司　慶双（花押）／大宮司　継信（花押）／公文　胤兼（花押）／執行　全印（花押）となっている。
(33) 防府一四七。『県史』史料中世2では天文二一～弘治二年頃としている。天文二二年（一五五三）五月四日「大内氏奉行人連署書状」（『注進案』一〇―三二八番）にもこの二名の名が見える。
(34) 防府七二。
(35) 防府一〇一。
(36) 『注進案』一〇―三二四番。
(37) 防府九四。
(38) 『注進案』一〇―三八四番。
(39) 『注進案』一〇―三八三番。
(40) 『注進案』一〇―三八五番。
(41) 防府一六。
(42) 『注進案』一〇―三二八番。
(43) 防府八。
(44) 防府一三。
(45) 防府七二。
(46) 防府二二一。
(47) 防府三九。
(48) 『防府と兄部家』防府史料第一八集（防府市教育委員会発行、一九七一年）参照。

(49) 元就父子が大内義長を滅ぼしたのは弘治三年（一五五七）である。
(50) 防府一二八。市津料は毛利氏によって安堵された。
(51) 毛利氏との親交については、御薗生翁甫『防府天満宮考録』（前掲）参照。
(52) 所在地については、第二部第一章補論1「時衆寺院と交通」図1参照のこと。
(53) 永享二年六月一一日「棟札銘文外写」（大井八幡宮文書三『県史』史料中世3）。
(54) 永享二年六月五日「大井八幡宮上棟引馬注文」（大井八幡宮文書四『県史』史料中世3）。
(55) 盛見代の大内守護家の構成は複雑である。盛見には持世・持盛・満世という三人もの後継候補がおり、いずれも盛見の甥であった。持世（後に家督となる）と持盛は盛見の兄義弘の子であったので、地位が高かったのであろう。後に兄弟で家督を争った。満世は盛見の兄満弘の子であり、「馬場殿」という敬称を得ていた。生前の義弘が弟の満弘を重用していたので、盛見も満弘の遺児を尊重したのであろう。盛見が筑前で戦死すると、持世は持盛と満世を滅ぼして家督となった。盛見の子（教弘）が家督を継ぐことができたのは、持世が京都で変死（嘉吉の乱）した後であった。当時の大内氏の家督争いについては、和田秀作「大内氏の惣庶関係をめぐって」（鹿毛敏夫編『大内と大友─中世西日本の二大大名』勉誠出版、二〇一三年）参照。
(56) 真木隆行「周防国大内氏とその氏寺興隆寺の質的変容」（川岡勉・古賀信幸編『西国の文化と外交』日本中世の西国社会3、清文堂出版、二〇一一年）参照。
(57) 吉見氏は大内氏の時代に石見国鹿足《かのあし》郡及び長門国阿武郡一帯を勢力圏としていたが、大内氏の滅亡後も引き続き毛利氏から旧支配領域を委ねられた。
(58) 元亀元年九月一九日「吉見氏奉行人連署状写」（大井八幡宮文書一一『県史』史料中世3）。
(59) 大井八幡宮文書二『県史』史料中世3。
(60) 『寺社由来』七　徳山領生野屋村松尾八幡宮の項目中の、貞和三年（一三四七）三月二一日付代官安永四郎左衛門尉宛の文書中に見える。

(61) 永享七年九月九日「梵穎痴鈍袖判宛行状」(大井八幡宮文書六『県史』史料中世3)。痴鈍は兵衛三郎重久に対し大井郷八幡宮勾当職を宛行っている。
(62) 文明二年二月二六日「照通売券」(華厳寺文書三『県史』史料中世2)。
(63) その所在地については、第二部補論1「時衆寺院と交通」図1参照のこと。
(64)『注進案』一四─二九八頁に奉加帳の写が掲載されている。
(65) 秋穂庄八幡宮は現在では秋穂正八幡宮という呼称になっている。
(66) 秋穂八幡宮蔵(『県史』史料中世1)。
(67) 中世では正吉郷八幡宮とも呼ばれた。大正六年に永田郷村内の一〇社が合祀され、永田神社と改称された。
(68)『寺社由来』七─六六七頁参照。元文四年(一七三九)に長州藩に由来書が差し出された段階で、大宮司は江木兵部となっている。
(69) 下関市発行、一九九四年。
(70) 山口県編集・発行、二〇〇四年。
(71) カラー図版が『県史』史料中世3の付録になっている。
(72) 山口県埋蔵文化財調査報告第八〇集『生産遺跡分布調査報告書　製塩』(山口県教育委員会、一九八四年)参照。
(73) 網野善彦「中世の製塩と塩の流通」(『講座・日本技術の社会史』二　塩業・漁業、日本評論社、一九八五年)参照。
(74) 以下のような研究がある。福本上「中世期に於ける正吉郷入江干潟と製塩記録」(『郷土』三〇、下関郷土会、一九八四年)、国守進「豊浦郡正吉郷入江干潟絵図について」(『山口県文化財』一六、一九八六年)、『山口県史』通史編(山口県編集・発行、二〇一二年)第二編第二章第三節「長門国豊浦郡正吉郷入江干潟」。
(75) ただし『よしみ史誌』(下関市立吉見公民館、一九八五年)では、中世担当の執筆者である福本上氏が下人売券や坪付指出など「有光家文書」に含まれる多様な文書を掲げ、中世村落としての諸相の紹介に努めている。
(76) 山口県編集・発行、二〇〇八年。

(77) これらの文書の略称は以下のとおりである。
「有光家文書」（『県史』史料中世3所収）……「有光」。

「安養寺文書」（『県史』史料中世4所収）……「安養寺」。

「忌宮神社文書」（同右所収）……………………「忌宮」。

「住吉神社文書」（同右所収）……………………「住吉」。

「龍王神社文書」（同右所収）……………………「龍王」。

(78) 正吉村から永田郷村への改称が行われた理由については、現在も明らかにされていない。

(79) 有光四。

(80) 有光五。

(81) 龍王五。

(82) 大正六年に大綿津見神社と合祀されて龍王神社と改称された。

(83) 注72及び注73文献参照。

(84) 彼は応長二年二月二〇日「御使尚脩・外二名連署補任状案」（有光五）に見える、惣公文武久と同一人物であると考えられる。この文書中においても正吉郷は「富安正吉郷」と呼ばれている。なおこの文書は「当住人（秦）進士弘信」を大宮司に補任するものであり、「御使尚脩・給主幸政」は忌宮神社側の人物であると考えられる。

(85) 榎原雅治「中世後期の地域社会と村落祭祀」（『歴史学研究』六三八、一九九二年）によれば、蒙古襲来後に鎌倉幕府は諸国において異国降伏祈祷のため、一宮だけでなく荘郷の鎮守にまで修造を施したという。蒙古再来に対する危機感は長門国においてはことさら強かったであろうから、長門国二宮がこの機を利用して長門探題に接近し、国内で勢力伸張を図ることはありうる。暦応三年一二月朔日「乳母屋社神殿造営貢録」（龍王七）によれば、吉見郷にある乳母屋神社はその祭神である乳母屋大明神が応神天皇（八幡神）の乳母であり、「長門国第三鎮守」として二宮に次ぐ地位を与えられていたことがわかる。蒙古襲来後の長門国においては、国内の神社が神功皇后伝説によって関係付けられていたのではないだろうか。そして仲哀天皇と神功皇后の子である八幡神を祀る正吉八幡宮は仲哀天皇を祭神とし、豊浦宮の旧跡と称する長門国二宮と神功皇后伝説を媒介として結び付けられていたのではないだろうか。

(86) 平瀬直樹「文書に見る中世末期のまじない—周防・長門両国—」(『山口県文書館研究紀要』二一、一九九四年)。
(87) 忌宮一九三。
(88) 有光七二。
(89) 安養寺一。
(90) 有光二一。
(91) 建武政権に対する要請と考えられる。
(92) 住吉二〇七。
(93) 住吉一九三。
(94) 住吉二〇八。
(95) 有光三一。
(96) 有光三六。
(97) 有光三。
(98) 有光九。
(99) 薗部寿樹『日本中世村落内身分の研究』(校倉書房、二〇〇二年)第三章「中世後期村落における乙名・村人身分」参照。
(100) 榎原雅治氏「中世後期の地域社会と村落祭祀」(前掲)参照。
(101) 有光一〇。
(102) 薗部寿樹氏『日本中世村落内身分の研究』(前掲)で、「五位職」は、大夫に代表される村落官途の極端なかたちとして表出されたものとされている。

(103)　有光四。
(104)　有光二七。
(105)　有光一二。
(106)　有光三六。
(107)　乳母屋神社は現在龍王神社に合祀されている。現在では「乳母屋」は「ちもや」と読まれている。しかし「有光家文書」中では永享一一年一〇月五日「あねい譲状」（有光五〇）に見える「吉見ちはや田」と、長禄四年三月一四日「某宛行状」（有光五三）に見える「吉見乳母屋田」が同じものと考えられる以上、「乳母屋」は「ちはや」と読ませていたと考えられる。
(108)　弘安一一年四月九日「むねをかののふかけ売券」（有光一三）には、「まさよし（正吉）のときてのくちのよりにたんせう（二段小）」が「ちハや（乳母屋）のこくて（御供田）」と記されている。
(109)　公文物部武貞は惣公文物部武久と同族であるかもしれない。また「惣公文物部武久請文案」が「長門国正吉郷入江塩浜絵図」と密接な関係があるにもかかわらず龍王神社に伝来している背景には、正吉弥二郎や惣公文物部武久が乳母屋神社が立地する隣村の吉見郷にも関係を持っていたことが指摘できるであろう。
(110)　有光一三。
(111)　有光二七。
(112)　有光一七。
(113)　有光四一。
(114)　有光二三。
(115)　有光二六。
(116)　前者は「小別名よりた《(田)》ゝ一反」を「ねんらい《(年来)》の妻女」に与えるよう指示しているのに対し、後者は同じ人物を「後家」と呼び替えている。どうやら前者は早めに用意した譲状であり、後者はいよいよ死期を悟って書いたものと考えられる。

(117) 現在地の比定は困難である。

(118) 有光七五。

(119) 「おこない」の意義については、薗部寿樹「村落の歳時記―結鎮、おこない、そして吉書―」（『日本村落史講座』六・生活1、雄山閣出版、一九九一年）参照。

(120) 「行事」という用語には村の代表者として差配するようなニュアンスがあるので、あくまで村落共同体の慣行の範囲内での権益と理解しておきたい。

(121) 秦氏のもとに下人が買い求められた証左として、弘安一一年五月一六日「ゆきなり売券」（有光一四）があり、一七歳になる「さんてん《散田》のわらわ《童》」が「まさよし《正吉》のいや二らう《弥二郎》」に売り渡されている。

(122) 大山喬平「荘園制と領主制」（『日本中世農村史の研究』、岩波書店、一九七八年、初出は一九七〇年）参照。

(123) 大山喬平氏「荘園制と領主制」（前掲）参照。

(124) 有光五七。

(125) 有光六〇。

(126) 「躰なし」は実体がないこと。『県史』史料中世3ではこの部分が「躰尤候」と翻刻しているが、意味がとおらなくなる。

(127) 有光五九。

(128) 有光一〇七。

(129) 有光一〇〇。

(130) 有光一〇二。

(131) 有光六七。

第四章　海辺の武装勢力

はじめに

室町期において守護大内氏は対馬―博多―赤間関―堺を結ぶ海上交通の動脈に沿って勢力を保持し、朝鮮及び中国との交易に大きな役割を果たした。この事実については大内氏研究[1]はもちろん、当該期の海上交通史の分野で豊富な蓄積がある[2]。一方で同時期における同じ水路上では歴史用語で「海賊」、「水軍」、「倭寇」などと呼ばれる海辺の武装勢力の活動が盛んであり、これらの勢力についても豊富な研究の蓄積がある[3]。しかし大内氏による対外交易に関する研究と、「海賊」や「水軍」に関する研究は従来別々に深められてきた。

それでは大内氏はその海上交通上の勢力を保持するにあたって、海辺の武装勢力とどのような関係にあったのであろうか。ひとくちに中世の「海賊」といっても、実際は多様な姿を見せている。佐伯弘次氏[4]は日本国内の海賊と海外での倭寇をあわせて「広義の海賊」と規定し、さらに「広義の海賊」の主要な日常的形態は海の領主も含めた海民とし、海民・海賊・倭寇の三者を統一的にとらえる視点の必要性を指摘した。たしかにこのような視点は、大内氏がどのように海辺地域を支配したかを分析する際に必要であると考えられる。しかし「海民」[5]は、漁業・塩業・水運業・商業から略奪に至るまでの多様な生業を完全に分化させることなく担っており、「海民」を視野に入れることは筆者の能力を越えてしまう。

本章ではまず先掲の「広義の海賊」について、その武装勢力としての側面に注目したい。その際に「水軍」(6)などのように後世に付与された名辞でもって性格規定を行うのではなく、当該期の史料中で実際に使用された用語に着目し、海辺の武装勢力のとった三種類の様態を抽出する。それらはⅠ「海賊」、Ⅱ「警固《けご》衆」、Ⅲ「倭寇」であり、それぞれの場合に分けて守護大名大内氏との関係を考察する。

一　海賊と海上交通

朝鮮通信使朴瑞生は一四二九年に来日した際の復命報告で、対馬から兵庫に至る水路に沿う地域について、次のように海賊の根拠地を分析している。

史料A『李朝実録』世宗一一年一二月三日（永享元年閏一一月三日）条(7)

（前略）若対馬・一岐《壱岐》・内外大島・志賀・平戸等島、赤間関以西之賊也、四州《四国》以北竈戸《上関》・社島《屋代》等処、赤間関以東之賊也、（中略）則対馬島為二諸賊都会之処一、赤間関、是四州諸賊出入之門、如有二西向之賊一、宗貞盛下二令其民一、不レ許レ汲レ水、大内殿下二令赤間関一、禁二其西出一、則海賊不レ得二往来一矣、且志賀・竈戸・社島等賊、大内殿主レ之、内外大島、宗像殿掌レ之、豊後州海辺諸賊、大友殿治レ之、一岐・平戸等島、志佐・佐志・田平・呼子等殿、分任レ之、（後略）

朴瑞生は海賊について赤間関を境に東西に分けて二大別した上で、志賀島（筑前）・上関（周防）・屋代島（周防）等の賊は大内氏を、「内外大島」[8]は宗像氏を、豊後国海辺の諸賊は大友氏をそれぞれ主とし、壱岐・平戸等の島は志佐、佐志、田平、呼子といった松浦党の諸氏に任されていたとする。瑞生の見解はこれらの諸賊が守護（大内・大友両氏）や有力武士団（宗像氏・松浦党）といった沿岸の地域権力と何らかの主従関係にあったことを示唆している。瑞生はそのような地域権力の中でもとりわけ対馬を支配する宗氏及び赤間関を支配する大内氏を有力視し、もし西に向かう賊があれば宗貞盛が領民に命じて水を汲むのを許さず、大内氏が赤間関に命じて西へ出るのを許さなければ、海賊は往来することができないと述べている。

朴瑞生が大内氏の実力を高く評価したのは大内氏が赤間関を支配していたからであるが、赤間関が重要であったのは海賊の取り締まりに有効な海の要衝であったからと考えられる。ではどのような意味で「有効」であったかというと、第一に赤間関と対岸の門司・小倉が一対のものとして支配されており、狭い関門海峡の両側を抑えることによって賊船を捕捉することが容易であったと考えられるという意味である。第二に海上交通の秩序を保つのに、赤間関住人の共同体＝海民の共同体の自治に依拠することができたと考えられるという意味である。

『大内氏掟書』[9]には文明一九年（一四八七）に出された関門海峡の渡賃についての法令が見え、その条文から第一に赤間関と小倉の両方に大内氏の代官が置かれていること、第二に渡賃の請求について違反した場合は赤間関の「地下仁」の頭が舟方を代官に引き渡すよう定められたことがわかる。

『大内氏掟書』に見えるような赤間関支配の状況がいつの時期まで遡れるかは明確ではない。しかし大内弘世は周防に次いで正平一八年（一三六三）に長門守護となるが、このことは大内氏にとって関門海峡の制海権をめぐる厚東氏との争奪戦に勝利することであったとされ[10]、長門守護になった段階からすでに海峡支配の強化が進められたと考えることができる。

ところが大内氏領国の沿岸地域に相当する瀬戸内海域の交通事情は、室町期を通じて決して平和なものではなかった。例えば一四二一年に京都に向かった朝鮮からの使者は周防―安芸間で「海賊」の出没を恐れ[11]、文明一八年（一四八六）に帰国した遣明船の両居座は、山口から大畠までの海上に「海賊」が多く浮かんでいたと述べた[12]。また瀬戸内海域のどのあたりであるかは明記されていないが、嘉吉三年（一四四三）には大内教弘に嫁ぐ山名氏息女の船が[13]、永正八年（一五一一）には大内船三艘が「海賊」に襲われている[14]。瀬戸内の海賊は大内氏関係の船でさえも海賊行為をはばかるところがなかったことがわかる。

また海上交通の要衝についても、その支配の内容が大内氏領国内で一様ではなく、周防国の上関＝竈戸関は長門国の下関＝赤間関と異なる歴史的経緯をたどっている。上関では能島《のしま》村上氏が進出し、室町時代後半からこの地に砦を構え関を設けて銭を徴収し、ここから備後と伊予の間の海峡に位置する「三島《さんとう》」（因島・野島・来島）にわたる広い範囲に網を張っていたという[15]。上関という港は周防国沿岸の勢力に限らず、広く瀬戸内の有力海賊の拠点として争奪の的になっていたと考えられ、下関のような大内氏の代官による直轄支配とは様相が異なっていたことがわかる。

次に室町期における「海賊」の語義が、必ずしも「悪」の側面ばかりではなかったことに触れておきたい。朝鮮で一四七一年に編纂された『海東諸国紀』には瀬戸内海の海賊がこぞって臨時の使者を派遣したことが記されているが、その中には朝鮮王朝に渡した信書にわざわざ「海賊大将」などと記し、「海賊」を自称している者が見受けられ[16]、「海賊」という言葉が必ずしも悪称とは限らないことがわかる。後で触れるように室町幕府が海賊に渡唐船警固を命じたことがきっかけになって海賊が守護の家臣になっていった経緯があり[17]、幕府や守護は海上軍事力に起用するために「海賊」の存在価値を認めざるをえなかったものと考えられる。

以上のように室町期に赤間関の直轄支配によって、そして海上軍事力として主従関係を結ぶことによって、大内氏は海賊の取り締まりに実効力を持つことができたと考えられる。それでも領国全域の海辺に赤間関と同じような支配を及ぼすには至らなかったため、大内氏は最後まで海賊行為そのものを根絶する権力とはなりえなかったことがわかる。

二　警固衆と海上軍事力

大内氏は天文一二年（一五四三）に厳島社家三方に対し、次のような旨を告げた。

史料B「大内氏奉行人連署書状（切紙）[18]」

当　社法会之時、予州衆参詣之処、諸浦警固衆諸事違乱之条、近年一円与州船無二着津一之間、迷惑之由、
以二連署之状一言上之通、遂二披露一之処、被レ成二御心得一候、向後之儀、聊不レ可レ有二違乱一之由、対二警固衆一
堅固被二仰付一之条、成二奉書一候、各可レ被レ得二其心一候、恐々謹言

（天文一二年カ）
五月廿一日

隆著（青景）（花押）
隆輔（龍崎）（花押）

厳嶋
社家三方中

当社（厳島）の法会の時に「諸浦警固衆」が「諸事違乱」を行い、近年伊予の船が参詣に着津しなくなったため、このことに困った厳島社家三方は大内氏に言上したので、大内氏は「警固衆」に対して違乱のないよう命じた。ここで注目したいのは厳島と伊予国との間に存在した諸浦の「警固衆」である。

戦国期において本来海賊であった勢力が廻船などを「警固」するという名目で「警固米」などを徴収し、「警固衆[19]」と呼ばれるようになったという。史料Bの場合も、不必要な「警固」を行ったことが「諸事違乱」を引き起こした原因になったと考えられる。「警固衆」のもう一つの語義は大名（山名氏や大内氏）の海上軍事力であり、永享六年（一四三四）に室町幕府が海賊に渡唐船警固を命じたことがきっかけ[20]になって守護が勢力を海辺島嶼部に及ぼすと、海賊が守護の家臣になったという。このように室町期も後半に入ると、海辺の武装勢力が幕府や守護の軍事力に起用されることによって、もはや「賊」ではないという認識から「警固衆」という呼称が定着していったと考えることができる。しかし大内義隆を倒した陶晴賢が、厳島に来航する諸廻船に対する警固米を天文二一年（一五五二）にやっと禁止[21]したことに見られるように、大内氏に仕えながらも「警固衆」は一貫して既得権益である「警固」行為を行い続けたことがわかる。

宇田川武久氏[22]によれば、弘治元年（一五五五）の厳島合戦当時において陶晴賢の警固衆は宇賀島・大浜・桑原・神代《こうじろ》・沓屋・浅海氏など周防屋代島とその周辺の諸氏、広島湾上に勢力を張り安芸と周防に所領を有していた白井氏、それに呉《くれ》衆の山本氏以下の海辺領主層によって構成されていたという。おそらくこれらの諸氏が、これ以前から大内氏警固衆の中核を構成していたと考えられる。

宇田川氏は鎌倉期に西遷御家人であった安芸国白井氏を例に、これら警固衆の性格を「海辺領主層」であると規定している。ここで筆者は先掲の周防国警固衆のうち神代氏[23]に着目し、警固衆の性格についてさらに検討を加えたい。

神代氏は鎌倉期以降周防国大島郡[24]神代保を本拠としており、神代は大畠の瀬戸をはさんで屋代島《やしろ》と向かい合う海上交通の要衝であった。大内氏との主従関係が初めてたしかめられるのは天文七年（一五三八）であり、この年に神代又太郎兼任は大内氏家臣としての義務である、氷上山興隆寺二月会の歩射役《ぶしゃ》[25]を命じられている。兼任は同一一年（一五四二）に大内氏の警固衆が伊予国棚林要害を攻めた際、加勢のため渡海することを命じられている一方、安芸国において高山城や西条槌山城の城番を務めて陸戦[26]にも従事している。後に神代氏は厳島合戦の際に陶晴賢側に就いたが、最後は毛利氏に仕えた。また神代氏は大内氏の遣明船貿易にも一定の役割を果たしていたらしく、細川・大内両氏の使節が明国で武力衝突を起こした大永三年（一五二三）の「寧波の乱」では、大内氏側の首謀者として「神代源太郎」の名が見える。[27]なお大内氏の奉行人には神代姓の者がしばしば見出され、一族から大内氏政務の中枢に携わる者も輩出[28]したことがわかる。

以上、神代氏の例から以下のようなことが言えるのではないか。海上交通の要衝に所領を持つ領主層はその立地を活かして海上への進出を試み、そこで得た能力によって大内氏の警固衆になると考えられる。警固衆を海民の性格に引きつけて海上に特殊化した軍事力としてとらえるのではなく、室町期領主層の一つの形態ととらえた方がよいのではないだろうか。このような性格は神代氏に限らず他の周防国警固衆にも見られ、屋代島に依拠する警固衆であった櫛辺氏は鎌倉期には屋代庄（同島西部）の開発領主[29]と称しており、同島の長崎氏は島末庄（同島東部）の惣公文で、大内氏に従って尼子氏攻撃の陸戦にも参加している。[30]

本章で「海賊」や「警固衆」のような武装勢力に、「海辺」という名辞を冠した理由は「海上」のみを活躍の場とするのではなく「海辺」に依拠して、海陸いずれにも軍事力を展開できたことを表現したかったからである。

三　倭寇と九州進出

大内氏と向き合ったことが明確な倭寇は一四～一五世紀段階[31]に主として朝鮮半島を襲った勢力である。しかし大半が中国人によって構成され、主として中国大陸を襲った一六世紀段階[32]の倭寇との関係は史料上明確ではない。朝鮮半島への倭寇の活動は高麗王朝の末期（一四世紀後半）が最も活発であり、朝鮮王朝初期には鎮圧されて衰えたものの、朝鮮は一貫して倭寇への警戒心を緩めなかった。大内氏が倭寇の禁止に乗り出すのは朝鮮王朝になってからである。初めは九州探題今川了俊を助けて賊船の禁止と倭寇にさらわれた被虜人の送還に努めていたが、大内義弘は幕府への讒言によって了俊を九州から追うと、以後は朝鮮との交渉の表に立った[33]。

一四～一五世紀の間、倭寇は「三島倭寇」と呼ばれ、「三島」すなわち壱岐・対馬・松浦という三つの根拠地を持つものとして朝鮮側に認識されていた[34]。この間の義弘から持世にかけての代に、大内氏は「三島」に相当する壱岐・対馬・肥前いずれの守護にもなることはなかった。それでも朝鮮は倭寇勢力を懐柔する一方、大内氏を日本側の抑止力として最も頼りにした。例えば一三九九年に幕府に命じられて倭寇を攻めた大内氏は「賊棄レ兵擲レ甲、挙レ衆出レ降[35]」という戦果をあげ、同年に義弘はその功績に乗じ、自己を百済の末裔と称して朝鮮に対し「土田」（田畑）を要求している[36]。

一四三〇年に朝鮮の官人大護軍李芸は壱岐・対馬方面への大内氏の影響力について情勢分析を行っており、大内氏と倭寇の根拠地を成す地域との関わりを窺うことができる。

史料C　『李朝実録』世宗一二年五月一九日（永享二年五月二〇日）条[37]

（前略）大内殿、掌与㆓小二《（少弐）》殿㆒戦、奪㆓小二殿筑前州之地㆒、御所仍賜㆑之、且賜㆑書云、一岐《（壱岐）》州、若自相戦無㆑統、則汝可㆓並奪㆒、故佐志殿、已帰㆓順于大内殿㆒、而筑前州所管対馬島宗貞盛、則元不㆑服事、小二殿之子、亦来㆓本島㆒、故大内殿、将㆓或加㆑兵矣、（中略）若伐㆓対馬島㆒、則将㆑発㆓所管赤間関以上海賊㆒、使㆑之攻戦、倘粮餉不㆑継、則賊謀難㆑測、且四《（四国）》州之倭数千余艘、常聚為㆑賊、若随㆑攻㆓対馬賊船㆒而来、則悉知㆓我国海路遠近夷険㆒、後日之変、亦可㆑慮也（後略）

まず前半部分について。李芸が言うには大内氏はかつて少弐氏と戦い筑前国を奪った。御所（将軍）は筑前国を賜いかつ壱岐国も少弐氏から奪うように指示したので、佐志氏は大内氏に帰順した。しかし筑前国所管である対馬の宗貞盛は元から服しておらず少弐氏の子息もまた対馬に来ていたので、大内氏は兵を加えようとしている。大内氏は義弘以来再三筑前国への進出を図っている。史料C当時の当主は義弘を継いだ盛見であり、御所（将軍）が筑前国を賜ったというのは、永享元年（一四二九）に将軍の料国である筑前を委ねられたことを指す。史料Cの翌永享三年（一四三一）に盛見は筑前深江で戦死するが、永享八年（一四三六）に盛見を継いだ持世はついに大内氏で初の筑前守護となり、九州で最も重要な国際港であった博多を正式に確保することに成功している。これ以後の大内氏は安芸厳島神主家[38]、筑前幕府奉公衆麻生氏[39]、筑前宗像大宮司家[40]といった有力な海辺領主をも家臣にしていき、東は安芸国沿岸から西は博多湾に至るまで、大小の海辺の武装勢力を主従関係で連ねていく。

史料Cからは当主盛見から持世に至る間、大内氏による海辺の武装勢力の系列化が赤間関より西の方面では「三島」地域にも伸びようとしていたことが窺える（図1）。

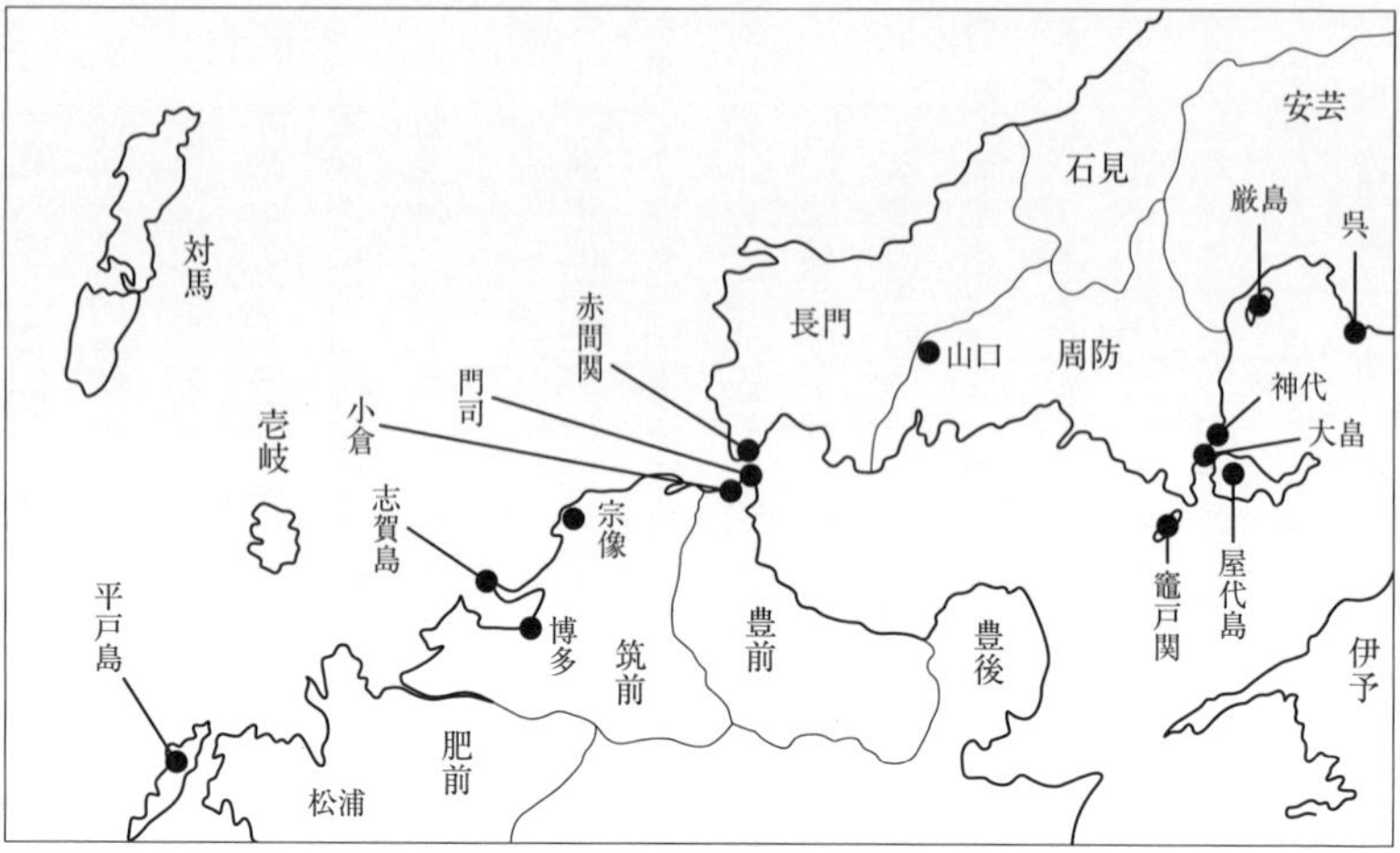

図１　海賊・警固衆・倭寇関係地名概念図

次に後半の部分について。李芸が言うにはもし大内氏が対馬を攻めるなら、「赤間関以上海賊」は粮餉が継続しない場合、海賊の企み（朝鮮半島への略奪と考えられる）は測りがたい。かつ四国の海賊について数千余艘は常に聚《あつ》まって賊をなし、もし対馬賊船を攻めるのに随行してきたならば、ことごとく朝鮮の海路遠近や夷険（平坦と険悪）を知り、後日の変が憂慮されるという。「赤間関以上海賊」について、赤間関を基準にして地域区分を行うことは史料Aにも見られるが、「上」という基準が不明なため、「以上」という表現が赤間関の東か西どちら側を指すかは容易に特定できない。それでも赤間関より西側すなわち九州の海賊であれば兵粮の不安は少ないものと考えられ、赤間関より東側すなわち瀬戸内海沿岸の海賊が長駆参戦することを指しているのではないだろうか。

従来瀬戸内海の海賊が倭寇となった確証はないとされている[41]ものの、史料Cに見られるように朝鮮では「三島」地域から瀬戸内海へと続く海賊の世界を一連のものととらえ、「三島」以外の海賊であっても倭寇化することを警戒していたことがわかる。

以上のように大内氏はその勢力圏である瀬戸内海の海賊とは別に、倭寇となる「三島」地域の海賊とも向き合っていた。そして大内氏の九州への進出、すなわち少弐氏勢力の排除と「三島」倭寇の禁遏とは密接な関係にあったことがわかる。つまり大内氏は直接的には「三島」地域の倭寇を禁遏することによって、間接的には倭寇化する可能性がある瀬戸内海の海賊を統括し、かつ赤間関の出入りを取り締まることによって、朝鮮王朝の絶大な信頼を獲得していたということができる。(42)

おわりに

以上の海辺の武装勢力に関する三種類の様態の分析から、大内氏がそのような武装勢力と密接な関係にある大名であることがわかった。

ここで本章では十分扱うことができなかった海民との関係について、今後の研究の示唆に富むものとして、宮本常一氏(43)の研究について言及しておきたい。宮本氏の海賊論は漂泊から定住に向かう海人の生活史と海賊の活動形態の推移が関連付けられた、大きな構想(44)を持ったものである。宮本氏は海上漂泊民が海賊化し、その集団維持のため倭寇となり、その首領たちが大名の被官＝警固衆となることによって所領を持ち始めると考えた。

しかし海賊、倭寇、警固衆という存在は必ずしも単線的な移行形態ではなく、本章で論じたように海辺の武装勢力が持つ様態の種類であり、倭寇を直接瀬戸内海の海賊と結び付けることにも無理がある。また神代氏などのように海辺領主の海上への発展も想定でき、「海賊」の起源は必ずしも海上漂泊民ばかりとは言えない。

最後に大内氏が海辺の武装勢力の海賊行為、もしくはその裏返しである「警固」行為の取り締まりに最後まで手を付けなかったことは疑問である。大内氏が取り締まることができなかったのは大内氏が海辺の武装勢力の首領レベルでは系列化できても、そのもとで戦闘、略奪、漁撈、運送など未分化な生業に従事していた海民までは把握できていなかったからであるかもしれない。今後大内氏が生業の面から、そして関・渡・津・泊との関係の面から、海民をどのように把握しようとしたかを詳細に検討する必要があるのではないだろうか。

〈追記〉本章は一九九三年の山口県地方史学会四〇周年記念大会の発表をもとにしているが、日本史研究会中世史部会での発表を経て内容を再検討した。なお本章は一九九二年度文部省科学研究費補助金奨励研究（B）「守護大名大内氏に関する郷土史資料データベースの作成」の成果の一部である。

注

（1）一例として、大内氏領国の総体について現在の研究水準を作った松岡久人『大内義弘』（戎光祥出版、二〇一三年、初版は一九六六年）をあげておく。
（2）一例として、現在も参照されることの多い小葉田淳『中世日支通交貿易史の研究』（刀江書院、一九四一年）をあげておく。
（3）田中健夫「中世海賊史研究の動向」（『中世海外交渉史の研究』東京大学出版会、一九五九年）に研究史が詳しい。
（4）佐伯弘次「海賊論」（『アジアのなかの日本史』Ⅲ　海上の道、東京大学出版会、一九九二年）参照。
（5）網野善彦氏が提示した「海民」概念については、同氏「海民の諸身分とその様相」（『日本中世の非農業民と天皇』岩波書店、一九八四年）参照。
（6）「海賊」が担う特殊化された海上軍事力という意味での「水軍」という言葉は中世の日本で使用されておらず、近世以降に用いられたと考えられる。しかし近世においても、軍学書などでは「水上の軍（いくさ）」という意味の場合もあり、「水軍」という言葉には再検討が必要なのではないだろうか。ただし『李朝実録』には朝鮮王朝の海上軍事力という意味で「水軍」という用語が見える。

（7）『李朝実録』は『県史』史料中世1所収のものを参照した。

（8）肥前平戸島の北にある大島（的島、小豆島ともいう）及び宗像の沖にある大島を指すという。

（9）『中世法制史料集』三。

（10）松岡久人氏『大内義弘』（前掲）参照。

（11）宋希璟著・村井章介校注『老松堂日本行録』（岩波書店、一九八七年）。

（12）『蔭涼軒日録』（『県史』史料中世1）。

（13）『建内記』（『県史』史料中世1）。

（14）『実隆公記』（『県史』史料中世1）。

（15）『上関町史』第三章「戦国時代の上関と村上氏」（一九八八年）参照。

（16）佐伯弘次氏「海賊論」（前掲）参照。

（17）このことについては後で触れる。

（18）厳島野坂文書四〇（『広島県史』古代中世資料編Ⅱ、一九七六年）。

（19）相田二郎「中世に於ける海上物資の護送と海賊衆」（『中世の関所』畝傍書房、一九四三年）参照。

（20）宇田川武久『瀬戸内水軍』（教育社、一九八一年）参照。

（21）天文二一年二月二八日「陶晴賢掟書写」（大願寺文書六五、『広島県史』古代中世資料編Ⅲ、一九七八年）。

（22）宇田川武久氏『瀬戸内水軍』（前掲）参照。

（23）以下、神代氏についての記述は、筆者が執筆した『大畠町史』（一九九二年）第三章がもとになっている。

（24）大畠や神代など旧玖珂郡大畠町域（現在は柳井市内）は中世・近世には大島郡のうちとされ、周防大島（屋代島）と同じ地域と観念されていることは興味深い。

(25) 天文七年（一五三八）一一月三日「大内氏奉行人連署奉書写」（『閥閲録』三、神代六左衛門）。

(26) （天文一五年）正月二九日「大内氏奉行人連署書状写」（『閥閲録』三、神代六左衛門）。

(27) 『続善隣国宝記』（『善隣国宝記　新訂続善隣国宝記』集英社、一九九五年）。

(28) 田村哲夫「守護大名大内家奉行衆」（『山口県文書館研究紀要』五、一九七八年）参照。

(29) 「譜録」櫛辺八郎右衛門信美（山口県文書館蔵「譜録」く20）。

(30) 宮本常一・岡本定『東和町誌』（一九八二年）参照。

(31) かつて前期倭寇とも言われた。

(32) かつて後期倭寇とも言われた。

(33) 田中健夫『倭寇』（教育社、一九八二年）参照。

(34) 田中健夫『中世海外交渉史の研究』（東京大学出版会、一九五九年）参照。

(35) 『李朝実録』定宗元年五月四日（応永六年五月四日）条（『県史』史料中世1）。

(36) 『李朝実録』定宗元年七月一〇日（応永六年七月九日）条（『県史』史料中世1）。結局要求は認められなかった。

(37) 『県史』史料中世1。

(38) 厳島神主家については、松岡久人『安芸厳島社』（法蔵館、一九八六年）参照。

(39) 麻生氏については、川添昭二「室町幕府奉公衆筑前麻生氏について」（『九州中世史の研究』吉川弘文館、一九八三年）参照。

(40) 宗像氏については、桑田和明『中世筑前国宗像氏と宗像社』（岩田書院、二〇〇三年、初出は一九八九年）第二編第一章「室町・戦国時代における筑前宗像氏の動向―大内氏との関係を中心に―」参照。

(41) 田中健夫氏『中世海外交渉史の研究』（前掲）参照。

(42) 一四〇八年には「観二其形勢一、大内殿、当一面巨鎮、土富兵彊、諸酋長皆畏服」（『李朝実録』太宗八年五月二二日

条・応永一五年五月二一日条）、一四二八年には「今乃奪二拠九州一、摠二領諸島一、非二他酋倭之比一」（『李朝実録』世宗一〇年一一月二六日条・正長元年一一月二六日条）とあり、大内氏が日本の「酋長」（諸豪族を指す）の中で抜きん出た存在であると高く評価している。

（43）宮本常一『瀬戸内海の研究』（一）（未来社、一九六五年）参照。

（44）佐伯弘次氏「海賊論」（前掲）でこのことについて触れていないのはなぜであろうか。

第三部　氏神と氏寺

第一章　興隆寺と二月会

はじめに

大内氏はその勢力範囲の国々にある多くの寺社に対して所領安堵などによって、その宗教活動を保護した。しかしこのような行為を単に大内氏の信心深さ、あるいは守旧的な性格の表れとして見るのではなく、その中に領国支配政策の一環として、積極的に寺社を利用した側面を見出すことができないであろうか。すなわち領国内の寺社が行う宗教活動には、大内氏への奉仕――いわば宗教による忠節――という側面があるのではないだろうか。そして雑多に見えるそれら寺社の宗教活動も大内氏を中心に据えて見ると、それぞれ特定の役割を持って――いわば宗教的な役割分担を形成して――行う奉仕であったと言えるのではないだろうか。

本章では右のような問題を検討するため、まずはその基礎的作業として大内氏と個別の寺社との関係を考察したい。その第一歩として大内氏と最も関係が深いと考えられる氷上山興隆寺を取り上げる。この寺に着目したのは周防国吉敷郡大内村という、大内氏のかつての本拠地に位置した上に大内氏の氏寺であったことによる。ここには多数の中世文書が伝来しており、これらは大内氏関係としては最もよくまとまった文書群ということができる。そこでこの文書群を主たる史料として、大内氏がこの寺に何を求め、そしてその宗教活動が同氏にとっていかなる意味を持ったのかということを考察してみたい。

一　興隆寺の組織と空間構造

（一）衆徒と坊

中世の興隆寺では正式な僧は「衆徒《しゅと》」と呼ばれ、彼らは日常的には「坊」を単位として生活していた。その中でも坊の住持は有力者で坊名を名乗り、坊の中に弟子や「児童」（稚児）を住まわせ、中には僧官・僧位を持つ者もいた。このように坊は単なる宿舎にとどまらず、住持を頭とする人間集団の単位でもあった。

南北朝期に見える坊は①大坊、②向坊、③東坊、④中坊、⑤船橋坊、⑥上坊、⑦井上坊の七か坊である[3]。以後その数を増やし、室町期には四十を越える多数の坊名が確認できる[4]。その中でも①大坊、②円乗坊、③一乗坊、④真如坊、⑤浄林坊、⑥理蔵坊、⑦修禅坊、⑧仏乗坊、⑨宝浄坊、⑩十乗坊は「十坊」と呼ばれて、他の坊よりも高い格を持っていた。「十坊」の住持は綱位を持ち法会の執行の中心となり[5]、連署には寺僧の筆頭に位置する[6]。また寺領の所務は「十坊」の団結と合議[7]によって全うすることが定められている。そして大坊の住持は一山の長官である「別当」になっている。大坊は近世には「真光院」[8]と改称され、近世末期の姿を描いた境内図[9]を見ると客殿やその他の付属施設が集合しており、他の坊と比べて格段に規模が大きいことがわかる。中世においても別当坊として他の坊よりも施設規模が大きいゆえに、そのように呼ばれていたのであろう。

別当は衆徒の長老であり、綱位も最も高い[10]。別当の任務は正平一二年（一三五七）に大内弘世によって定められた事書[11]に端的に表されている。それは㋑恒例の勤行・祭礼の興行沙汰、㋺修理等沙汰、㋩寺領年貢の究済であった。そして大内氏は別当に文書を宛てて、寺院経営に関する種々の指示を下していた。

文明七年（一四七五）に大内政弘は氷上山興隆寺に対して十二か条の法度[12]（以下では、これを「政弘法度」と略称する）を定めており、その第三条から以下のようなことがわかる。興隆寺においては臈次《ろうじ》（僧になってからの年数）に従って僧の序列を定めていたが、僧官・僧位を得て宿老を越え臈次を乱そうとする者がいるという。そこで大内政弘は「衆徒官位」は「一山之評議」→「連署状」→「武家御免許」という、一連の手続きを経て転任すべきであると定めた。この「一山之評議」という言葉から寺僧による自治組織があったことがわかり、別の文書からはそれが衆徒[13]によるものであったことがわかる。しかし衆徒の決議のみでは完結せず、最終的には「武家御免許」＝大内氏の許可を得なければならなかった。そして大内氏は綱位の転任だけではなく、寺院運営に関して他にも多くの事項について最終的な決定権を握っていたのではないだろうか。

以上のように大内氏は衆徒による自治活動を認めながらも最終的な権限を握り、有力僧を別当に就けて衆徒の自治組織との間を媒介させるという方式で興隆寺の運営を監督していた。

（二）境内の空間構造

興隆寺は大内村にある氷上山の中腹から山麓にかけて宗教施設を展開していた。その境内を描いた絵図としては江戸中期作成の「行程記[14]」山陽道一（図1）、江戸後期作成の「地下上申絵図《じげじょうしんえず》[15]」御堀《みほり》村地下図（図2）、そして江戸末期の姿を明治期に写した境内図[16]（図3）の三種類がある。図1・2は建物の名称と相互の位置関係は読み取れるが模式図的であるため景観がわかりにくい。図3は時期は下るが現在の景観と対照させることがある程度可能である。この三種類の絵図に描かれた建物名を相互に補完し、そのうちで中世文書に見えるものだけをピッ

図１　「行程記」に描かれた境内
（『行程記』山口県文書館所蔵）

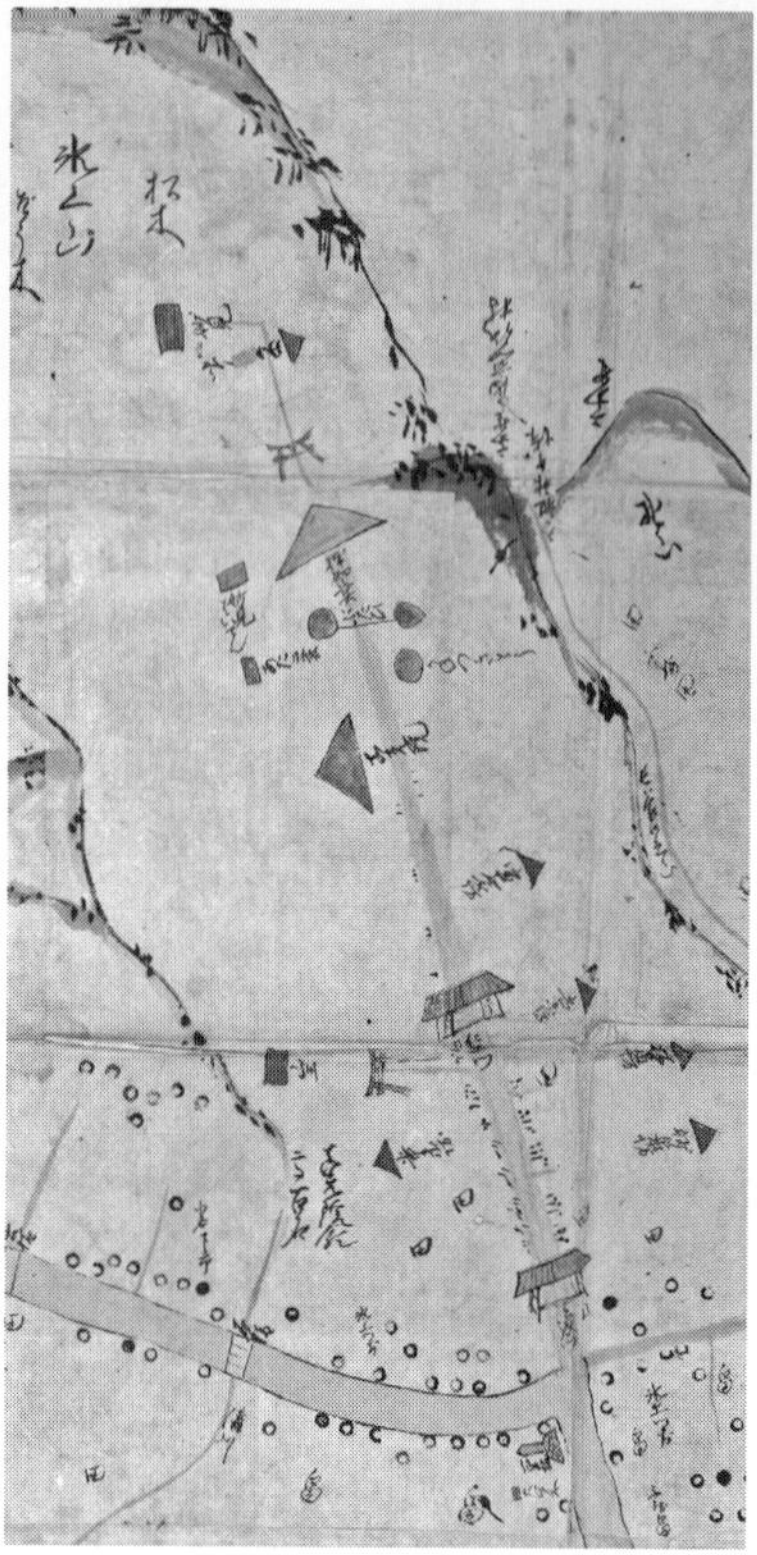

図２　「地下上申絵図」に描かれた境内
（「地下上申絵図」山口県文書館所蔵）

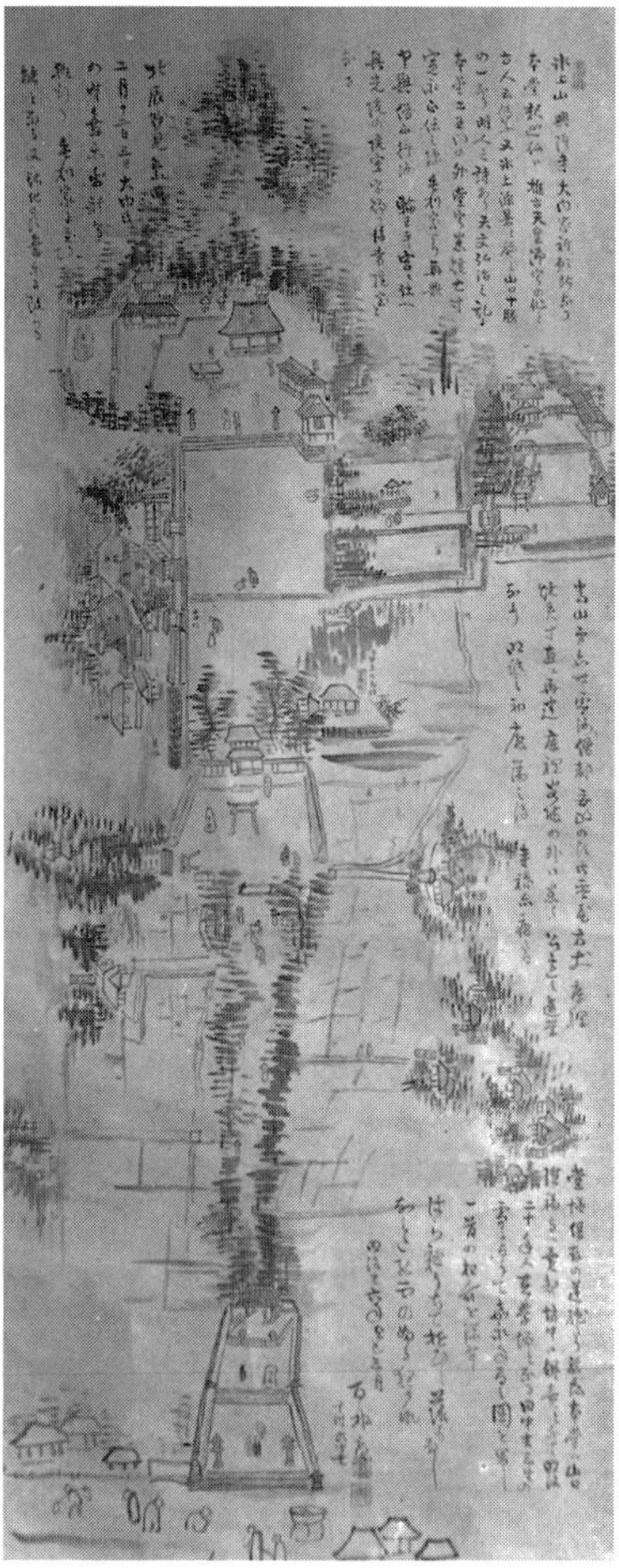
図3　江戸末期の境内
（「氷上山興隆寺絵図」山口県文書館所蔵）

アップして境内の概念図を作ってみた（図4）。以下ではこの概念図をもとに、中世における境内の空間構造[17]を説明したい。なお中世文書中には坊をはじめ近世には残存していない建物名も多数見られる。[18]

氷上山中腹には「上宮」があり、そのすぐ麓に「護法所」がある。現在「上宮」と「護法所」の跡地は山腹の急斜面に位置し、これらの場所へ至るには山道を登って行かなければならない。その下方西側に「下宮」があり、ここから「法界門」に至るまでの地形は比較的平坦になっている。「本堂[19]」は境内の中央に位置しており、本尊は釈迦如来である。その背後には向かって左から「八幡」と「三十番神」がある。本堂の前には向かって左手に「舞屋」、向かって右に「鐘楼」がある。門は二基あり、内側が「仁王門」で外側が「法界門」である。「仁王門」の西側には「山王」がある。

興隆寺は中世において比叡山延暦寺の末寺[20]であったので、境内の建物には天台宗の教義の反映が見られる。

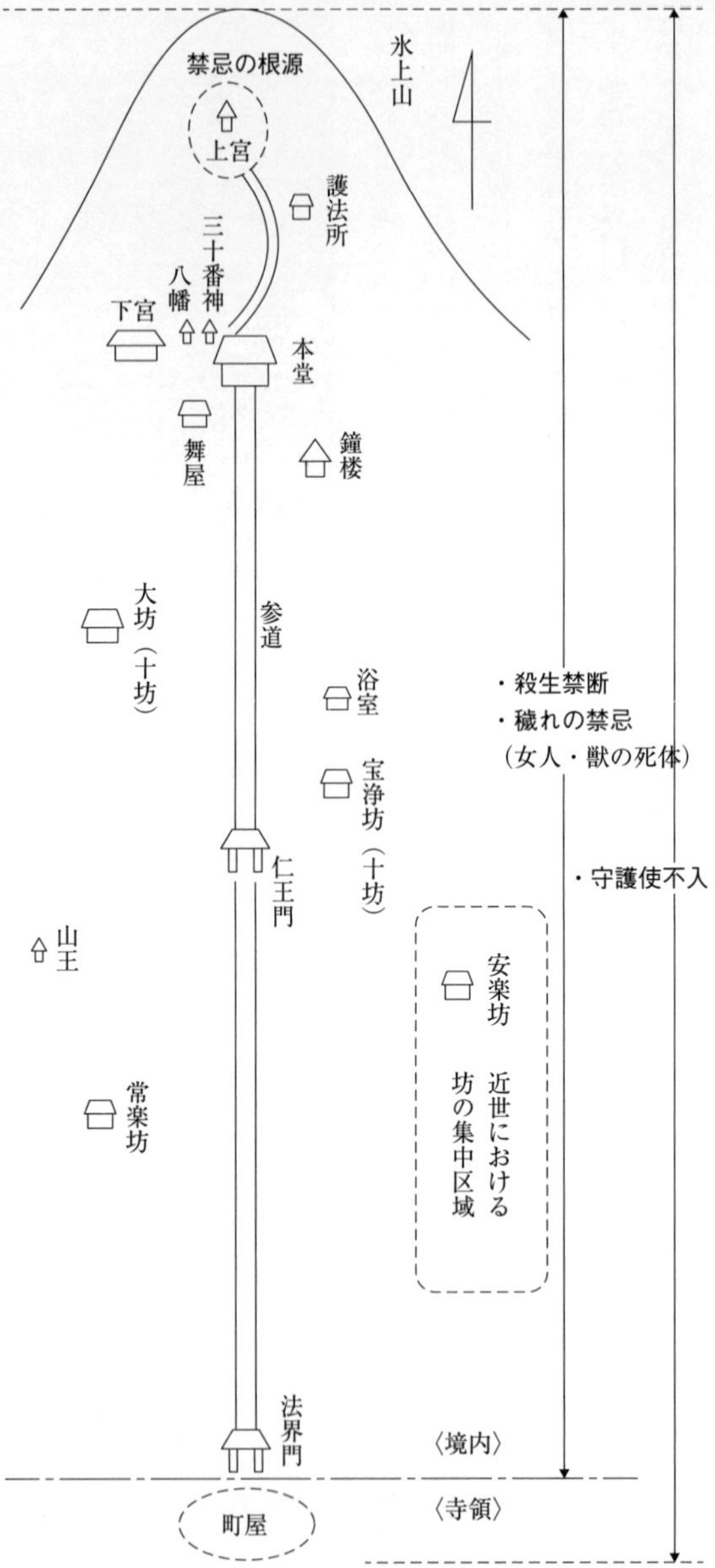

図4　中世の境内の概念図

「三十番神」は天台宗特有の信仰であって、法華経を守護するものとされた。「山王」は比叡山の鎮守神であって、その末寺に勧請されて当然である。また前掲三種の絵図には見えないが、文明一八年一〇月二七日「大内氏家譜写」[21]からは法華経信仰のための「不断如法経堂」及び台密修法のための「長日護摩堂」があったことがわかる。

「本堂」から「法界門」にかけてほぼ北—南の方向に伽藍の中軸線が見られ、この線上に参道があり、その両側に坊舎[22]が並んでいたという。「仁王門」の西側には、他よりも規模の大きな「大坊」（近世では真光院）があったと考えられる。

「上宮」は「政弘法度」第一条に「上宮社参之儀、当山衆徒之外者、可レ被ニ停止一事」とあり、衆徒以外の社参が禁じられていた。また同第五条によれば「山中并坊舎」といえども竹木を採ることが許されず、同第六条によれば氷上山全体がことさら制止も必要ではないほど当然に、狩猟をしたならば「神罰」を蒙るとされた。境内の入り口は法界門であり、その門前には町屋が建てられていた[23]。ここから内側は女人禁制であり（同第七条）、かつ魚食が禁じられている（同第九条）。

このように伽藍に加え氷上山をも含んだところの境内全体がいわゆる殺生禁断となるとともに、女人や獣の死体などの穢れに対する禁忌に覆われていたことがわかる。そして法界門を外界との境とし、伽藍の最奥部に上宮という特別な聖地を設けていたことがわかる。さらにこれらの禁忌に基づき、興隆寺は大内氏から境内に「守護諸司使等不入」[24]の特権を得ており、それは寺領にも適用された。

二　大内氏の妙見信仰と上宮

（一）大内氏の妙見信仰

上宮には大内氏の「氏神[25]」とされる妙見菩薩が祀られていた。大内氏と妙見菩薩との関係は文明一八年一〇月二七日「大内氏家譜写」（前掲）中の次のような伝説[26]にのみ見ることができる。それは大内氏の祖先となる百済の王子琳聖太子が来朝するのを鎮護するために、妙見菩薩が周防国都濃郡鷲頭庄下松浦の松樹の上に下臨したというものである。しかし琳聖太子を大内氏の祖先とする説は室町期に大内氏と朝鮮との関係が深くなってからのこと[27]であるとされており、義弘の代より以前に遡らせることは難しい。大内氏が興隆寺に妙見菩薩を祀っていたことがわかる史料の初見[28]は義弘の父弘世の代で、正平九年（一三五四）のことであった。つまり琳聖太子を祖先として主張する以前から妙見神事が行われていたことになるので、琳聖太子を媒介として大内氏とその妙見信仰を関係付けることは不可能であり、大内氏が妙見を氏神とする理由は現在のところ、この伝説以外には見当たらない。

妙見菩薩は北辰（北極星）を神格化したものであり、密教の星宿法（星祭り）の一種として、平安期以来盛んになった「妙見菩薩法」の本尊である。妙見信仰は星が人の運命を支配すると考える信仰の一種であり、延命の祈願のために中世では広く行われていた[29]。大内氏当主は個人的な延命祈願にとどまらず神前に請雨の祈祷を行い[30]、また「九州凶徒退治事、偏以㆓尊神威力㆒速達㆓本意㆒[31]」という祈願文に見られるように、九州の平定も妙見に祈願していた。これらは守護として農耕から軍事にわたる領国支配の安定を願う祈りであったと言うことができる。

（二）若子の上宮社参

上宮には先述したように衆徒以外の社参を許さない厳しい禁忌があったが、衆徒以外の人間が社参した場合もあった。それは大内氏当主の「若子」（元服前の嫡子）の場合である。

大内政弘は教弘の嫡子として、義興は政弘の嫡子として、どちらも元服前に上宮に社参している。政弘と義興はともにその幼名が同じ「亀童丸」であり、二人の「亀童丸」の上宮社参に関してはそれぞれ記録（政弘については「記録Ｉ」[33]、義興については「記録Ⅱ」[34]と略称する）が残っている。政弘の場合は長禄三年（一四五九）の十四歳の時、義興の場合は文明一八年（一四八六）の十歳の時であった。このうち記録の内容は義興の場合（「記録Ⅱ」）の方が詳しい。

「記録Ⅱ」によると、文明一八年二月一日、亀童丸（義興）は社参に先立つ「精進」のために興隆寺東円坊に登山した。この時点での「御供衆」は右田右馬助弘量以下当主政弘の近臣十名[35]である。同一三日に祈祷が始まり、上宮において「十坊」が参勤して「百座妙見供」を修した。同日に亀童丸はまず護法所へ参る。ここから先は「先達」である東円坊権少僧都豪祐に導かれ、「御供衆」として安楽坊宥淳以下の衆徒四名及び「御剣役」と「御香箱役」を務める、当主政弘の近臣の子息三名[36]が随行していた。また「護法所庭祇候」として、右田右馬助弘量以下当主政弘の近臣六名の名が見える。護法所では「御子」（巫女のことか）の手から東円坊が御幣を受け取り右田弘量に渡した。上宮では興禅寺豪精が御殿から御幣を持ち下って別当乗海に渡し、最後に亀童丸がこれを頂戴した。そして亀童丸は「上宮」→「五社」→「本堂」→「八幡」→「卅番神」と巡拝し、それぞれの神前に香爐を置いた。これら一連の儀式の進め方は政弘の時もほぼ同様（「記録Ｉ」）であるが、こちらの場合は二月一日から精進して二月七日に上宮に社参している。

（三）若子と禁忌

「記録Ⅱ」は上宮という社の性格について二つの示唆を与えてくれる。

第一点は亀童丸（義興）が「精進」を行い「先達」東円坊に導かれ、上宮においては衆徒の手から御幣を手渡されていることである。これらの点は政弘の時もほぼ同様である（「記録Ⅰ」）。このように若子は身を潔めた上に衆徒に導かれなければ上宮に近付くことができなかった。

第二点は上宮の神前での亀童丸（義興）供衆に子どもがいたことである。護法所の庭では父政弘の家臣が祗候していた。しかしそれから先は上宮の神前での御幣の頂戴それに続く巡拝において、亀童丸に供をしたのは衆徒を除けば「御剣役」や「御香箱役」を務める子どもであり、当主の大人の家臣はいなかった。そもそも二人の亀童丸自身が子どもであることとあわせ、大人の俗人が近付けない特別な聖地であっても、子どもであれば許されたのではないだろうか。中世社会の子ども像について最近の研究[37]では、子どもは老人・女性とともに大人としての男や僧侶中心の社会の周縁に位置付けられた存在であり、それゆえ逆に神仏がその姿で化現するにふさわしい者でありえたと考えられている。これが中世社会の通念であったとするならば、興隆寺の場合も子どもがそれだけ大人の俗人よりも神に近い存在として扱われていたのではないだろうか。

（四）上宮の性格

若子の上宮社参の際に衆徒は「百座妙見供」のような密教的修法にとどまらず、神事全般をリードしていた。

衆徒は大内氏のため上宮を祀ることをその重要な任務としていた。大内氏はしばしば興隆寺を「社[38]」と呼ぶことがあるが、これは興隆寺を代表するものとして上宮をとらえていたからではないだろうか。

一方で下宮にも妙見が祀られ、図2によると同所が「妙見はいてん《拝殿》」とも呼ばれている。中世においても衆徒以外の者が妙見に祈願できるように、上宮の拝殿的なものとして下宮が設定されていたのではないだろうか。そうすると同じ妙見を祀ってはいても一方では大内氏の氏神として、他方では一般の参詣者の信仰対象としてという異なった二つの妙見信仰に対応して、上宮―下宮の分化がなされていたのではないだろうか。

以上のように上宮は、大内氏によって政治的な願望が祈願される氏神としての妙見信仰の中心であり、かつ僧や子どものような俗的なものを離れた存在のみが近付くことを許される、境内＝聖域の禁忌の根源であったことがわかる。

三　大内氏と二月会

（一）年中行事について

興隆寺においては、どのような年中行事が行われていたのだろうか。

毎年恒例のものとしては次のとおりである。

・修正会

・二季彼岸転読[39]

・千部経会
・二月会（修二月会）

毎月恒例のものとしては次のとおりである。

・管紘講　・月次連歌　・本坊十坊和歌[40]

「二季彼岸転読」は春秋の彼岸の行事である。「千部経会」は「政弘法度」第七条に「二月会并千部経会、同大法之時」とあるように、「二月会」とともに大法会として位置付けられていた。おそらく法華経を千人で一部ずつ読んだのであろう。

興隆寺において最も重視されたのは二月会である。この二月会は奈良東大寺の「お水取り」に代表される、中世寺院に広く行われた修二会の一種であると考えることができる。修正会も修二会も、もとは年頭における祖霊祭と農耕儀礼であったものが次第に仏教化したものであり、豊作予祝を確実なものにするために修正会に加え、実際に農耕の始まる旧暦の二月にさらに修二会が行われたとされる[41]。

太田順三氏[42]は頭役負担の面から二月会の性格を明らかにした。氏は、まず法会の執行責任者である頭役のうちの第一人者である大頭役は大内氏一族及び支族に準ずる家柄の重臣の中から選ばれ、不勤することの許されない、大内氏の大名権力の威信をかけた家臣団相互の勤仕であるとする。次に大頭を補助する脇頭・三頭を大内領国の全国郡を一巡して割り当てていく制度は、守護・守護代・小守護代・郡代という統治機構に対応して維持・運営がはかられていたとする。このように二月会には豊作予祝への奉仕のかたちをかり、家臣及び領民に毎年繰り返して大内氏への忠節を義務付ける、政治的な意味があったと考えることができる。

（二）舞童と歩射

長州藩が編纂した藩内の地誌[43]によれば二月一二日には「御湯立」、一三日には上宮で「北辰降臨の祭儀、星供の秘法」があり、近世後期の二月会はこの両日から成るという。では中世においてはどのように行われていたのだろうか。一二日の「御湯立」は中世の史料には見えないが、一三日には上宮において「百座妙見法」が行われている。また前掲の藩内の地誌によれば、慶長三年（一五九八）までは稚児八人によって「舞童」が行われていたとし、また「往古」は歩射役六人によって「歩射《ぶしゃ》」が行われていたという。

「舞童」は応永一一年（一四〇四）には「童舞如レ常、（中略）十二日試楽、十三日正日[44]」と見えるので、大内氏の時代にも一三日に行われたと考えることができる。稚児に舞楽を舞わせた[45]ことから、このように呼ばれたのであろう。また伴奏である「管絃」の演奏者は衆徒の中から選ばれた。大内氏は舞装束を寄進[46]する一方、坊単位で舞い手と管絃の演奏者を用意しておくことを義務[47]付けており、この行事が大内氏の強い後押しのもとで寺院全体をあげて励むものであったことがわかる。管絃が奏でられる中で華麗な衣装を着せられた稚児が舞うこの神事は、二月会の中で最も贅を凝らしたものと言えるのではないだろうか。

舞童について史料上の初見は明徳元年（一三九〇）にその料所が寄進[48]されたことである。同二年（一三九一）には専用の建物である「舞屋[49]」が建てられ、同四年（一三九三）には大内義弘が「舞童事、最初者為二事始一之間、涯分奔走段無二子細一候、後々事者、可レ為二毎年沙汰一之間」と興隆寺に指示[50]しているので、この頃は施設の面からも舞い手の養成の面からも、まだ準備段階にあったと考えられる。

一方で歩射については、永徳二年（一三八二）に二月一三日付で「射手役」について、大内義弘によって三ヵ条[51]が定められているので、これも二月一三日に行われたと考えてよいであろう。歩射は「奉射」とも言われ、中世の神社の祭礼で広く行われた行事で、神事祈祷のために神前で大的を射ることとされている。こちらは大内氏御家人たちが主役となっており、彼らが腕を競うことによって勇壮な行事となったであろう。

華麗な舞童と勇壮な歩射はともに人の目を楽しませるものであっただろう。もちろん身分の高い者は塔などに桟敷[52]を設けて見物している。ところがそれ以外に石築地の上に登ってまで見物しようとする者がいたり[53]、「甲乙人」が境内の山の用木等を切ることがあったので[54]、大内氏はこれらの狼籍について禁制を定めている。これらの事実から舞童と歩射には「甲乙人」と呼ばれるような、凡下百姓身分の者も集まってきたことがわかる。しかも「政弘法度」第七条に見えるように、二月会の日は女人禁制まで解除されている。大内氏としては狼籍は許さないが、身分にかかわらず女人に至るまで、境内に入って見物することは許していたと考えることができる。このように舞童と歩射は身分の上下も宗教的禁忌も取り払った中で執行されていたと考えることができる。

（三）若子の上宮社参

先に触れた若子の上宮社参もまた二月に行われているので、今度は二月会の一環としてこの儀式の持つ意義をとらえ直してみたい。まず第一に若子が精進をして護法所から上宮、そして本堂及び摂社を巡拝していくのはこの大法会にあたって、氏神と境内の主要な神仏を供養する意味があったと考えることができる[55]。他の兄弟もそして父さえともなわず、若子にのみ上宮の神前に近付くことが許されているならば、彼は大内氏惣領家を代表してその氏神に参拝するという重要な役目を果たしていることになる。

第二に若子は一方では「百座妙見法」という密教的呪術によって、他方では神前で御幣を頂くことによって、延命ないしは息災を求めたと考えられる。[56]しかしこれは若子一個人に対する加護というようなものではなく、もっと政治的な意味合いを持っているのではないだろうか。二人の亀童丸が大内惣領家の中でただ一人社参していることから、この儀式には大内氏の近臣とその子息たちに、次代の当主への新たな忠節を神前に誓わせる意味もあったのではないだろうか。そうすると延命ないしは息災の祈願というのは若子が夭死することなく、当主の座を引き継ぐためのものだったのではないだろうか。

（四）当主の参籠

大内義隆を倒した陶晴賢に擁立された大内義長は弘治二年（一五五六）二月一三日付けで、妙見菩薩に願文[57]を捧げた。その主旨は戦乱のため二月会が充分に行えなかったが、明年からは先規に違わず祭礼を専らにして「一七ケ日参籠」を遂げ、「臻㆓万民富楽之化㆒」を伏して願うと誓うものである。これによると大内氏の当主にとって、二月会に参籠を「一七ケ日」＝七日間行うことが「先規」とされていたことがわかる。若子上宮社参の「記録Ⅰ」によると、大内政弘の場合は二月七日から参籠を始めていることがわかり、これが「一七ケ日参籠」に相当すると考えられる。なお図3には護法所の位置に「コモリ所」[58]と記されており、しかもここが大人の俗人にとって最も上宮に近い場所であると考えられるところから、当主の参籠場所は護法所であったと推定できるのではないだろうか。

また太田順三氏[59]によれば、大内氏当主は二月会の「未勤人」の注文にもとづいて神前に鬮《くじ》を引いて明年の大頭以下の頭役を決め、それらを任命する文書である差定《さじょう》を発給したという。差定の日付は二月一三日に一定している。大内政弘が二月七日から参籠したのならば、一三日はちょうどその七日目にあたる。他の当主の例が不明ではあるが、当主が鬮を引くのは七日間参籠の結願の日ということになるのではないだろうか。つまり大内氏は忌み籠ることによって領国支配の安定を祈願し、かつ結願の日に神意を受けて来年の頭役を決定する鬮を引いたと考えることができる。ただし大内氏当主は出陣していることもあり、必ずしもこの法会に参加できるとは限らない。その場合は代理によって鬮を引くことができるという。[60]

（五）二月会の内容構成

これまで述べてきた二月会の諸儀式の進行をまとめると以下のようになる。二月一日の若子の精進をその開始として七日からは当主の参籠が始まり、一三日（政弘の場合は七日）には若子が上宮に社参し、そして当主参籠の結願にあたっては舞童と歩射が行われてクライマックスに達する。なおそれに並行して本堂以下の仏堂において、衆徒を中心とする大規模な法要も営まれていたと考えられる。[61]

二月会の全体構成の中で大内氏にとってその本来の目的を果たしたのは、若子社参及び当主参籠という特別な聖地とその周辺で行われる、氏神祭祀のための秘儀であったと考えることができる。それはちょうど上宮が境内＝聖域の禁忌の根源であったのに対応している。

それでも大内氏は二月会を秘儀のままにとどめずに舞童と歩射を行わせることにより、一転して境内を身分の上下も宗教的禁忌も取り払ったハレの場に変えてしまう。このことには二月会がクライマックスを迎えるにあたり、大内氏当主が一方では儀式の見物を許して恩恵を施すことによって、他方ではその威勢を見せつけることによって、その家臣と領民に対して領国の支配者＝「御屋形様」であることを毎年再認識させる意味があったのではないだろうか。

おわりに

中世の興隆寺においてはその聖域の中心は上宮であり、最も重視された年中行事である二月会の中心は大内氏当主父子が上宮とその周辺で行う、氏神祭祀の秘儀であった。大内氏にとって「氏神」とは政治的な願望を祈願するための神であり、二月会とは政治的な意味を持つ一連の儀式から構成された、領国支配の安定を祈願するための行事であった。衆徒は大内氏の監督を受けて聖域の禁忌の根源である上宮を守り、そこを中心として行われる年中行事を維持することによって、大内氏に奉仕していたと言うことができる。

最後に宗教的な役割分担という観点から、興隆寺の性格について若干触れておきたい。ここで比較の対象として大内氏と関係の深い寺院のうち、大内重弘の乗福寺を史料上の初見として義隆の龍福寺に至るまで、代々の当主によって創建された一連の菩提寺[62]を取り上げる。これらはその宗派が判明する限りではほとんどが禅宗であり、ここに禅宗というものが大内氏領国内で果たした役割の一端が窺える。そして家臣は各当主の忌日にその菩提寺に参るよう義務付けられており[63]、ここにも政治的な意味を持つ行事が行われていた。一方で興隆寺に祀られた氏神は単に当主個人を守護するのではなく、大内惣領家そのものを守護するものであった。そこで個々の当主を記念する菩提寺と比較してみると、興隆寺には大内惣領家そのものを家臣及び領民に敬わせ、その領国支配を正当化する役割が見出せるのではないだろうか。

注

（1）現在の山口県山口市大内御堀。
（2）現在、興隆寺伝来文書の大多数は山口県文書館に所蔵され、この他に山口市の興隆寺、防府市の国分寺にも所蔵されている。山口県文書館蔵の興隆寺文書は『県史』史料中世3に収められており、以下では『県史』史料中世3掲載の興隆寺文書と文書番号を（興隆寺文書六七『県史』史料中世3）というように表示する。
（3）観応二年（一三五一）三月七日「興隆寺領周防国吉敷郡仁戸田村田地支配状」（興隆寺文書六七『県史』史料中世3）。
（4）山口市埋蔵文化財調査報告第二五集『大内氏関連遺跡分布調査』（山口市教育委員会、一九八七年）「一、文書調査興隆寺と大内氏」参照。
（5）応永一一年（一四〇四）三月「興隆寺本堂供養日記」（興隆寺文書一『県史』史料中世3）に見える。
（6）年月日未詳「興隆寺一切経勧進帳」（興隆寺文書二三七『県史』史料中世3）。
（7）年月日未詳「興隆寺寄進所領所務事書」（興隆寺文書二三一『県史』史料中世3）。
（8）『寺社由来』三参照。
（9）この絵図は画面に書き込まれた由緒書から、明治二六年に嘉永年間の絵図をもとに作成されたことがわかる。この中に描かれた建物名は『注進案』一二―一一八〜一一九頁に記載された建物名とほぼ同じである。絵図の原本は現在所在が不明であるが、その写真は残っている（山口県文書館蔵、県史編纂所写真史料三八一）。この他にさらにその模本が興隆寺と山口県文書館（軸物一三六）にそれぞれ所蔵されている。二種の模本は異なった部分も多いが、これらによって写真では読み取れない部分を補うことができる。
（10）権大僧都法印を有する者がいる。
（11）正平一二年（一三五七）正月七日「大内弘世条書」（興隆寺文書二〇九『県史』史料中世3）。
（12）文明七年（一四七五）一一月一三日「大内政弘法度条書」（興隆寺文書九八『県史』史料中世3）。
（13）明徳二年（一三九一）六月二九日「大内義弘条書案」（興隆寺文書一九八『県史』史料中世3）第三条に、坊の住持

を「衆徒談合」によって決めるよう指示が下されている。
(14) 山口県文書館蔵「毛利家文庫」三〇地誌四一。
(15) 山口県文書館蔵「地下上申絵図」五一五。
(16) 注9の絵図。
(17) 「上宮」、「籠所（護法所）」、「下宮」、「本堂」、「鐘楼」、「宝浄坊」、「仁王門」、「山王社」、「安楽坊」、「法界門」についてはすでに『大内氏関連遺跡分布調査』（前掲）の中で現地形図の上にその跡地が推定されており、これも参考とする。
(18) 『大内氏関連遺跡分布調査』（前掲）参照。
(19) 本堂は釈迦堂とも呼ばれて室町後期建造のものが残っていたが、明治一六年に龍福寺（現、山口市下竪小路）に売却され、その本堂となっている。国指定重要文化財。
(20) 「興隆寺本堂供養日記」（前掲）に見える。
(21) 『寺社由来』三　山口宰判御堀村興隆寺真光院。
(22) 図1〜3によると、近世に残っている坊で中世と同じ名称のものは大坊（真光院）・宝浄坊（宝乗院）・安楽坊・常楽坊だけである。近世ではこの他に時期によって異なるが二〜三カ坊が存在しており、これらはいずれも参道の東側で、仁王門と法界門の間の区域に集中していた（安楽坊もこの区域にある）。中世の多数の坊のいくつかもまた、この区域にあったのではないだろうか。
(23) 「大内義弘条書案」（前掲）第二条。
(24) 応永九年（一四〇二）一二月七日「大内盛見条書」第二条（興隆寺文書二二九『県史』史料中世3）に見られる。
(25) 「氏神」と称することの初見は、明徳三年八月五日「大内義弘起請文」（大日本古文書『毛利家文書』四―一三三四）である。
(26) 大内氏の祖先伝説における妙見の存在意義を考察するために注目すべき文献である。しかしその原文書は現存せず、近世以降の写本が三種類伝存するのみである。

(27) 松岡久人『大内義弘』（戎光祥出版、二〇一三年、初版は一九六六年）第一部第一章「大内氏の系譜」参照。
(28) 正平九年（一三五四）正月一八日「大内弘世書下」（興隆寺文書二〇八『県史』史料中世3）。
(29) 『中世の占い』（神奈川県立金沢文庫編集・発行、一九八九年）参照。
(30) （文安元年カ）六月二〇日「大内教弘書状」（興隆寺文書二二一『県史』史料中世3）。
(31) 文亀元年（一五〇一）七月六日「大内義興寄進状」（興隆寺文書三七『県史』史料中世3）。
(32) 義隆の幼名もまた同じであった。
(33) 長禄三年（一四五九）二月七日「多々良亀童丸大内政弘氷上山妙見上宮参詣目録」（興隆寺文書八一『県史』史料中世3）。
(34) 文明一八年（一四八六）二月一三日「多々良亀童丸大内義興氷上山妙見上宮社参目録」（興隆寺文書七八『県史』史料中世3）。このうち主な記述を抜粋する。

文明十八年丙午二月一日未時ヨリ前レ之為二御精進一、東円坊江御登山アリ、
一御供衆
右田右馬助弘量（他九名）
一同七日　御屋形様（大内政弘）午剋如二例年一、自二山口一当坊江有二御出一、（中略）若子様下之坊　御屋形様御座所へ出御アリ、今日ヨリ式御精進、
一同十三日、為二御祈祷一寅一点、於
上宮九間大坊、十坊令二参勤一、百座妙見供修レ之、
権大僧都法印乗海（他九名）
一同日辰之時、上之坊ゝ御装束候て、下之坊自二御門一、先護法所江御社参、御幣御子之手ヨリ東円坊請二取之一、右田右馬助ニ渡レ東円坊之、　御頂戴云々、
一先達　権少僧都豪祐行年四十七
次御供衆

榑庭
安楽坊宥澄（他興隆寺僧三名省略）

御剣役
杉歳千代 杉次郎左衛門尉息 弘相

御香箱役
伴田岩才 伴田大炊助息 弘興

青景鶴一 青景小太郎息 弘郷

以下、護法所庭祗候也、何モ裏打云々、

右田右馬助弘量（他大内氏家臣五名省略）

一於㆓上宮㆒御幣当法花堂興禅坊豪精、御殿ヨリ持下、乗海仁渡㆑之、　若子様御頂戴云々

一御社参之次第、　上宮ヨリ五社、五社ヨリ本堂、々々ヨリ八幡、々々ヨリ卌番神、以上十ケ所云々、彼神前銘々仁香炉置㆑之、

(35) 多くは当主政弘の奉行人クラスであるが、陶・内藤両氏のような守護代クラスは含まれていない。守護代と奉行人名の検索については、田村哲夫「守護大名『大内家奉行衆』」（『山口県文書館研究紀要』五、一九七八年）参照。

(36) このうち「御香箱役」の伴田岩才は、当主政弘の奉行人伴田大炊助弘興の子息。「記録Ⅰ」にも「御供衆」として三人の子どもの名が見える。彼らにもやはりその父親の名が注記されているが、それらは田村哲夫氏「守護大名『大内家奉行衆』」（前掲）で検索しても見当たらない。しかし彼らは杉や朽網《くたみ》といった姓を持っているので、奉行人クラスの家柄であると考えられる。この他に奉行人クラスの者四名が、やはり「護法所之前」に祗候している。

(37) 黒田日出男『〔絵巻〕子どもの登場　中世社会の子ども像』（歴史博物館シリーズ、河出書房新社、一九八九年）一〇四頁参照。

(38) 応永二七年（一四二〇）七月一二日「大内徳雄盛見寄進状」（興隆寺文書一一七『県史』史料中世3）では、興隆寺に寄付したものであるにもかかわらず「当社日御供」と呼んでいる。

(39) 年月日未詳「興隆寺一切経蔵供養条書土代」（興隆寺文書二〇三『県史』史料中世3）。

(40) 「大内政弘法度条書」（前掲）第一〇〜一二条。

(41) 中沢成晃「修正会・修二会と餅・花」(伊藤唯真編『仏教民俗学大系』六・仏教年中行事、名著出版、一九八六年)参照。

(42) 太田順三「大内氏の氷上山二月会神事と徳政」(渡辺澄夫先生古希記念事業会編集・発行『九州中世社会の研究』、一九八一年)参照。

(43) 『注進案』一二　御堀村参照。

(44) 「興隆寺本堂供養日記」(前掲)。

(45) 黒田日出男氏『[絵巻]子どもの登場　中世社会の子ども像』(前掲)四四頁から、舞童は稚児であるがゆえの稚児に固有な「仕事」の一つであり、寺院ではなくてはならない役割であったことがわかる。また同書四五頁及び七六～七七頁にかけて絵巻物に描かれた舞童の華麗な舞い姿を紹介しており、これらは興隆寺における舞童の儀式を類推するのに役立つものと考えられる。

(46) 至徳三年(一三八六)九月一八日「大内義弘寄進状案」(興隆寺文書二三『県史』史料中世3)。

(47) 正長二年(一四二九)八月二九日「大内氏奉行人連署奉書」(興隆寺文書一三六『県史』史料中世3)では「舞児」について、応永一五年(一四〇八)五月六日「大内盛見袖判条書」(興隆寺文書二三〇『県史』史料中世3)第四条では「管絃」について、それぞれ規程がある。

(48) 明徳元年(一三九〇)五月一〇日「大内義弘寄進状」(興隆寺文書二一『県史』史料中世3)。

(49) 「大内義弘条書案」(前掲)第一条。

(50) 明徳四年(一三九三)八月二五日「大内義弘袖判条書」第二条(興隆寺文書二二一『県史』史料中世3)。

(51) 永徳二年(一三八二)二月一三日「大内義弘条書」(興隆寺文書二四『県史』史料中世3)。

(52) 応永一五年(一四〇八)五月六日「大内盛見袖判条書」(興隆寺文書二三〇『県史』史料中世3)第三条。

(53) 「大内盛見袖判条書」(前掲)第二条。

(54) 「大内盛見袖判条書」(前掲)第一条。

(55) 黒田日出男氏『〔絵巻〕子どもの登場　中世社会の子ども像』（前掲）一〇四頁では、祭礼の際に神の「憑代《よりしろ》」となる「一《ひと》つ物」が多くの場合に子どもの役であるのは、子どもがそれにふさわしい姿であるからだと考えている。そうするとあるいは二月会においては、若子自身が「一つ物」として氏神＝妙見の憑代となっていたのかもしれない。

(56) 図1では護法所の位置に「守り所」と記されており、ここで護法神に対し息災を願ったのかもしれない。

(57) 弘治二年（一五五六）二月一三日「大内義長願文」（興隆寺文書二二六『県史』史料中世3）。

(58) 元亀四年（一五七三）六月一三日「氷上山妙見遷宮付立次第覚」（興隆寺文書一五三『県史』史料中世3）には社官が護法所に参籠した記事があり、ここには参籠所としての機能もあったことがわかる。

(59) 太田順三氏「大内氏の氷上山二月会神事と徳政」（前掲）参照。

(60) 太田順三氏「大内氏の氷上山二月会神事と徳政」（前掲）参照。

(61) 二月会には臨時の行事が接続されて行われることがあった。例えば「興隆寺本堂供養日記」（前掲）に見える本堂供養は二月一三日の舞童を皮切りに一七日に上棟、そして一九日に供養の法要を行っており、二月会に接続して行われていることがわかる。この時に導師・読師による講説、「呪願《じゅがん》」・「唄《ばい》」といった声明《しょうみょう》の唱和、そして獅子や天童の仮面をかぶって練り歩く「行道《ぎょうどう》」などから構成される大規模な儀式が、衆徒によって執行されている。残念ながら通例の二月会では本堂及びそれを取り巻く堂塔において、どのような儀式が行われたのかは史料的に詳しくない。しかし断片的には嘉吉三年（一四四三）「興隆寺二月会立大衆支配注文」（興隆寺文書一五六『県史』史料中世3）に見えるように、周防・長門両国内の七ヵ寺から、読経や声明を唱和するための「立大衆」として四十二人の僧を招いていたことがわかる。

(62) 重弘　乗福寺（臨）／弘幸　永興寺（臨）／弘世　正寿院（乗福寺塔中《たっちゅう》、臨）／義弘　香積寺（臨）／盛見　国清寺（臨）／持世　澄清寺（不明）／教弘　闢雲寺（曹）／政弘　法泉寺（臨）／義興　凌雲寺（禅宗）／義隆　龍福寺（曹）。※臨済宗は「臨」、曹洞宗は「曹」、どちらかは判明しないが禅宗に違いないものを「禅宗」とした。

(63) 「大内氏掟書」第一〇〇条（『中世法制史料集』三）には、文明一八年（一四八六）九月四日付で「御代々御年忌、至㆓其御寺㆒、各可㆑有㆓出仕㆒当日事」と定められている。

第二章　大内氏と妙見信仰

はじめに

近年、大内氏の始祖とされる琳聖太子が注目され、大内氏の祖先伝説に関する研究が進展し[1]、室町期の国家において大内氏が重要な存在であったということが、室町幕府体制及び対外交流の両面から明らかにされつつある。ところが近年の妙見信仰に関する研究はその成果が大内氏の研究に充分に活かされていない状況である。大内氏の氏神である妙見は始祖である琳聖太子とともに大内氏の祖先伝説の中核を成す存在でありながら、その基本的性格について不明な点も多い。そこで本章では道教史[2]、美術史[3]、日本中世史[4]、民俗学[5]といった多様な分野における妙見信仰の研究成果を踏まえた上で、室町期における大内氏の妙見信仰と祖先伝説の関係を論じたい。

具体的には以下の四つの課題に取り組む。第一に大内氏は周防守護となる以前から妙見を信仰していたのかどうか。第二に大内氏の氏神である妙見と始祖とされる琳聖太子は、どのような段階を経て祖先伝説の中で結び付いたのか。第三に妙見は大内氏によってどのようにイメージされていたのか。第四に祖先伝説の中で妙見の存在意義が明確になったのは大内氏歴代当主のうち誰の頃か。

筆者が大内氏の妙見信仰を重視するのは、この信仰が領国支配のイデオロギーとしての役割を果たしていたと考えているからである。大内氏は妙見祭祀を請雨や九州の平定など、農耕から軍事にわたる領国の安穏を祈願して盛んに行っている[6]。その中でも興隆寺二月会《にがつえ》は最も重視され、この法会には家臣及び領民に大内氏への忠節[7]を義務付ける政治的な意味があった。

一　在庁官人多々良氏と妙見信仰

本節では大内氏が周防守護となる以前から、妙見を信仰していたかどうかということについて論じたい。大内氏の前身は周防国在庁官人の多々良氏である。多々良氏の妙見信仰がどこまで遡るか、同じような信仰を持つ他の武士団の事例と比較して、多々良氏一門と妙見信仰の関係を考察する。

（一）在庁官人多々良氏から守護大内氏へ

まず平安末期から南北朝初期にかけて、周防国内において在庁官人多々良氏が置かれた状況を明らかにしておきたい。

多々良氏の本貫が佐波郡内の多々良荘であることは想像にかたくない。平安末期以降に多々良氏は周防国内の東西に盛んに分派し[8]、右田《みぎた》氏、陶《すえ》氏、問田《といだ》氏、鷲頭《わしず》氏などの支族が各地に本拠地を形成していった。鎌倉期において多々良氏一門で特に有力であったのは、多々良氏の嫡流で周防国吉敷郡大内村[9]を本拠とした「大内介」一族[10]と、同国都濃《つの》郡鷲頭荘[11]を本拠とした鷲頭氏である。

南北朝初期になると、「大内介」一族は周防国の地域権力者となるにともない「大内」という家名で呼ばれるようになった。一方で多々良氏の支族は大内氏の有力家臣になっていった。ところが「大内介」一族は南北朝期

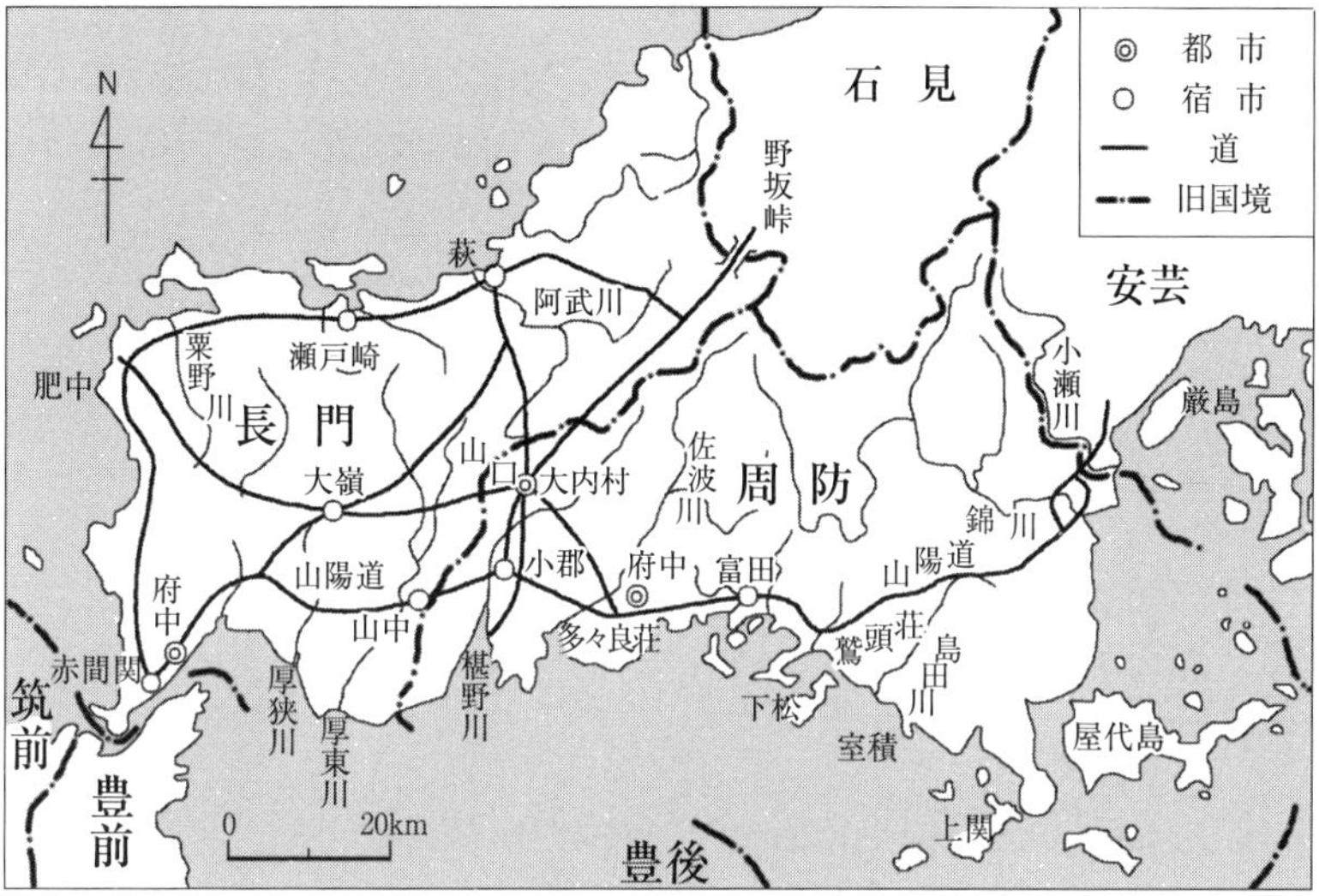

図１　室町期の周防・長門両国

以前に嫡流である重弘の一流と、重弘の弟である長弘の一流にさらに分裂しており、両者が周防国の覇権を争うようになった。

先に室町幕府から周防守護に任ぜられたのは庶流である長弘流の方[12]であったが、最終的には嫡流である重弘流の勝利に終わった。重弘の孫である弘世が貞治二年（一三六三）に周防・長門両国の守護になり、以後は弘世から生じた家系が守護職を世襲したからである。以下では弘世以降の大内氏を守護大内氏と呼ぶこととする。

なお「系譜類」によれば、長弘流は鷲頭氏を継いでいるが大内姓のままであった。その後の長弘流は長弘の孫の代に大内から鷲頭に姓を戻すとともに守護大内氏に臣従するが、家臣としての地位を安定させることができず、鷲頭氏の勢力は衰えていった[13]。

（二）氷上山妙見社と鷲頭山妙見社

まず大内氏の前身である在庁官人多々良氏と妙見信仰の関係を史料上で明らかにすることから始める。具体的には

「大内介」一族と鷲頭氏が、どのように妙見を信仰していたか史料から個別に検討する。

多々良氏一門のうち有力な一方の勢力である「大内介」一族は、本拠である大内村にあった氷上山妙見社と関係が深い。氷上山妙見社とは大内氏の氏寺である興隆寺の境内にあった社である。

興隆寺には大内氏時代の文書を多数含む「興隆寺文書」が伝来しているが、(14) その中で一通だけ鎌倉期の年紀を持つ弘安五年（一二八二）六月二三日「多々良氏女寄進状(15)」が存在する。この文書の主旨は多々良氏女が多々良氏の氏寺である「氷上てら《(寺)》」（興隆寺）に仁戸田《にへだ》村の田を寄進するということである。しかし筆者がこの文書の実物を調査したところ南北朝期以降の文字であり、かつ本物の文書に似せようとする作為のあとが見られるので、(16) この文書は鎌倉期まで遡るものではないと判断される。

それゆえに残念ながら大内氏が氷上山妙見社で妙見の祭祀を行っている確実な史料上の初見は正平九年（一三五四）まで降る。(17) しかしその中で大内弘世は、妙見の「恒例」神事を「先例」に任せて興行するように命じている。これは正平九年（一三五四）以前から妙見祭祀が続けられていたということを意味するだろう。

弘幸代から弘世代にかけて興隆寺は「氷上寺」とも呼ばれており、(18) このような認識は氷上山妙見社の存在を反映していると考えられる。よって氷上山妙見社における妙見の祭祀は、康永三年（一三四四）に大内弘幸が仁戸田《にへだ》保を「氷上寺」に寄進した時点まで遡らせてよいだろう。(19) さらに氷上山妙見社自体は南北朝初期の暦応四年（一三四一）以前に存在していたと推察できる。暦応四年（一三四一）に興隆寺は長弘流による放火によって焼失していることから、(20) これ以前にすでに興隆寺に付属した氷上山妙見社が存在していたと考えられるのである。

以上のように「大内介」一族と興隆寺（氷上山妙見社）との関係は直接的史料からは暦応四年（一三四一）か

らであるが、史料を深く読み込むとさらにそれ以前の鎌倉期まで遡る可能性が高い。しかしながら一四世紀中葉までの興隆寺は境内構成も寺僧組織もともに小規模であり、「大内介」一族の私寺的性格が強いものであったと言われている。[21]つまり妙見信仰は南北朝中期までは興隆寺を拠点とした「大内介」一族だけのものにとどまり、広く支配地域に影響を及ぼすような性格のものではなかっただろう。

ここまで大内氏の妙見祭祀の始まりを探ってきたが、妙見と大内氏の関係がさらに進展して、妙見が大内氏の「氏神」と呼ばれるようになる史料上の初見は義弘代の明徳三年（一三九二）である。この年に義弘は安芸毛利氏に宛てた起請文で、[22]「氏神妙見大菩薩」の名のもとに盟約を誓っている。[23]また義弘は同年に新たな領国である和泉国へ妙見を勧請しようと準備している。[24]これらのことから義弘は自己の一族だけでなく、広く支配領域全体が妙見に守られていることを対外的にも表明するようになったと推察できる。

次に鷲頭氏について、本拠の鷲頭荘にあった鷲頭山妙見社との関係に注目したい。鷲頭氏が鷲頭山妙見社を崇めていたことはその名前から想像できるが、鷲頭氏と鷲頭山妙見社の関係を直接示す史料は乏しい。特に鎌倉期の関係史料は見当たらない。妙見を信仰していれば妙見の名のもとに誓約すると思われるが、南北朝期の史料である長弘流の人物が記した起請文では、[25]妙見ではなく八幡大菩薩の名のもとに誓約を行っている。結局、鷲頭氏の家督を継いだ長弘流が鷲頭氏から妙見信仰を受け継いだ形跡は窺えない。

室町期においても鷲頭氏と鷲頭山妙見社の関係を示す史料は乏しい。しかし文明一〇年（一四七八）に大内政弘が鷲頭弘賢に「在国」して鷲頭山妙見社の下宮を造営するように命じていることから、[26]鷲頭氏は鷲頭山妙見社と古くからの関係があったことが窺える。

さて和田秀作氏は[27]大内氏が鷲頭山妙見社から氷上山妙見社へと妙見を分祀した由緒を重視し、[28]多々良氏一門のもともとの惣領家は「大内介」一族ではなく鷲頭氏ではなかったのかという可能性を指摘している。和田氏は多々良氏全体の妙見信仰における鷲頭氏の占める比重が大きいことを重視し、祭祀権は惣領家が管掌するという惣領制の原則に照らすことによって、鷲頭氏がもともとの惣領家であると考えている。

しかしながら先述のとおり、「大内介」一族も鷲頭氏も在庁官人であった時期に妙見信仰と直接関わるような史料は見当たらない。その上に代々「権介《ごんのすけ》」[29]を僭称する「大内介」が在庁官人の首領であったのに対し、鷲頭氏が在庁官人の間でどのような地位にあったかは不明である。これらの理由から、鷲頭氏に「大内介」一族と同等以上の評価を与えることは躊躇される。

筆者は妙見が氷上山妙見社よりも先に鷲頭山妙見社で祀られていた由緒と鷲頭氏が国内で得ていた地位とは別次元の問題と考え、和田氏の指摘には賛同せず、「大内介」一族を多々良氏の惣領とみなす。いずれにしても妙見は鷲頭氏が初めに祀った神であるにもかかわらず、「大内介」一族が導入するほど魅力的な守護神であったと言うことができる。

（三）中世武士団と「星」の信仰

（二）で述べたように、鎌倉期において在庁官人多々良氏は「大内介」一族、鷲頭氏いずれの場合も妙見信仰との関係を直接示すような史料は見当たらなかった。そこで多々良氏一門が妙見信仰を必要とした状況を類推するため、妙見や北斗七星といった「星」を信仰する他の武士団の事例を検討する。

中世において武士団の氏神の多くは八幡神とされたが、[30]いわば家門全体の「延命」を妙見や北斗七星のような「星」に求める個性的な武士団も存在した。例えば越後国の城氏は早くも平安末期において、敵方を呪詛する際

に祈願する軍神として妙見を崇めている。(31)

下総国の千葉氏においては妙見信仰が特に家門の存続に重要な機能を果たしており、これは大内氏と並んで武家による妙見信仰が顕著な事例である。千葉氏も「大内介」と同様に鎌倉期には在庁官人として「千葉介」を名乗り、南北朝期に下総国の守護になった。千葉氏が崇めた妙見像は中国から道教の真武神を取り入れたものであり、その受容は一三世紀後半以降であるとされる。(32)新奇な渡来神の図像を受容した理由は、千葉氏嫡流が異国警固番役のため下総から離れた時期に、嫡流を正統とするイデオロギーの再確立を図るためであったと考えられている。(33)

さらに北斗七星を信仰する武士団にも注目すると、そのような武士団の伝承には「七」の数を用いて潤色された表現を用いる特徴がある。永正五年（一五〇八）に記された『白山禅頂私記(34)』では加賀守護である富樫氏は（北斗）七星の流れであり、家紋の七曜は七星を表すと記されている。なお富樫氏の前身も在庁官人であり、その嫡流は代々「富樫介」を名乗っていた。

このように在庁官人「大内介」一族が活躍した同時代に、他の地方にも妙見や北斗七星のような「星」を一族の守護神として崇めている武士団がたしかに存在しており、「大内介」一族も自己を正統であるとする認識を持つために妙見を信仰していたと類推できるのである。

小括

「大内介」一族と氷上山妙見社との関係は史料上は南北朝初期まで確実に遡るが、さらに鎌倉期まで遡る可能性が高い。多々良氏一門が妙見信仰を必要とする状況は、他の武士団における「星」の信仰の事例から類推するほかなく、鎌倉期において「大内介」一族は自己を正統であるとする認識を持つため、守護神（氏神）を必要としたであろうと推測される。しかしながら南北朝中期までの妙見信仰は、まだ「大内介」一族の内輪にとどまるような性格のものであったと判断される。

二　妙見と琳聖太子

前節で見たように大内氏の妙見信仰は一族の私的な信仰から始まり、祖先伝説もともなっておらず、それゆえ始祖とされる琳聖太子もまだ登場していない。しかしその後に守護大内氏は妙見が琳聖太子を守護するために下降したというかたちで体系化された祖先伝説を、領国支配のイデオロギーにまで発達させていくことになる。では大内氏の氏神である妙見と始祖とされる琳聖太子は、どのような段階を経て祖先伝説の中で結び付くのだろうか。本節ではこの問題を明らかにするため、康応元年（一三八九）に足利義満が瀬戸内海を西へ遊覧した際の記録である『鹿苑院西国下向記』[35]（以下、『下向記』と略称する）を取り上げ、その内容を分析する。

義満は遊覧の途上で大内義弘の領国である周防国の沿岸に停泊している。『下向記』は今川了俊の著書として有名な『鹿苑院殿厳島詣記』[36]（以下、『詣記』と略称する）に比べ成立の経緯及び年代が不明確なため、従来は史料としてあまり重視されなかった。しかし『下向記』は大内義弘の領国に関する情報が『詣記』よりもはるかに豊かであるので、この『下向記』から体系化される以前の祖先伝説を読み取ることができると思われる。

（一）『鹿苑院西国下向記』の成立過程

『下向記』は作者が北野社に通夜をした際、身分の高い女房に対しその家来が珍しい話を語っているのをたまたま耳にし、それを書きとどめたという設定になっている。小川剛生氏は『下向記』のような朝儀・饗宴などの行事を見物人に仮託して叙述する「仮名日記」が足利義満の生涯の節目ごとに必ず書かれ、義満の宮廷の外にいる読者に向けて発信されたと述べている[37]。さらに南北朝から室町初期にかけて記された一連の歴史文学にも、見物人に仮託する叙述のスタイルが認められる[38]。

『下向記』には大内氏領国内の地形をよく表現した記述がある。例えば義満の船が周防国苻中《府中》（防府市）に到着した際、その周辺の島や浅瀬の景色は詳細に描かれている[39]。また『下向記』は『詣記』よりも義満の随行者の記載が詳しい[40]。これらの点から、『下向記』は随行者の記録に基づいて書かれたと考えられる。

ところが義満が苻中《府中》で義弘の接待を受ける場面になると、『下向記』に新たな語りが挿入される。義満の御所近くの海岸に三十歳くらいの法師[41]が登場し、大内氏に関することを詳しく物語ると立ち去ってしまうのである。そしてこの語りの中に大内氏の祖先伝説が含まれている。

『下向記』の祖先伝説を検討する前に、ここでまず『下向記』の成立年代について触れておく。

伊藤幸司氏は法師の登場部分で語られた祖先伝説中の『姓氏録[42]』という書名に注目し、『下向記』が成立したのは大内政弘が初めて『新撰姓氏録』を閲覧した文明七年（一四七五）以降であると述べている[43]。『下向記』全体のかたちが完成した時期については伊藤氏の考えに賛同する。しかし法師の登場部分を除いた『下向記』の基幹部分は室町初期に流行した叙述のスタイルに従い、随行者の記録に基づいて書かれたものであり、義満の在世中またはほど遠からぬ頃である一五世紀前半までにはできあがっていたと考えられる。

法師の登場部分については伊藤氏の掲げた根拠に加え、『下向記』中の「百済済明《聖》王の第三の皇子[44]」という表現から一五世紀後半以降に成立したと考えたい。その理由は第四節で述べるように、琳聖太子を〈百済国王の第三王子〉とする表現は政弘代になってから現れるからである。
『下向記』の成立過程は第一段階として一五世紀前半までに足利義満を讃美する目的で基幹部分ができあがり、第二段階として一五世紀後半以降に大内氏の威勢を宣伝する意図で法師の語りが挿入されたと言うことができる。つまり『下向記』は二段階の成立過程を経て、二重の語りによって構成されているのである。

（二）『下向記』に見える祖先伝説

以下には『下向記』から法師が語った祖先伝説を抜粋し、それを四つの構成要素に分けて紹介する。この祖先伝説では琳聖太子が主人公で、琳聖太子が日本に渡来するきっかけから大内氏の祖神となるまでが記されている。

Ａ（琳聖太子と聖徳太子）

松の一むらある所を車つか（車塚）と申ならハせり、是ハ百済済（聖）明王の第三の皇子琳聖太子、生身の観音大士を拝し給へきよし祈念ありしに、告ありて日本へわたり給ふ、推古天皇御宇なり、則聖徳太子に相看し給て、たかひに法花の妙文にて意趣を通しまし〳〵て願望成就せりと也、琳聖太子崩御の後、車をおさめられし所とて車塚といへり、

Ｂ（多々良宮の御神体）

車塚の社頭をハ多々良の宮と号す、御正躰三面あり、一社ハ妙見大菩薩にて御本地薬師如来と申す、一社ハ聖徳太子にて御本地十一面と申す、一社ハ琳聖太子にて文珠〔殊〕師利菩薩と申す、

C（琳聖太子の守護神）
国分寺《佐波郡》の東に毘沙門堂あり、こゝにも妙見御社あり、多々良の内也、この毘沙門尊天ハ百済国より太子《琳聖》来朝の時、船中守護の持尊たりしを安置すと申伝たり、尊像わたし給し中に、不動明王一尊ハこの京兆《大内義弘》の山口の館の持仏堂に安置す、
D（多々良姓の下賜と祖神としての琳聖太子）
百済国にて余氏たりし也、太子の息諱藤根公の時、多々良の姓を給てより周防国にていまに代々かくのことし、姓氏録にハ多々良公なり、いつの比の事にや多々良宿祢たりし、この京兆の代に朝臣たり、しかるゆへに琳聖太子をかの家の祖神とも曩祖ともあかめ給ふと承をよ《及》へり、

実は『下向記』の祖先伝説では、氏神である妙見と始祖とされる琳聖太子の関係は語られていない。構成要素Bによれば妙見大菩薩、聖徳太子、琳聖太子の三者は多々良宮の御神体として並び立っており、構成要素Cによれば琳聖太子は来朝する船中において毘沙門天に守護されている。『下向記』の祖先伝説では妙見に琳聖太子を守護するような存在意義が確認できず、まだ琳聖太子と特別な関係性は見られない。しかも構成要素Dによれば琳聖太子自身が「祖神」とされ、大内氏の「氏神」的な性格を持っていたようである。

（三）『下向記』に反映された所伝

『下向記』の中で法師が語った祖先伝説は妙見の位置付けがあいまいであり、後に体系化される大内氏の祖先伝説よりも古い所伝を反映しているように見受けられる。(45) それはいつ頃の所伝なのだろうか。

構成要素Bに注目すると、「多々良の宮」という神社名がその決め手となろう。盛見代においてはじめは「府中車塚」と呼ばれていた古墳が[46]応永二一年（一四一四）から神社として整備され[47]、多々良宮と呼ばれるようになる。したがって「多々良の宮」という神社名は、応永二一年（一四一四）を遡るような表現ではない。

またこの祖先伝説では妙見と興隆寺との関係が語られていない点にも注目したい。真木隆行氏によれば[48]、大内盛見は興隆寺に周防国の枠組みを超えるような別格の地位を与えようとするが、その試みは試行錯誤にとどまる。別格化が本格的に進み、興隆寺が領国支配のイデオロギーの中心的役割を果たすようになっていったのは、盛見から二代後の家督である教弘代になってからである。したがって教弘代以前の祖先伝説では興隆寺の存在が主要な要素とはなりにくく、妙見との関係も語られない段階であると考えられる。

以上のように「多々良の宮」という神社名、及び妙見と興隆寺との関係が語られていない点を手がかりとして、『下向記』の祖先伝説は盛見代以降で教弘代までは下らない時期、すなわち盛見代から持世代[49]にかけての一五世紀前半頃の所伝を反映していると思われる。

小　括

教弘代以前の祖先伝説では、まだ氏神の妙見と始祖の琳聖太子は結び付いていなかった。『下向記』に見える妙見は大内氏が崇める御神体の一つでしかなく、しかも琳聖太子自身が「祖神」とされて大内氏の「氏神」的な性格を持っていたようである。妙見と琳聖太子が結び付くまでには琳聖太子自身が「祖神」とされるような段階を経る必要があった。このことは教弘代以前は、興隆寺が領国支配のイデオロギーの中心になっていなかったことと密接に関係しているものと思われる。

三　妙見の形象

本節では祖先伝説の中で重要な役割を果たす妙見が、大内氏にとってどのようにイメージされていたのかということを考察する。残念ながら大内氏が崇めた図像ないし彫像は現在のところ確認されていない[50]。そこで大内氏が「亀」を妙見の象徴として用いたことを手がかりとして、この問題を追究したい。

（一）妙見図像の変遷

大内氏の妙見像についての議論を始める前に、まず古代から中世にわたる日本の妙見図像の変遷を概観しておく[51]。

妙見とは北極星が神格化されたものであり、奈良時代には妙見菩薩として知られた。そして北極星の周囲を回る北斗七星もまた信仰の対象とされた。妙見は本来菩薩形で描かれていたが（図2）、鎌倉末期以降は中国道教の真武神の影響を受けたかたちに変容していった[52]。真武神とは北方の神である玄武が唐末五代に人格化されたものので、その形象は特異である。披髪（ざんばら髪）に跣足（はだし）で、足下にともなう亀蛇がこの神の本性である玄武を意味している[53]。鎌倉・室町時代に真武神を描いた「鎮宅霊符[54]」が伝わった際、日本の密教家たちは足下に描かれている亀蛇から、妙見菩薩を想像したと言われている[55]。

（二）道教的な形象

大内氏がイメージした妙見の形象もまた道教の影響を受けているようである。しかし実際に大内氏が崇めた妙見の木像や絵巻の作例は伝わっていないため、当時の文献中の記述からその手がかりを探すほかない。

長享元年（一四八七）九月日の禁制に[56]「為二鷹餌一不レ可レ用二鼈龜并虵一也、既為二氷上山仕一者、儼然之処」という記述があり、「鼈龜并虵」（スッポン・カメ・ヘビ）は「氷上山仕」（氷上山妙見のお使い）なので、鷹の餌にしてはいけないと規定されている。そしてこの禁制に背いた場合、侍は恩給地を収公されるか追放され凡下の輩（平民）はその身を留置されるか誅戮されるという、大変厳しい処罰が定められていたという。この禁制から大

図２　菩薩形の妙見像（平安後期）

図３　真武神的な妙見像（13世紀後半）

内氏がイメージした妙見の形象は本来の菩薩の姿と異なり、亀蛇をともなう道教の真武神的なものであったことがわかる。

金谷匡人氏は『関八州古戦録』[57]に見える妙見に関する記述[58]及び『仏像図彙』[59]の妙見図像[60]をもとに、妙見の形象を〈亀に乗った童形の菩薩〉であると指摘している。[61]大内氏の妙見像に関する先行研究は乏しく、それゆえに重要な指摘である。妙見に「亀」が付随している点は首肯できるが、金谷氏の分析は近世の軍記や仏像図像集によるものであり、中世に遡る文献や図像による検証が必要であろう。

そこで中世における神像表現の一般的傾向に照らし、金谷氏の指摘について検討する。津田徹英氏によれば[62]、一三世紀以降の神像はホトケから垂迹したかたちを意味する童子形で表されるようになる。そして下総千葉氏の崇める妙見もまた童子形の神像である。千葉県内には千葉氏が崇めた真武神的で亀に乗った童子形の妙見像が現存しており（図3）、その造像は一三世紀後半に遡る。そうすると大内氏がイメージした妙見の形象は〈童形の菩薩〉ではなく、〈童子形の垂迹神〉である可能性が高い。つまり〈亀に乗った童形の菩薩〉という表現は〈真武神的で亀蛇をともなう童子形の垂迹神〉と改めるべきだと考える。

なお大内氏がいつ頃から妙見に真武神の形象を導入するようになったかは残念ながらわからない。それでも大内氏が派遣した遣明使は道教の真武神や星神の信仰が盛んな時代の真っ只中を旅しており[63]、大内氏が遣明使節など中国との通交者を介して真武神の形象を導入したであろうことは容易に想像できる。

（三）「亀童丸」という名付け

道教の影響は大内氏の「亀」の字を用いた名付けにも見られる。大内氏は代々嫡子に「亀童丸」という幼名を付けており、政弘―義興―義隆の三代にわたりこの幼名が継承されている。この名付けが守護大内氏にとって重要な意義を持っていたということだろう。政弘及び義興の場合はそれぞれ「亀童丸」と名乗っていた頃、長禄三年（一四五九）及び文明一八年（一四八六）の興隆寺二月会における上宮参詣記録が残っている[64]。上宮とは興隆寺境内にある氷上山妙見社[65]のことである。これらの記録によれば二月会は二月一日から開始され、その際大内氏の当主は同月七日から七日間にわたり参籠を行った。一方で「亀童丸」は父と別行動をとり、上宮に参拝して衆徒（寺僧）の手から御幣を頂戴し、その後で境内諸堂を巡拝した。上宮には寺僧以外の社参を許さない厳しい禁忌[66]があり、当主であっても上宮には参拝できなかった。にもかかわらず「亀童丸」は上宮に参拝しており、妙見に近付くことができる特別な存在であったことが窺える。

「亀童丸」に見る「亀」の字を用いた名付けは、一見「鶴」や「亀」など縁起の良い動物の名を幼名に入れる当時の風習に従っただけのように見える。しかし先述のように、大内氏がイメージしていた妙見は真武神的であり亀蛇をともなうものであった。それゆえにこの名付けは実は真武神的な妙見に付随した霊亀のかたちをとって、妙見そのものが象徴されていたと言えるだろう。三代にわたる「亀童丸」の幼名が継承される時期は、大内政弘によって祖先伝説が体系化される時期と重なる。第二節で紹介した一五世紀前半の所伝を反映した『下向記』では、まだ妙見と琳聖太子とは結び付けられていなかった。これに対して第四節で詳述するような体系化された祖先伝説によれば、「異邦之太子将二来朝一、北辰下臨以鎮二護之一」とあるように、琳聖太子は「北辰」（妙見の異名）に「鎮護」（守護）された存在である。つまり妙見は崇める者を守護する役目を担っていると考えられる[67]。「亀童丸」という名は妙見に守護されたというしるしであり、琳聖太子が妙見に守護された存在であったのと同じように、大内氏の当主が嫡子を琳聖太子になぞらえていた[68]ことが推察できるのである。大内氏が自己を琳聖太子になぞらえることについては、大内義隆滅亡の後に陶晴賢によって擁立された大内義長（大友晴英）が自分を琳聖太子にみなし、豊後国から周防国佐波郡多々良浜に上陸した事例が参考となろう(69)。

（四）「亀」の字の意味

では妙見に付随した霊亀から発想された「亀童丸」という幼名には、大内氏当主のどのような願いがこめられているのだろうか。大内氏と同じような信仰を持つ、他の武家に見られる「亀」の付いた幼名を検討することによって、このような名付けの意味をさらに掘り下げたい。

まず大内氏と同じく妙見を崇めた下総千葉氏の事例を紹介する。千葉氏においても「亀」の字を用いた「亀若丸」という幼名が見られる。第一節で述べたように、千葉氏も鎌倉期以降に真武神的な妙見を崇めていることから、千葉氏の場合もこの名付けに真武神的な妙見のイメージが反映されているものと思われる。千葉氏に幼少の家督が続いた後、建長元年（一二四九）に亀若丸（後の頼胤）が幼年で家督を継いだ時、千葉氏は一族内に所領が分散してしまうような窮地に立たされていた(70)。千葉氏の置かれた当時の状況を考えると、「亀若丸」という名付けには一族の分裂の危機(71)に直面した幼少の家督を守護するための祈り(72)がこめられているのではないだろうか。

次に北斗七星を信仰した加賀守護富樫氏(73)について注目する。室町中期に家督であった満春には三人の子がいたが、そのうち嫡子の持春は若死し、弟の教家は将軍義教の逆鱗に触れ、家督はもうひとりの弟の泰高に移った。いったん失踪した教家は幕府に運動して、その子亀童丸（成春）を守護に就けることに成功した。そして加賀国を実効支配していた泰高と守護職を得た亀童丸の間に「加賀両流相論」が起き、富樫氏は分裂してしまった(74)。亀童丸は成人して成春と名乗り、その子は鶴童丸（政親）と名付けられている。分裂によって富樫氏の支配力は不安定になり、結局、長享二年（一四八八）に政親（鶴童丸）が一向一揆に敗れ、富樫氏は衰亡する。このように教家が自己の側に守護職を取り戻そうと奔走していた時、その子に与えた名前が「亀童丸」であった。富樫氏の場合も「亀童丸」の名付けには、一族の結束が困難な時期に幼少の家督を守護する祈念の意味が感じられる。

これらの事例に見られるように妙見信仰や北斗信仰を持つ武家において、長寿を象徴する縁起の良い「亀」の字を付けることは、特に嫡子の若死を防ぐことを祈念する意味合いがあったと考えられる。また富樫氏の事例からは、成春―政親父子の幼名が「亀」と「鶴」がセットになって継承されている点に、この家系を正統なものとする意図も感じられる。[75]

大内氏の場合は、さらに政弘―義興―義隆の三代にわたって「亀童丸」の幼名を継承していることが特徴的である。後述するように政弘は父教弘から続く惣領家の家系を正統であると主張するため、祖先伝説を体系化した。そして教弘から義興にかけてその嫡子に代々「亀童丸」と命名することによって、惣領家の中で特定の幼名を持つ嫡子のみを正統とするしきたりを考案したようである。幼少期に嫡子を定めることには同族による家督争奪戦を回避する意味合いもあったと考えられる。

小　括

大内氏がイメージした妙見の形象は道教の真武神に由来する童子形の垂迹神であったと考えられる。そして妙見に付随した霊亀に由来する「亀童丸」という幼名は、妙見に守られたというしるしである。妙見は「亀」の字に宿り、嫡子の若死を防ぐとともに嫡子のみに正統性を与え、同族による家督争奪を回避させる威力を持つ存在としてイメージされていたと言うことができる。

四　妙見信仰と祖先伝説

第二節で大内教弘代以前の一五世紀前半までの所伝では、妙見はまだ「氏神」としての存在意義が明確ではなく、琳聖太子と結び付いていないことがわかった。本節では祖先伝説の中で妙見の存在意義が明確になったのは大内氏歴代当主のうち誰の頃か、ということを明らかにしたい。そこで政弘代の所伝を反映していると考えられる大内氏の家譜を同時代的史料と比較することによって、この問題に取り組む。

（一）大内氏の家譜

南北朝期以降に大内氏は重弘流と長弘流の内訌をはじめとして、しばしば一族の間で家督争いを繰り返した。それでも応仁・文明の乱を経て政弘が惣領の地位を固めた段階で、盛見の流れを汲む教弘流大内氏が惣領家の地位を確定させたと言われている[76]。大内氏の惣領家は〈盛見→教弘→政弘→義興→義隆〉と続く血統を維持し[77]、自己の家系が正統であることを主張するために[78]祖先伝説の体系化に力を入れていったと想定される。そして体系化の作業は、すでに盛見の代に琳聖太子を登場させる[79]ことで新しい段階へ前進していたのである。

祖先伝説が体系化されていく過程を考える上で参考となるのは、須田牧子氏による大内氏の先祖観の形成についての指摘である[80]。須田氏は大内氏が朝鮮王朝に使者を派遣し、自己のルーツを調査するための協力を要請した事例を分析し、大内氏の先祖観の形成に三つの画期があることを指摘している。第一の画期は応永六年（一三九九）に大内義弘が家系・出自を示すものと「土田」を要求したことである[81]。朝鮮王朝は大内氏のルーツを百済の始祖の温祚王であると回答している。第二の画期は享徳二年（一四五三）に大内教弘が琳聖太子の故事を記した古記録を要求したことである。[82]この時に教弘は大内氏に伝わる口伝を述べているが、その中に〈琳聖太子が聖徳太子から「州郡」（大内県《あがた》）を賜り、それ以来「都居之地」（本拠地）の名を称し「大内公《おおうちのきみ》」と号した〉[83]という祖先伝説の主要な構成要素の一つが見える。第三の画期は文明一七年（一四八五）に大内政弘が琳聖太子の祖先にあたる古い百済国王の名を、朝鮮の「国史」から転写することを求めたことである。[84]この画期は大内氏の祖先伝説が体系化される段階にあたり、Ⅰ琳聖太子を守護する妙見の下降、Ⅱ聖徳太子による大内県と多々良姓の下賜、Ⅲ鷲頭山妙見社の由緒、Ⅳ氷上山興隆寺の由緒といった祖先伝説の主要な構成要素がこの時期に出そろうのである。

須田氏は第三の画期において、政弘が朝鮮の「国史」を求めた理由を大内氏の家譜を作成することであったと考え、「文明一八年一〇月二七日大内氏家譜写」（以下「文明一八年家譜」と略称する）がその写本にあたると見受けられ、紹介している。「文明一八年家譜」に記された大内氏の祖先伝説は内容上最も体系化されたものであると見受けられ、祖先伝説における妙見の存在意義を考察するために注目すべき文献である。しかしその原文書は現存せず、近世以降の写本[85]が三種類伝存するのみである。

これらの写本には共通して天和三年（一六八三）に氷上山（興隆寺）真光院行海の所望により、天台座主堯恕親王が「文明一八年家譜」を清書したという銘[86]が記されているが、この銘もまた現存しない。[87]また天台座主に清書を所望した行海が興隆寺の中興の祖[88]であるということに注目すれば、中世興隆寺の繁栄を強調するために「文明一八年家譜」が行海以下の近世の興隆寺僧[89]による改変を受けている可能性を否定できない。しかも須田氏は「文明一八年家譜」に引用されている『三国史記』が、少なくとも政弘が閲覧できる範囲には存在しなかったのではないかと述べている。[90]

つまり「文明一八年家譜」が政弘代における所伝を反映しているかどうか、検討しておく必要があるのではないだろうか。

（二）祖先伝説の比較

ここでは（一）を受けて、「文明一八年家譜」の写本に共通して見える大内氏の祖先伝説を他の同時代史料中の祖先伝説と比較する。まず「文明一八年家譜」から、祖先伝説の主要な構成要素と考えられる記述を四か所抜粋する。[91]

Ⅰ（琳聖太子を守護する妙見の下降）

推古天皇十七年己巳有二大星一、在二周防国都濃郡鷲頭庄青柳浦松樹之上一、七昼夜赫々不レ絶、国人奇レ之、時神二託巫人一曰、異邦之太子将二来朝一、故北辰下臨以鎮二護之一云云、因改二地名一曰二下松浦一、尊二称其星一曰二北辰妙見尊星王大菩薩一、立レ社以祭レ之、居三年辛未歳百済国琳聖太子来朝、

Ⅱ（聖徳太子による大内県と多々良姓の下賜）

琳聖太子乃聖明第三子、生平有下欲レ奉レ拝二肉身如来一之誓上（中略）琳聖太子歓喜無レ極、遂艤レ船而渡レ溟、抵二周防国多々良浜一、琳聖既得レ謁二聖徳太子於荒陵一、乃以二周防大内県一為二采邑一賜二姓多々良氏一、其後胤相襲綿々不レ絶、

Ⅲ（鷲頭山妙見社の由緒）

後妙見大菩薩自二下松浦一遷二于桂木宮一、今宮洲是也、従二桂木宮一重遷二于高鹿垣宮一、復遷二于鷲頭山一、其山頂

有二上宮一、山半有二下宮一、一二三殿中堂楼門等制度儼然、

Ⅳ（氷上山興隆寺の由緒）

至二琳聖太子五世孫茂村一奉レ遷二攸于大内県氷上山一、神祠仏閣及僧舎等以十二倍于鷲頭山一（中略）而山中衆徒日習二天台教法一、論談決択而勤二修之一、

次に文明九年（一四七七）二月一二日「大内政弘妙見大菩薩勧請告文[92]」（以下「告文」と略称する）を取り上げ、この中から大内氏の祖先伝説に関係する部分を抜粋し、「文明一八年家譜」の構成要素Ⅰ～Ⅳと比較する。「告文」は応仁・文明の乱の際に京都にあった大内政弘の陣の守護神として、鬼門にあたる艮《うしとら》方に妙見を勧請するために記された一種の祝詞《のりと》である。

此霊神妙見大菩薩波、推古天皇十九年辛未、周防国下松《クタ》尓照降、百済国聖明王第三皇子琳聖太子来朝乎為二守護一下降云々、曩祖琳聖嫡子正恒多々良姓於賜布、仍氏神大菩薩乎周防国大内県氷上山尓奉二勧請一留、寺乎波興隆寺止号須、

抜粋部分のうちの前半に見える〈妙見が推古天皇十九年に周防国下松に下降した。それは百済国聖明王第三皇子琳聖太子の来朝を守護するためであった〉というくだりは、構成要素Ⅰに対応する。後半の〈曩祖である琳聖太子の嫡子正恒が多々良の姓を賜った〉というくだりは、構成要素Ⅱに対応[93]する。また〈氏神である妙見を周防国大内県氷上山に勧請し、寺を興隆寺と号す〉というくだりは、構成要素Ⅳに対応する。

ここで「告文」の史料的性格について補足説明をしておく。この「告文」も近世の写であるが、二つの理由によりその内容は当初のものを忠実に伝えていると考えられる。第一にこの勧請の祭祀を行ったのが興隆寺の前別当祐増であることが明記されていることによる。第二に文書の「端銘」に「大内陳（陣）之艮方妙見勧請告文草遣レ之、清書聖護院准后道興」とあり、天台宗寺門派(94)の有力門跡である聖護院道興が清書を行っている旨が記されていることによる。

さらに別の同時代的史料である保寿寺の以参周省《いさんしゅうしょう》が書いた文明一六年（一四八四）の「陶弘護寿像賛(95)」を取り上げ、この中から大内氏の祖先伝説に関係する部分を抜粋し、「文明一八年家譜」の構成要素Ⅰ～Ⅳと比較する。「陶弘護寿像賛」は応仁・文明の乱の際に出陣中の政弘の留守を預かった陶弘護を讃えたものである。

尾州刺史多多良弘護者、防之著族也、原二其先一、百済国聖明王第三皇子琳聖太子苗裔、而我朝人皇三十四代帝推古天皇御宇十九年辛未歳来朝、迺相二当隋大業七年一也、百済船着二于防之多多良岸一、琳聖之王子正恒、始賜二多多良姓一、居二于周防大内県一、至レ今八百余載（歳）、綿々不レ絶矣、

抜粋部分に見られるように、大内氏の有力支族であった陶氏は大内氏嫡流の祖先伝説を自己の祖先伝説に転用していた。抜粋部分のうち〈推古天皇十九年に来朝した〉というくだりは構成要素Ⅰに対応する。また〈百済国聖明王第三皇子琳聖太子が周防国多々良に着岸し、その子正恒が多々良姓を賜り、周防国大内県に居住した〉というくだりは構成要素Ⅱに対応する。

また「告文」及び「陶弘護寿像賛」ともに琳聖太子を「百済国聖明王第三皇子」としており、構成要素Ⅱの

「琳聖太子乃聖明第三子」という表現に対応している。琳聖太子の出自を〈百済国聖明王の第三王子〉とすることは政弘代に特有の表現である[96]。

以上「文明一八年家譜」に見える大内氏の祖先伝説を、「告文」及び「陶弘護寿像賛」という同時代的史料に見える祖先伝説と比較した結果、二つの史料ともに対応関係が確認できた。よって「文明一八年家譜」の祖先伝説は政弘代の所伝を反映していると考えられる。すなわちこの家譜は文明一七年（一四八五）に大内政弘が朝鮮王朝に「国史」の転写を願うことによって作成したものと同じ内容、もしくはそれを反映したもの[97]とみなしてよいだろう。

（三）祖先伝説の体系化

ここでは先掲の「文明一八年家譜」から、政弘がどのように大内氏の祖先伝説の体系化を進めたかを見ていく。

政弘はまず祖先伝説の中に鷲頭山妙見社を位置付けることから着手している。政弘は「北辰」（妙見の異名）が鷲頭荘青柳浦の松の樹上に「下臨」（下降）したという「下松」の地名起源伝説[98]を利用することによって、妙見に鷲頭山妙見社で祀られる由緒を与えた（構成要素Ⅰ）。そして、この由緒の中で妙見は、琳聖太子を「鎮護」（守護）するために下降した「大星」であると表現されている（構成要素Ⅰ）。これは祖先伝説の中核を成す存在である妙見と琳聖太子が結び付いていることがわかる史料上の初見である。さらに政弘は下松→桂木宮（宮洲）→高鹿垣宮→鷲頭山というように、同じ鷲頭荘内で妙見を遷宮させる操作を行っている（構成要素Ⅲ）。

鷲頭山妙見社はもともと鷲頭氏に崇められ、大内氏の祖先伝説中に包摂しにくい存在であったと思われるが、なぜ大内氏の祖先伝説中に包摂されたのだろうか。室町期において鷲頭山妙見社は氷上山妙見社とともに周防国内の妙見信仰の一大拠点であり、政弘はこの事実を黙殺するわけにはいかなかったのではないだろうか。例えば周防国大島郡屋代島の物鎮守社は鷲頭山妙見を祀っており、永享八年（一四三六）二月「北辰妙見大菩薩祭文」[99]には「周防ノ国都濃郡鷲頭庄河内郷[100]、此峰ニ御垂迹ヲ垂レ座ス北辰妙見大菩薩ノ御前ニ」とある。一五世紀前半の永享年間までに周防国東部の都濃郡から大島郡にかけて、鷲頭山妙見社を中心とする妙見信仰圏が広がっていたと推察される。

政弘は鷲頭山妙見社を手厚く保護しており、応仁元年（一四六七）に「甲乙人等於二当山一かり《狩》の事、菟苗田狩等に至て、永令二禁断一畢」というように殺生禁断を定めている[101]。また政弘は文明一〇年（一四七八）に鷲頭山妙見社下宮及び宿院の造営も行っている[102]。特に宿院の造営は政弘の母である「大上様」の「御願」であった。政弘代の鷲頭山妙見社は「其山頂有二上宮一、山半有二下宮一、一二三殿中堂楼門等制度儼然」（構成要素Ⅲ）とあるように、鷲頭山の山頂から山麓にかけて展開する大規模な神社であったことが窺える。

鷲頭山妙見社を祖先伝説の中に包摂した後で、政弘は今度は氷上山妙見社（興隆寺）を祖先伝説の中に位置付けることに力を注いだ。第二節で述べたとおり、教弘代以前では興隆寺はまだ領国支配イデオロギーの中心的役割を果たしておらず、氷上山妙見社（興隆寺）に妙見が祀られる理由は明確にされていなかった。これに対して政弘は鷲頭山妙見社から氷上山妙見社への遷宮を設定することによって、本来は鷲頭荘内の下松に下降した妙見に、氷上山妙見社（興隆寺）に祀られる由緒を与えたのである（構成要素Ⅳ）。

さらに政弘はいったん鷲頭山妙見社を讃える記述（構成要素Ⅲ）を設け、その後に興隆寺が鷲頭山妙見社を凌駕する規模を持つことを誇る操作（構成要素Ⅳ）を行い、興隆寺を大内氏の妙見信仰の中心に据えている。その際に政弘は興隆寺が氏神を祀るだけでなく、天台宗寺院としても立派なものであることを示すため、境内に建つ堂塔の名称を長々と列挙[103]している。このように政弘は妙見の存在意義に関わる設定を複雑に重ねていくことによって、祖先伝説の体系化を果たしたのである。

妙見は氷上山妙見社（興隆寺）に祀られる由緒が語られることによって、始祖とされる琳聖太子の守護神にとどまらず、大内氏及びその領国を守護する「氏神」としての存在意義が与えられたと言えるだろう。

小括

祖先伝説中での妙見の存在意義が明確になったのは一五世紀後半の政弘代であったと考えられる。この段階で妙見が琳聖太子に結び付けられた上、興隆寺を中心とする妙見信仰の由緒が語られることによって、祖先伝説は最も詳しくなり体系化された。「文明一八年家譜」の祖先伝説は大内氏の祖先伝説の体系化の上での重要な画期を示すものであり、大内政弘は妙見を琳聖太子の守護神に位置付けるとともに、領国支配イデオロギーの中心に位置するスケールの大きな存在に変容させたと言うことができる。

おわりに

以下に四つの課題に関する考察の結果に基づき、室町期における大内氏の妙見信仰と祖先伝説の関係をまとめておきたい。

大内氏の妙見信仰は鎌倉期まで遡る可能性が高いが、南北朝中期までは「大内介」一族の私的な信仰にとどまっていた。南北朝後期の義弘の代では大内氏はそのルーツを百済に求め、妙見を大内氏全体を代表する氏神として機能させていた。この後に盛見の血統が受け継がれる大内氏の惣領家は、自己の家系が正統であることを主張するために祖先伝説の体系化に力を入れていった。盛見の代に初めて琳聖太子を始祖と表明するが、まだ妙見と琳聖太子は結び付いておらず、妙見の位置付けはあいまいでむしろ琳聖太子が祖神とされていた。その後の教弘の代には盛見代の祖先伝説を発展させて、琳聖太子が聖徳太子から「大内」を賜ったという祖先伝説の主要な構成要素の一部ができあがっていた。そして教弘と政弘は真武神的な妙見を象徴する幼名（亀童丸）を与えることで嫡子を琳聖太子になぞらえ、祖先伝説を家督争奪戦という現実の危機を回避するために役立てた。最後に政弘の代で妙見が守護神として琳聖太子に結び付けられた上、興隆寺を中心とする妙見信仰の由緒が語られることにより祖先伝説は体系化された。ここに大内氏の妙見信仰は領国支配イデオロギーの中核を成す、スケールの大きな信仰に変容したのである。

〈追記〉本章は平成一七年度から一九年度科学研究費補助金（基盤研究C）の交付を受け、調査・研究を行った成果のひとつである。

注

（1）そのような研究として、須田牧子「室町期における大内氏の対朝関係と先祖観の成立」（『歴史学研究』七六一、二〇〇二年）、伊藤幸司「中世西国諸氏の系譜認識」（『境界のアイデンティティ』岩田書院、二〇〇八年）がある。なお須田氏の論文は、須田牧子『中世日朝関係と大内氏』（東京大学出版会、二〇一一年）第四章「大内氏の先祖観の形成とその意義」の第二節と第三節に分けて再録されている。

(2)『道教の美術』(読売新聞大阪本社／大阪市立美術館発行、二〇〇九年)。
(3) 妙見の図像に関する概説書として、林温『妙見菩薩と星曼荼羅』(日本の美術三七七、至文堂、一九九七年)が重要である。
(4) 特に千葉氏の妙見信仰研究を指す。
(5) 佐野賢治編『星の信仰　妙見・虚空蔵』(北辰堂、一九九四年)は、妙見信仰について歴史学から民俗学にわたり幅広く研究を集大成している。
(6) 二月会をはじめとする大内氏の妙見祭祀の性格については、平瀬直樹「大内氏の妙見信仰と興隆寺二月会」(前掲『星の信仰　妙見・虚空蔵』、初出は一九九〇年)参照。
(7) 二月会の執行責任者は有力家臣と、すべての領国内の「郡」の中から毎年交代で選ばれた。
(8)『玉葉』第二(名著刊行会、一九八四年)治承二年一〇月八日条に、召し還された流人として多々良盛保、同盛房、同弘盛の名が見える。「系譜類」によれば盛房―弘盛父子は多々良氏の嫡流であり、盛保は弘盛の弟で鷲頭氏の祖となった。
(9) 現在の山口県山口市大字大内にあたる。
(10) この一族の家督は在庁官人の首領で代々「権介」を僭称し、本拠地の名を冠して「大内介」と称していた。以下では家督である「大内介」が率いる多々良氏嫡流を他の多々良氏一門と区別し、「大内介」一族と呼ぶこととする。
(11) 現在の山口県下松市に所在した。
(12) 大内長弘―弘直父子が周防守護に任ぜられている。佐藤進一『室町幕府守護制度の研究』下(東京大学出版会、一九八八年)一六八頁参照。
(13) 和田秀作「大内氏の惣庶関係をめぐって」(鹿毛敏夫編『大内と大友―中世西日本の二大大名』勉誠出版、二〇一三年)によれば、鷲頭氏は大内氏にとって警戒すべき一族と認識されていた。
(14) 現在、興隆寺伝来文書の大多数は山口県文書館に所蔵され、この他に山口市の興隆寺、防府市の国分寺にも所蔵されている。

(15)　興隆寺文書一（『県史』史料中世2）。この文書は山口市の興隆寺の所蔵である。

(16)　『県史』史料中世2では、文書の翻刻に「この文書は検討を要する」と注記されている。

(17)　正平九年正月一八日「大内弘世書下」（興隆寺文書二〇八『県史』史料中世3）。

(18)　興隆寺の正式な名称は「氷上山興隆寺」である。

(19)　康永三年（一三四四）閏二月二一日「大内妙厳弘幸寄進状」（興隆寺文書二〇四『県史』史料中世3）。

(20)　（暦応四年）閏四月一五日「大内妙厳弘幸書状」（興隆寺文書二〇六『県史』史料中世3）には、興隆寺は「彼一苗家風之代官等」（長弘流の配下の代官等）により焼かれてしまったとある。康永三年（一三四四）に大内弘幸が寺領を寄進したのは、この時の焼失から興隆寺を復興させるためであると考えられる。

(21)　真木隆行「周防国大内氏とその氏寺興隆寺の質的変容」（川岡勉・古賀信幸編『西国の文化と外交』日本中世の西国社会3、清文堂出版、二〇一一年）参照。

(22)　明徳三年八月五日「大内義弘起請文」（大日本古文書『毛利家文書』四―一三三四）。

(23)　義弘はすでに周防・長門・豊前・石見の守護となっており、新たに明徳の乱を鎮圧した褒賞として和泉・紀伊両国の守護職を与えられた。

(24)　（明徳三年）正月二九日「大内義弘書状」（興隆寺文書二〇『県史』史料中世3）に、「当国泉州中、妙見を可二勧請申一候」と記される。

(25)　康永元年（一三四二）一一月二五日「大内長弘請文案」（東寺百合文書け函二一―一三）及び文和二年（一三五三）一一月一八日「大内貞弘注進状写」（『閥閲録』第三巻九十九之二）。大内貞弘は長弘の子である。

(26)　『正任記』文明一〇年一〇月三日条（『県史』史料中世1）。

(27)　和田秀作氏「大内氏の惣庶関係をめぐって」（前掲）参照。

(28)　この由緒は第四節で触れる。

(29)「権介」は在庁官人系の有力御家人に広く見られる称号である。峰岸純夫「治承・寿永内乱期の東国における在庁官人の「介」」(『中世東国史の研究』東京大学出版会、一九八八年) 参照。
(30) 豊田武『宗教制度史 (豊田武著作集五)』(吉川弘文館、一九八二年) 第三編五「武士団と神々の勧請」参照。
(31) 新訂増補国史大系『吾妻鏡』一　寿永元年 (一一八二) 九月二八日条。
(32) 津田徹英「現存作例からみた千葉氏の妙見信仰をめぐる二、三の問題」(『千葉市立郷土博物館研究紀要』四、一九九八年。実際の刊行年は一九九九年) 参照。
(33) 津田徹英「中世千葉氏による道教の真武神図像の受容と『源平闘諍録』の妙見説話」(野口実編『千葉氏の研究』名著出版、二〇〇〇年、初出は一九九八年) 参照。
(34) 浅香年木・黒田俊雄「古代・中世文献史料」(尾口村史編纂専門委員会編『石川県尾口村史』第一巻・資料編一、一九七八年)。
(35)『鹿苑院西国下向記』は新城常三氏による翻刻が『神道大系』文学編五　参詣記 (神道大系編纂会編集・発行、一九八四年) に収録されている。また山口県に関係する部分のみ『県史』史料中世1に収録されている。
(36)『群書類従』十八輯。
(37) 小川剛生「寵臣から見た足利義満―飛鳥井雅縁『鹿苑院殿をいためる辞』をめぐって―」(『ZEAMI』四、森話社、二〇〇七年) 参照。この他に小川氏の論文中に掲げられた仮名日記の一覧表には『相国寺塔供養記』、『北山殿行幸記』といった、義満にとって最大規模の行事に関するものが含まれる。
(38)『梅松論』や『増鏡』がそのような作例である。
(39)「てうはう《（眺望）》いはん《（言）》方なし、南ハまん〳〵たる海上ニむかふの嶋《（佐波郡向島）》とて中間一里はかりなる小島あり、浦のと山東西奥まて出まハり、嶋の両方いり《（入）》海のことし」と記されている。
(40) 特に大名以外の随行者のメンバーについて記載が詳しい。落合博志「犬王の時代―『鹿苑院西国下向記』の記事を紹介しつつ―」(『能楽研究』一八、野上記念法政大学能楽研究所、一九九四年) 参照。

(41)　小早川健「『鹿苑院殿厳島詣記』と『鹿苑院西国下向記』」（『研究紀要』三三、神戸市立工業高等専門学校、一九九五年）は、この法師を冒頭部の女房同様に作者が設定した虚構の人物と考えている。
(42)　後掲する法師が語った祖先伝説の構成要素Dの傍線部。
(43)　伊藤幸司氏「中世西国諸氏の系譜認識」（前掲）参照。また森茂暁「（県史講演録）大内氏の興隆と祖先伝承」（『山口県史研究』一一、二〇〇三年）では、『下向記』の成立を文明九年（一四七七）をさほど遡らない時期としている。
(44)　後掲する法師が語った祖先伝説の構成要素Aの傍線部。
(45)　北川健「大内義弘の山口居館と領国対揚―琳聖太子「祖神」体制の対「京都」誇示」（『山口県地方史研究』一〇五、二〇一一年）は政弘代よりも古い義弘段階に即した伝説として、『下向記』は制約があっても使えることを主張している。
(46)　現在の車塚古墳（防府市）のこと。
(47)　応永二五年（一四一八）正月二二日「大内氏奉行人連署奉書案」（阿弥陀寺文書六四『県史』史料中世2）。伊藤幸司氏はこの整備によって想像上の琳聖太子が初めて可視化されたと述べている。伊藤幸司氏「中世西国諸氏の系譜認識」（前掲）参照。
(48)　真木隆行氏「周防国大内氏とその氏寺興隆寺の質的変容」（前掲）参照。
(49)　ただし持世は「嘉吉の変」に遇い急死したため、家督の在位期間は一〇年と短い。
(50)　興隆寺には真武神を描いた「北辰妙見図」が伝存しているが、これは大内氏時代の作品ではなく、江戸時代前半頃の雲谷派の影響下にあった画家による制作とされる。泉武夫「特異な星辰神の図像とその象徴性」（『佛教藝術』三〇九、毎日新聞社、二〇一〇年）参照。
(51)　妙見図像及び信仰の変遷全般については、林温氏『妙見菩薩と星曼荼羅』（前掲）が詳しい。
(52)　吉岡義豊「妙見信仰と道教の真武神―附天正写本「霊符之秘伝」―」（『吉岡義豊著作集』二、五月書房、一九八九年、初出は一九六六年）には、鎌倉末期以降は妙見に道教の真武神の性格が深く絡み合うと述べられている。

(53) 二階堂善弘「玄天上帝信仰と武当道」（野口鐵郎編集代表『道教の神々と経典』講座道教一、雄山閣出版、一九九九年）参照。
(54) 図の中央に位置する真武神（鎮宅霊符神）像の周囲に、道教経典に由来する七十二種類の呪符が書き込まれている、いわばお札の文例集である。妙見信仰に及ぼした鎮宅霊符信仰の影響については、平瀬直樹「日本中世の妙見信仰と鎮宅霊符信仰―その基礎的考察―」（『仏教史学研究』五六―一、二〇一三年）参照。
(55) 坂出祥伸「呪符と道教―鎮宅霊符の信仰と妙見信仰」（『「気」と養生―道教の養生術と呪術―』人文書院、一九九三年）参照。
(56) 「大内氏掟書」（『中世法制史料集』三）。
(57) 『新訂増補　史籍集覧』第一九冊（武家部戦記編七、臨川書店、一九六七年）。
(58) 千葉氏の妙見の由緒を語るくだりに「尊像或ハ童形或ハ甲冑ヲ帯シ……霊亀ヲ踏マヘ」という記述がある。
(59) 朝倉治彦監修『訓蒙図彙集成』一四（大空社、一九九八年）。
(60) 童子形で亀を踏まえた姿である。
(61) 金谷匡人「大内氏における妙見信仰の断片」（『山口県文書館研究紀要』一九、一九九二年）参照。
(62) 津田徹英『中世の童子形』（『日本の美術』四四二、至文堂、二〇〇三年）六四及び七九頁参照。
(63) 大内氏が経営した遣明船の副使である策彦周良《さくげんしゅうりょう》は、寄港地である寧波やその周辺で道教儀礼を行っていた。策彦は嘉靖一八年（天文八、一五三九）六月二五日に、北斗星君を祀る寧波の城隍廟《じょうこうびょう》（都市の守護神の社）を参拝している（「策彦和尚初渡集」中　牧田諦亮『策彦入明記の研究』上、法蔵館、一九五五年、六三頁）。また嘉靖二八年（天文一八、一五四九）八月一九日に、北京から寧波に向かう途中、真武観（真武神を祀る道教寺院）で焼香している（「策彦和尚再渡集」下　『策彦入明記の研究』上、二六五頁）。
(64) 長禄三年二月七日「多々良亀童丸大内政弘氷上山妙見上宮参詣目録」（興隆寺文書八一『県史』史料中世3）、文明一八年二月一三日「多々良亀童丸大内義興氷上山妙見上宮社参目録」（興隆寺文書七八『県史』史料中世3）である。

(65)　興隆寺の境内に氷上山があり、その中腹に妙見が祀られていた。
(66)　平瀬直樹「大内氏の妙見信仰と興隆寺二月会」（前掲）参照。
(67)　奈良時代以来、妙見は延命に関わる「星」として信仰された。平瀬直樹「日本中世の妙見信仰と鎮宅霊符信仰」（前掲）参照。
(68)　金谷匡人氏「大内氏における妙見信仰の断片」（前掲）では大内氏の嫡子の幼名が三代にわたり「亀童丸」であったことについて、当主は嫡子を唯一正統な存在とするため妙見菩薩に擬したと説明しているが、嫡子そのものが妙見に見立てられたわけではない。
(69)　このことは『大内義隆記』などの軍記に見える。これらの軍記は米原正義校注『戦国期　中国史料撰』（マツノ書店、一九八七年）所収。
(70)　亀若丸は千葉氏が御家人に課された閑院内裏造営を負担する余力がないことを幕府に訴えている。建長元年五月二七日「平亀若丸請文案」（中山法華経寺文書Ⅰ「双紙要文」紙背文書『千葉県の歴史』資料編中世2、千葉県発行、一九九七年）。
(71)　亀若丸は成人して頼胤と名乗り、九州に下向の後に死去した。結局、千葉氏は頼胤の死後に一族の統制力を失い、関東と九州に分裂してしまった。
(72)　天文一九年（一五五〇）に記された『千葉妙見大縁起』下巻には亀若丸は六歳の時に拉致されたが、妙見の加護によって千葉に生還したとある。千葉市立郷土博物館『紙本著色　千葉妙見大縁起絵巻』（一九九五年）一〇三頁参照。
(73)　以下、富樫氏の動向に関しては『金沢市史』通史編1　原始・古代・中世（金沢市発行、二〇〇四年）四七五～四八五頁参照。
(74)　後に泰高は鶴童丸（政親）に守護職を譲り、富樫氏の両流はいったん結束した。
(75)　大内氏の場合は「系譜類」諸本で記載が一定しないが、政弘から三代にわたる「亀童丸」に並行して、同時期の陶氏の嫡子の幼名は代々「鶴寿丸」である。大内氏と重臣の陶氏の間で「亀」と「鶴」が一対になって、ともに安定的な家督相続を祈念したと考えられる。

(76) 大内氏の家督争いについては、和田秀作氏「大内氏の惣庶関係をめぐって」（前掲）が詳しい。

(77) ただし盛見が九州で戦死すると持世（義弘の子）が跡を継ぎ、家督はいったん盛見の兄である義弘の血統に移っている。

(78) 第三節で述べたような政弘―義興―義隆の三代にわたって「亀童丸」の幼名を継承していることも、そのような主張の一環である。

(79) 盛見は応永一一年（一四〇四）に興隆寺本堂の供養を行った際、興隆寺が「当家曩祖琳聖太子」の草創であると述べた。応永一一年三月「興隆寺本堂供養日記」（興隆寺文書一『県史』史料中世3）。

(80) 須田牧子氏「室町期における大内氏の対朝関係と先祖観の成立」（前掲）参照。

(81) 『李朝実録』定宗元年七月一〇日（応永六年七月九日）条に、「義弘請云、我是百済之後也、日本国人、不レ知二吾之世系与吾姓氏一、請具書賜レ之、又請二百済土田一」とある。なお本節に引用する『李朝実録』はいずれも『県史』史料中世1所収。

(82) 『李朝実録』端宗元年六月二四日（享徳二年六月二三日）条。

(83) 「此時百済国王、勅二太子琳聖一、討二大連（物部守屋）等一、琳聖則大内公也、以レ故聖徳太子、賞二其功一而賜二州郡一、爾来称二都居之地一、号二大内公一」とある。

(84) 『李朝実録』成宗一六年一〇月七日（文明一七年一〇月六日）条には政弘の書簡が引用され、「温レ祖百済国王余璋第三子、日本国来朝、隋大業七年（推古一九年）辛未歳也（中略）琳聖父曰余璋、璋父曰余琩、琩父曰余慶、自レ此以上、王代名号不二記知一」とある。このように政弘は琳聖太子の祖先として把握していた百済国王名を掲げている。そして政弘は琳聖太子のさらに古い祖先を調べるため、同じ書簡で「殿下定可レ有二国史一、余慶以上王代之名号、命レ写賜レ之」と、「国史」から百済国王名を転写することを朝鮮国王に要請している。

(85) 〔1〕永田瀬兵衛の写本。『永田秘録』百十三（右田毛利文書、山口県文書館蔵）所収。『寺社証文』編纂の過程で筆

写されたらしく、享保一〇年（一七二五）の銘がある。〔2〕『寺社由来』三　山口宰判御堀村興隆寺真光院。〔3〕近代の歴史家である近藤清石が〔1〕または〔2〕を筆写したもの。『大内氏実録土代』十六（山口県文書館蔵）所収。須田牧子氏が紹介した写本はこれにあたる。

(86)「此一巻者、依二氷上山当住真光院権僧正法印行海所望一染二禿毫一者也、天和三年八月十四日　天台座主二品堯恕親王書」と記される。

(87) 安永三年（一七七四）に長州藩が編纂した『防長古器考』有図第七二（山口県文書館蔵旧藩別置記録）によれば、この時点では堯恕親王による清書は興隆寺の宝物である「氷上山伝記　一軸」として存在していた。

(88) 興隆寺の境内に東照宮を誘致するなど復興に取り組んだ。

(89) 行海の後継者たちも興隆寺の復興に従事し、『氷上山秘奥記』を撰述するなど、興隆寺の由緒について豊富な情報を蓄積していた。真木隆行「氷上山秘奥記翻刻并解題（二）」（『やまぐち学の構築』四、二〇〇八年）参照。

(90) 須田牧子氏「室町期における大内氏の対朝関係と先祖観の成立」（前掲）参照。

(91) 活字化された写本〔2〕を参照した。

(92) 新訂増補国史大系『続左丞抄』所収。『続左丞抄』は近世に成立した古文書集である。

(93) ただし多々良の姓を賜った人物は「文明一八年家譜」では琳聖太子本人である。

(94) 寺門派は特に妙見信仰に熱心な宗派であった。平瀬直樹「日本中世の妙見信仰と鎮宅霊符信仰」（前掲）参照。この点からも寺門派に属する聖護院道興が「告文」を執筆することには十分な理由があると考えられる。

(95)「賛　龍豊寺」（『県史』史料中世4）。

(96) 琳聖太子は必ずしも聖明王の子とされているわけではない。『李朝実録』成宗一六年一〇月七日（文明一七年一〇月六日）条（前掲）に引用された政弘の書簡には、聖明王より四代後の百済国王である余璋（武王）の「第三子」と記されている。どうやら政弘は琳聖太子の父親を朝鮮王朝向けには武王とし、日本国内向けには聖明王として使い分けていたと考えられる。外国文献も含めると、琳聖太子の出自について政弘代に共通して見られる表現は〈百済国王の第三王子〉ということになる。

(97) 須田牧子氏は、この家譜について、政弘が興隆寺を勅願寺にすることを申請した際、提出した史料の一部が手元に残されたものであると考えている。須田氏前掲論文参照。

(98) 「くだまつ」という地名はすでに室町初期に知られ、今川了俊の著書である『道ゆきふり』（『群書類従』十八輯）及び『鹿苑院殿厳島詣記』（前掲）に見える。

(99) 宮ノ坊文書二（『県史』史料中世2）。

(100) 現在も鷲頭山妙見社の所在地は下松市大字河内《こうち》である。

(101) 「大内氏掟書」（前掲）。

(102) 下宮の造営は『正任記』文明一〇年一〇月三日条（『県史』史料中世1）に見える。宿院の造営は『正任記』同年一〇月六日条に見える。

(103) 構成要素Ⅳの「中略」に相当する箇所には、不断如法経堂・三十番神祠・山王七社をはじめとする天台宗的な多数の堂塔が列挙されている。

＊図2　妙見菩薩像（『図像抄』巻第十・天等下）。『図像抄』は転写本が伝来しているが、原本の成立は平安後期とされる。『大正新脩大蔵経』図像第三巻図像No.131から転載。

＊図3　木造妙見菩薩立像（千葉県指定有形文化財（彫刻）千葉・東庄町公民館保管。画像は千葉県教育委員会の提供）。

第三章　妙見の変貌

はじめに

本章では興隆寺が単に大内氏の氏寺という立場にとどまっていなかったことに注目する。第一節では国家全体での存在意義を与えられたことに触れ、第二節では庶民信仰との関係を考察する。

一　氏神の変質

筆者は第三部第一章で、守護大内氏の氏神＝妙見信仰をその領国支配政策の中に位置付けるため、大内氏にとって「氏神」とは政治的な願望を祈願するための神であり、二月会とは政治的な意味を持つ一連の儀式から構成された、領国支配の安定を祈願するための行事であったという説明を行った(1)。本章ではこのような信仰が形成され変質を遂げていった「場」の特質に目を向け、再度大内氏の氏寺である興隆寺を取り上げ、〈天台密教との関係〉と〈氏神＝妙見の変質〉という二つの点について考察したい。

（一）天台密教と妙見

1　妙見と山王七社

氏神＝妙見の祭祀を執行したのは一貫して興隆寺僧であり、彼らは天台宗に属していた。文明一八年（一四八六）一〇月二七日「大内氏家譜写」[2]には本堂以下の宗教施設が列挙されているが、とりわけ「三十番神」（法華経の守護神を祀る）、「不断如法経堂」（法華経の写経を行う）、「山王七社」（天台宗の護法神を祀る）は天台宗寺院に特徴的なものである。このうち山王七社に注目したい。

山王は日吉山王または山王権現とも呼ばれて比叡山の鎮守神が天台宗の護法神に発展したもので、複数の神格から成り基本的には七社が祀られるが、さらに祀る神が付加されて二十一やそれ以上の数とされる場合がある。山王七社と北斗七星は関連があるとされ、北辰祭祀という中国以来の古い伝統を引く信仰が、天台密教の中で山王七社を完成せしめたものと考えられている[3]。そのような学説はすでに鎌倉時代から行われ、光宗の『渓嵐拾葉集』などにそのことが見えてくるという。また天台宗の護法神で大陸渡来の摩多羅神も星神の一種とされ、その画像には北斗七星が配されて同じ堂内に妙見が祀られることもあるという[4]。このように山王をはじめ中世の天台密教で祀られていた護法神は、北辰ないし北斗七星と密接な関係があったことがわかる。

興隆寺から直線距離で三・五km程度南に位置し、小鯖《おさば》川（問田川）を越えた問田《といだ》[5]の地に大内氏の信仰の篤いもう一つの寺院である仁平寺《にんぺいじ》があった。大内弘幸は貞和五年（一三四九）に興隆寺本堂を完成させ、さらに仁平寺本堂を完成させて観応三年（一三五二）に供養の法会[6]を行っている。一連の儀式の中で山王社頭での法楽として舞楽が見え、この寺院もまた天台宗であったことがわかる。弘幸の代に完成した興隆寺の本堂の供養が盛見の代の応永一一年（一四〇四）に行われているが[7]、管絃とともに「児童」に舞楽を舞わせ、大内氏当主や主だった家臣が列席している。仁平寺の本堂供養もまた大内氏の重要な法会として、大規模に営まれていることがわかる。この寺は平安末期の仁平年中に大内氏が比叡山を「御移」して創建し、その際に鎮守として山王社も建立したという所伝[8]があり、山号も日吉山であったらしい。大内氏の滅亡後は衰退し、現在は跡地が残っているだけである。また興隆寺から直線距離で一・五㎞程度北の方向に位置し、氷上山を越えた宮野庄には清水寺があり、この寺院もまた興隆寺の鎮守社として山王社を持つ。現在では永禄九年（一五六六）改築の山王社本殿[9]が残っているが、本殿内部にある神牌には応安七年（一三七四）に山王権現を勧請した記載があるので、南北朝期にはすでに山王社が存在したことが確認できる。この寺は最初天台宗であったが、大内政弘が真言宗に替えたという所伝[10]がある。

以上のように中世には近い距離でほぼ南北の軸上に、清水寺—興隆寺—仁平寺という山王社を持つ天台宗寺院が並んでいたことがわかる。これら三か寺が立地した地域が山門領であったかどうかは不明であり、また南北朝期以前の大内氏と天台宗との関係を窺うことはできない。しかし南北朝期以前のある時期からこの地域に天台宗寺院による宗教活動が開始されており、興隆寺の妙見信仰が天台宗によって結ばれた人のつながりの中で営まれていたことが窺える。このように妙見は天台密教の中に包摂可能な神であり、興隆寺が天台宗に属していた事実はけっして軽いものではない。

大内氏の先祖は百済の王子琳聖太子で、太子が来朝するのを鎮護するために妙見菩薩が周防国都濃郡鷲頭庄下松浦の松樹に下臨したという伝説があるが、妙見が大内氏の氏神になる経緯は現在のところ史料上で明らかではない。あるいは興隆寺の妙見信仰は山王などの護法神をはじめとする天台密教に包摂されていた星神信仰の中から抽出され、大内氏の宗教的欲求に応えるべくアレンジされて成立したのかもしれない。ただし一方では、地域支配者として大内氏の勢力が増してその氏神＝妙見の権威も増すのに従い、天台宗僧たちが北斗七星を介して妙見信仰と通ずるところのある山王信仰を挺子にして、大内氏から宗教活動の援助を得ていたことも想定できる。

2　天台律僧との交流

応永一一年（一四〇四）に興隆寺の本堂の落成にともない供養の法会が行われ、その際に法会を主導する重要な導師役に慶鎮上人が招かれた。上人の起用について興隆寺側の史料には次のような理由が記されている。[11]導師は京都の名僧を招くべきか、比叡山の宿徳を招くべきか一決を見なかった。肥後国鎮興寺は京都元応寺の末寺で円頓戒の門流であり、この門流は比叡山僧の本宗で天台宗の根源である。当山（興隆寺）はすでに山門末寺であり、鎮興寺の長老慶鎮上人は顕密の碩学、和漢両才の達人であるので、導師に定めたというのである。

後に慶鎮上人は応永二一年（一四一四）に菩提院の堂供養の際にも導師[12]となっているが、この時は長門国持世寺長老になっていた。ちなみに暦応三年（一三四〇）に当時長門守護であった厚東武実はその祈願寺である持世寺と河上寺を元応寺に寄進して末寺にし、[13]元応寺は法勝寺の末寺であったので両寺は法勝寺の末寺にもなった。鎮興寺もまた元応寺の末寺であり、慶鎮上人は同じ系列の寺院に転任したことになる。

元応寺は京都の岡崎にあり、後宇多天皇の願により後醍醐天皇が創建し、その時の年号を寺号とした。伝信興円が開山であるが、その弟子恵鎮円観が円頓戒を広め戒壇を築いて受戒の道場とした。[14]円観は文観弘真とともに後醍醐天皇の信任を得ていたことで有名である。円観は『天台霞標』[15]によれば「筑紫鎮弘（寺）」にも住み、常に廃寺を興して居所としたという。「鎮弘（寺）」は先掲の肥後国鎮興寺のことと考えられ、慶鎮上人は共通の「鎮」の字を有することから恵鎮円観の九州での後継者と考えられる。

鎌倉後期から室町にかけて中世宗教の中核を成す顕密仏教の改革派であり、広範な社会的活動に従事した宗教者群に禅律僧[16]がある。西大寺派律宗が著名な例であるが、いずれも厳しく戒律を守った黒衣の遁世僧であった。禅律重視は宗派の枠組を越えた潮流となっており、興円・円観らは天台宗から現れた律僧であった。

円観は周防国に関係[17]があり、鎌倉幕府が滅びると東大寺大勧進に補任されているが、周防国からの年貢を法勝寺に流用したために後に罷免されている。それでも円観は建武政権が倒れた後も北朝側で勢力を得て、彼の円頓戒は長門国にも広まった。南北朝期の長門国において厚東氏は禅律重視の傾向の顕著な地方豪族ということができ、菩提寺の東隆寺が禅宗(臨済宗)で同じく浄名寺が西大寺派律宗である上に、先に触れたように持世寺を元応寺の末寺にしている。そして周防国においても興隆寺が天台律僧と交流を持つようになったのは、円観が一時周防国を治めていたことと何らかの関係があるのかもしれない。

さて先掲の『渓嵐拾葉集』をまとめた光宗は円観と同門の天台律僧であった。彼はこの著作の中で、法華信仰に限らず山王をはじめとする護法神信仰を含み込んだ、中世の天台密教を集大成した。禅律僧はその社会的活動において著名であるが、そのリーダーは西大寺派律僧の祖叡尊にも見られるように顕密教学の「達人」であった。その「達人」ぶりには一つの要素として光宗が『渓嵐拾葉集[18]』をまとめたように、護法神をはじめとする様々な神祇の由緒を説明して顕密教学の体系の中に位置付け、実際の宗教活動に取り入れていく能力があげられるのではないだろうか。

興隆寺が元応寺の末寺であったという確証はない。しかし慶鎮のような天台律僧との交流を持つことによって、興隆寺僧は天台密教の中から、大内氏の宗教的欲求に見合った妙見信仰を作り上げていくための知識を得ていたのではないだろうか。

3　日蓮宗と千葉氏の妙見信仰

ここで天台密教と大内氏の氏神＝妙見信仰の関係を窺うのに参考になる事例として、下総出身の武士である千葉氏の妙見信仰を見てみよう。千葉氏の場合には氏神である妙見は窮地を救う軍神として説明されている[19]。鎌倉幕府の有力御家人であった千葉氏の本家は、蒙古襲来に備えるため肥前国小城《おぎ》に移住し土着した[20]。小城千葉氏の信仰していた北浦妙見社の場合、社屋の南傍に日蓮宗の延命寺がある。この寺は明応元年（一四九二）の開創で、歴代の住持が妙見社の座主であったという。またこの妙見社と同じかどうかは断定できないが、元徳三年（一三三一）には千葉氏の本宗が信仰してきた下総中山法華経寺が小城郡内の妙見座主職を持っていたという。千葉氏は日蓮宗の庇護者であり下総では中山法華経寺、小城に分かれてからは光勝寺と、いずれも日蓮宗の寺院を氏寺とした。日蓮宗は法華経中心主義をモットーに天台宗から分かれたが天台密教の星神を持ち伝えており、千葉氏は日蓮宗の庇護者となるのを契機に妙見を氏神にしたと考えられる。

千葉氏の場合は鎌倉期にその教義を奉じて日蓮宗を庇護したことが明らかであるが、大内氏の場合は南北朝期を遡るいつ頃にどういう理由で、氏寺を天台宗としたかは不明である。しかし千葉氏の場合から類推すると、大内氏の場合も氏寺の奉ずる教義（天台密教）に内包されている神の中から氏神が設定されたプロセスを窺うことができるのではないだろうか。

（二）氏神と鎮護国家

1　真言宗僧智海と大内政弘

「九条家文書」の中に、京都東山光明峯寺の僧である密厳院法印権大僧都智海に関係する一連の文書[21]がある。

光明峯寺は真言宗で摂関家の菩提寺であるが、応仁二年（一四六八）に乱の最中に東軍によって焼かれてしまった[22]。僧智海は故密厳院大僧正から寺の重書を譲与され再興を任されたが、再興の目処が立たないまま大内政弘を頼って周防国に下向した。一連の文書はいずれも案文であり、充所も記されておらず、このままの内容で上申されたかどうかは不明である[23]。しかし文書A・Bから、智海が政弘の援助によって上洛を果たそうとした動向を読み取ることができる。

A 「密厳院智海申状案」[24]（文明一六年八月　日）

光明峯寺密厳院法印権大僧都智海謹言上

抑去二月氷上山御参籠之時、今春可二上洛仕一之由、内々申入候キ、彼灌頂道具〔古脚〕《マヽ》仕度之由方々相尋候処、九州彦山ヨリ人二月会之比罷上、一見スヘキ由申候之間、相待候処ニ、無二其之儀一（中略）

（第一～七条略す）

（第八条）

一、（中略）一七日之間、妙見上宮ノ御宝前参詣申、今度御屋形丙寅歳之御在陣、早々被レ開御敵令二退散一、百日之中ニ有二帰国一ハ、秘密法花ノ御経一百十巻奉二書写一、奉二供養一進上申、（中略）其ノ御経一巻アテ御家人御中へ御支配アリ、御布施分ニ百疋宛ノ勧進可二申入一候、（中略）公方様ノ千疋ト御奉加候者、聽々上洛仕、彼光明峯寺再興ノ事、公方様へ申可二思立一者也、重而寺領ノ御判御教書ヲ申、此秘密御経ヲ以テ公家武家又ハ地下方ヘモスヽメ候者、定而皆々可レ有二奉加一ト存候、（中略）人ノ痛ニモ煩ニモ不レ成テ、寺ハ如レ形モ再興可二成就一シ、近比珎敷シキ善巧方便也、千手経云、観音ノ十大願ニ第四ノ願ニ云、願ハ我レ早ク得《エン》二善ノ方便一ヲ云々、就レ之千手ノ十大願書進上申候、千手御信仰ノ由承及候、此文ヲ御唱候者、何ヨリ殊勝ノ御事也、二世ノ御願成就不レ可レ有レ疑者也、

（第九条以下略す）

Ｂ　「密厳院智海巻数記案」(25)（年月日欠）

光明峯寺密厳院法印権大僧□（都カ）

従二文明四年八月一至二于今年八月一訖（マヽ）十四年之間者、毎日一座之愛染供養法所レ奉レ祈二五千座一也、

（第一条）

一、於（置）二京都一者、毎月一七ヶ日於二御誕生日中仁一為二御祈祷一北斗法奉レ修、御巻数御陣中江持参申事、文明八年至二于六月一五ヶ年之間也、同六月末仁当国（周防）江下行向《カウ》仕也、

（第二条を略す）

（第三条）

一、文明八年当国下向之時、氷上山（興隆寺）別当方江御奉書被レ下、依二上意一更々無二等閑一之儀、懇志至不レ知レ所レ謝、一向御芳志恐悦無レ極、且者　大菩薩御利生也、

（第四条）

一、自二文明八年六月一至二于今年今月一訖《（マヽ）》毎月細々仁上宮参詣、奉二為　妙見大菩薩一倍二増法楽一、専奉レ訓二読最勝王経一、偏　公方《（足利義政）》様御息災安穏無病自在信力堅固、又者為二鎮護国家之祈請一、致二丹誠之懇祈一者也、

（第五条）

一、氷上山衆徒中老若共仁此《コノ》最勝王経有二稽古一、毎月被レ定二式日一、於二上宮御宝前一最勝王経一部十巻分十人宛有二出仕一、奉二訓読一者人別一巻仁相当者也、（中略）

（第六条を略す）

（第七条）

一、如レ是殊勝御経也、今度愚僧依二御奉書一在国之間、細々於二　上宮一法楽申者、毎度　公方様御息災無病自在ト御信力堅固ト祈念ノ子細ハ為二国土一為二万民一也、今度洛中之一乱ハ併ラ此ノ法依二退転一、日本国中雖レ及二乱世一、御分国計者静謐安楽也、是併氷上山最勝王講之貴特無レ疑之者也、仍興隆寺衆徒中老若共能々令二稽古一給者、芳《（労カ）》々以公私共可レ然令レ存者也、依二　上意一子細可二申入一也、

2　智海の主張

まず文書Aについて注目したい。この文書には充所がないが、文意から当主政弘に対して宛てたことがわかる。この当時政弘は山口にいたが文書末尾に「直ニ申上事ハ憚多候之間」とあり、わざわざ文章化されたものである。文書冒頭に見えるように智海はこの年の春上洛するつもりであったが、氷上山二月会の頃に来る予定であった九

州彦山の僧に灌頂道具を売却することができず、資金が得られなかったので上洛を見合わせた（第七条）。

智海が政弘に依頼したのは上洛及び光明峯寺再興への援助である。第八条に注目しよう。「御在陣」（文明一五年の筑前出陣を指す）で政弘が留守中に妙見上宮の宝前に参詣し、政弘が百日のうちに帰国できれば「秘密法花ノ御経」百十巻を書写することとし、（書写し終えたので）今年の二月会に進上した。そこでその御経一巻宛を御家人中へ配り、布施として百疋宛の勧進を許可してほしいというのである。これに公方の千疋を加え上洛して寺院再興を公方に申請し、それから公家・武家そして地下方へも奉加を勧めるという。

文明七年（一四七五）に定められた興隆寺の法度[26]では衆徒以外の上宮社参を禁じているが、例外として「但、雖レ為二他門他宗一至二各別之僧侶一者、可レ被レ奉レ伺レ之」とされていた。智海は何らかの点で「格別の僧侶」として認められ、上宮参詣が認められたらしい。

本来光明峯寺の庇護者は摂関家であったが、将軍義満の代からは将軍家及び室町殿の祈祷所となり、公方の若君や姫君の加持を行うようになったという（第一・二条）。室町期には摂関家に頼るだけではこの寺が維持できなかったことがわかる。智海は自己の権益の保証のために複数の勢力に援助を求め、動乱によるリスクを少なくするのに巧みである。畠山政長が小塩庄など山城国にある寺領を借用していたので、政長側から寺院再興への助成の約束を取り付ける一方、上洛できたなら政長のライバルである河内の畠山義就にも勧進を申し入れようとしている。また周防国下向にあたっては、代々の御教書・重書等は一方では「案文写」を畠山政長被官の御厨屋入道に、「案文」は大内氏被官の相良遠州（正任）に預けていた。畠山政長は当時光明峯寺領を占領していたし、大内氏は庇護を受ける相手であり、しかもそれぞれ東軍と西軍とに分かれていた。智海は一方が没落しても権利が保証されるように、異なる大名にバランス良く頼っていたと考えられる（第四・五条）。

また智海は相手の信仰心に訴え、自己の援助に向かわせるための論理に巧みである。第八条の末尾に注目したい。まず人の痛みにも煩いにもならず「善巧方便」になると寺院再興を勧め、千手経にある「観音ノ十大願」に「善ノ方便」が説かれているので、その大願を書写して進上するという。次に政弘が「千手」（千手観音）を信仰していることを聞いており、この文を唱えることを勧め「二世ノ御願成就」は疑いがないとする。すなわち〈寺院再興は善巧方便である〉、〈千手観音の大願には善巧方便が説かれている〉、〈千手観音の大願を唱えれば御願成就する〉という内容が論理的に連結されている。結局、智海は政弘の千手観音信仰に付け込み、大願を唱えることによって、寺院再興という善巧方便に目を向けるように巧みに主張を展開しているのである。

次に文書Bに注目したい。冒頭には智海が文明四年八月から「今年」（文明一八年）八月まで十四年間、毎日一座の愛染供養法を行っていることが見える。第一条には在京中に毎月誕生日中において七日間、祈祷として北斗法を修して巻数を陣中に持参していることが見える。文明八年六月に周防へ下向するまでの五年間続いたというから、この修法もまた文明四年から行われていることがわかる。政弘は文明四年以降、智海の修する愛染供養法と北斗法によって陣中の安穏を守ろうとしていたことがわかる。この記述によって先に触れたような智海の上宮参拝を許す「格別の僧侶」という資格は、政弘の在京時における祈祷の功績によると考えることができる。

第三条に見えるように、周防国に下向する時に政弘が氷上山（興隆寺）別当へ奉書を下して智海に等閑なきよう計ったとあり、このことによって智海が興隆寺で宗教活動を行うための許可手続きがなされたと考えることができる。

第四条に見えるように、智海は周防国に下向して以後は氷上山上宮に毎月参詣し、妙見大菩薩に法楽を行っていた。その際の修法は（金光明）最勝王経の訓読であった。この修法はこれまで掲げたものとは異なり、その意義が単に政弘の安穏ということにとどまらず、公方の息災安穏と鎮護国家を祈請している。そして第七条では「一乱」（＝応仁・文明の乱）が生じたのはこの法が退転したからであると言い、大内氏の分国が静謐安穏であったのはそのお蔭（とりもなおさず智海の訓読のお蔭）であったと主張する。さらに智海は第五条のように、興隆寺の僧に最勝王経を稽古させ、毎月式日を定めて上宮宝前に同経を訓読させ、興隆寺の正式な修法とすることを求めている。

3　氏神を変質させる力

当主政弘は応仁・文明の乱を戦い抜く必要から祈祷に頼むところがあり、そのことが光明峯寺の再興を目指す智海に、政弘の歓心を得るチャンスとなったと考えられる。

智海が上宮の妙見に行う祈祷は当主政弘の安穏から将軍の息災、さらには最も代表的な鎮護国家の経典である（金光明）最勝王経を訓読することにまで範囲を広げた。この経典の読誦は当時もはや国家的には執行されておらず、智海は興隆寺僧に読誦を稽古させて上宮を鎮護国家の祈祷所にする道を考え付いたのである。

智海は将軍の権威が墜ち京都の諸寺社が衰亡した応仁・文明の乱後において、寺院再興にとっても、国家安寧にとっても、大内氏をその実効力を持つ権力であると評価した。これにより智海が人法（人間の守るべき法）・仏法ともにめでたく、京都より西国に比類なき寺院として興隆寺を賞賛した（文書B第六条）のは誇張とばかり言えないであろう。当時の公家や文化人が応仁・文明の戦乱を契機に大内氏を頼って山口に下向したことから見て、そのような評価は当時において一般的であったということができる。智海にとって大内氏はもはや一大名ではなく将軍を助け国家の安寧を可能にする存在であり、その氏神はいわば国家全体の守護神として期待すべきものになっていたことがわかる。

小　括

北辰＝北斗七星は中国の道教において信仰された。日本へは道教そのもののかたちで入ってきたのではなく、「七仏八菩薩所説大陀羅尼神呪経」という道教の影響が著しい経典を通じ仏教化されて入ってきたという。『日本霊異記』には菩薩としての妙見信仰が見えるが、奈良時代から平安初期にかけて現世利益的な効験が強調され、寺院社会にとどまらずに民衆社会に広まっていたことがわかる(27)。

大内氏の氏神＝妙見信仰も当然このような歴史的経過を経た星神信仰の基盤の上に立ち、興隆寺で祭祀が行われるようになると、天台密教の星神信仰の影響を受けながら形成されていったと考えられる。妙見信仰は基本的には延命祈願であるが、大内氏の氏神とされると大内の「氏」の守護神信仰となる。そして守護公権に基づく領域支配を行うようになると、その祭祀は当主以下一族の安寧にとどまらず、領国支配の安定を祈願する意味を持つようになっていった。さらに政弘の代には妙見には国家全体の守護神としての意義も与えられるようになっていったのである。

興隆寺の宗教活動は一定の教義と修法に固定されていたのではない。天台律僧や真言宗僧智海などの興隆寺に集まってくる様々な宗教者たちは、妙見と山王七社とのつながりや新たな修法の必要性を説いては大内氏に対し、その氏神の持つ意義の読み変えを勧めたと考えることができる。興隆寺は大内氏当主の宗数的欲求に応えるために寺外の宗教者の力を導入し、氏神＝妙見の持つ意義を積極的に読み変えていく「場」として機能していたのではないだろうか。

二　寺社とまじない

日本中世の宗教は密教を共通項とする「顕密主義」を正統的な教義とし、この「顕密主義」を奉じた寺社こそが当時の宗教界の中心であったとされる(28)。ところが当時の地域社会で実際に行われていた宗教行為には多少とも仏教的な体裁をとりながらも、経典に根拠を求めることも、代表的な密教諸流派の作法に当てはめることも困難なものが実は多いのではないだろうか。従来このような宗教行為は、しばしば「神道的」や「陰陽道的」あるいは前二者の要素を折衷的にとらえて「修験道的」などと性格規定されてきたが、「顕密主義」との関係について必ずしも十分な考察が行われていないように思われる。特にまじないの作法には当時の宗教の諸要素が寄せ集められているが、地域社会内部にそのようなまじないを生成↓蓄積していく運動を中世宗教史の中でどのように位置付ければよいのであろうか。

そこで以下では周防・長門両国に伝来した、まじないに関する興味深い文書三点に注目し、まじないと地域社会との関係を考察したい。この作業はこれら一見雑多に見える地域社会の宗教行為を「顕密主義」との関係でとらえ直すための基礎となるものと考えられる。ただし取り扱う時期は史料的制約により中世末期に限られる。

（一）長門国正吉八幡宮

文書Ａ「尻出縄大事切紙(29)」

（端裏書）

「尻出縄大事」

尻出縄大事

七五三諸神精進時　五二三蚕養曳
三三五七病人隠時曳　七二五三八鬼神曳
二二疫病人隠時曳　三三三四孝養所曳
一六二隠形所曳　三三四験時曳
一六三五二荒神祭曳

凡急々如律令者、急々於レ義在二口伝一、明師可レ尋レ之也、如者接一百廿人大鬼、令者接万二千人大鬼、内僧伽耶者真言之人也、外僧都者隠〔陰〕陽師也、秘蔵可レ秘々レ々、此九之内ニ万縄有レ之也、

或書云、急々者東、如者南、律者北、又云、初急者飯、次急ハ餅、次如者酒、次律ハ塩、次令ハ菓、又急々ハ飽満之句、又急々ハ弘眼目、如ハ身、律ハ躰、令ハ足、故五躰不具神得レ之、六根具足スト云々、最秘々々、

正吉八幡大宮司

天文六年十二月十七日　授二与彦七一

三種神器皇太神位采意示レ之

文書Aについて。天文六年（一五三七）に三種神器皇太神位采意という人物が正吉八幡大宮司彦七に対し、「尻出縄」に関する「大事」（＝秘伝）九種類を授けた。この八幡宮は長門国豊西郡正吉郷[30]（現在の下関市吉見）にあり、また大宮司家の初めの姓は秦であり、遅くとも文明年間には有光姓を名乗るようになったという[31]。文書A

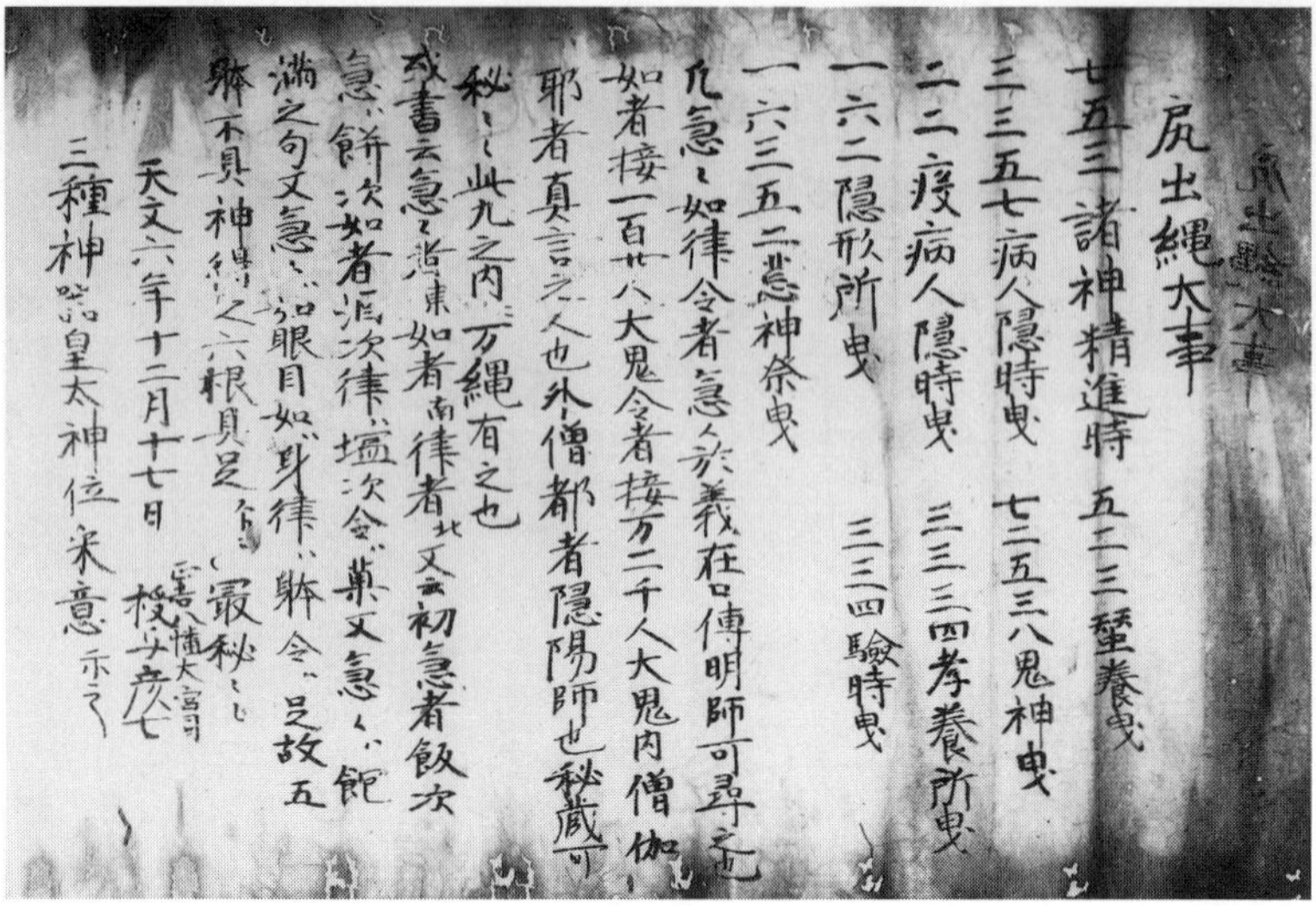
尻出縄大事
七五三　諸神精進時　五二三　堅養曳
三三五七　病人隠時曳　七二五三八　鬼神曳
二二　疫病人隠時曳　三三三四　孝養所曳
一六二　隠形所曳　三三四　験時曳
一六三五二　悪神奈曳
九急々如律令者急々於義在口傳明師可尋之
如者接一百廿八大鬼令者接万二千人大鬼内僧伽
耶者真言之人也外僧都者陰陽師也秘蔵可
秘々々此九之内三万縄有之也
或書云急々者東如者南律者北文云初急者飯次
急々餅次如者泥次律々塩次令々菓文急々々館
満之句文急々々如眼目如々耳律々鼻令々足故五
鼻不具神得之六根具足　最秘々々
天文六年十二月十七日　宮八幡大宮司　授与彦七
三種神器皇太神位来意示之

文書Ａ　尻出縄大事切紙（有光家文書、山口県文書館所蔵）

を含む「有光家文書」[32]は「在地文書」として貴重な存在と言われている[33]。「有光家文書」によると、大宮司職には天文二二年段階で田二段大と屋敷六十歩が付属していた。鎌倉期では大宮司職は地頭から補任される郷内の所職であり、大宮司家は以後も郷内に居住し続けて田畠・山林・屋敷を保有していた。また南北朝期頃と推定される年月日未詳「有光氏系図」[34]には、鎌倉期以前の先祖である「もりのふ」という人物について、「ありミつ（有光）のりやうしゆ（領主）」と注記されている。このように大宮司家は中世を通じて、どちらかといえば「村落領主」的な性格を持ち続けたと考えられる。

文中に見える「尻出縄」について詳しいことはわからないが、あわせて「急々如律令」という呪文の秘意も伝授しており、文書Ａが陰陽道的な性格を持つまじないに関するものであるという見当は付く。ただし江戸末期に彦山派に関する印信切紙《いんじんきりがみ》等を編成した『彦山修験最秘印信口決集』[35]には注連縄《しめなわ》の口決《くけつ》が記され、修験者が用いるやはり九種類の「浄地縄」[36]についてよく似た秘伝[37]が見えるので、この「尻出縄」もまた注連縄の一種と推測される。すなわち文書Aは①諸神を祀る基本的な場合、(38)②養蚕の時、③病人が死亡した時、④鬼神を祀る時、⑤疫病人が死亡した時、⑥孝養《きょうよう》（亡き親のためにねんごろに弔うこと）の時、⑦隠形《おんぎょう》（身体を隠すまじない）の所、⑧験《げん》の時、⑨荒神を祀る時といった九種類の場合に、周囲に曳き回す縄の作法であると考えられる。

「急々如律令」という呪文の秘意を説く部分のうち、傍線の箇所に見られるように、このような身体の一部が欠けた神についての説が当時広まっていたようであるが、これについては後述する。

文書Aを含め「有光家文書」には秘伝の伝授を受けた一連の文書（密教で言う「印信」にあたる）があり、一覧表にまとめると以下の表のようになる（近世のものは除く。〔文書番号〕の項目は『県史』史料中世3所収「有光家文書」の文書番号である）。

	年月日	原文書の表題	（授けた者）→（受けた者）	文書番号
Ⅰ	大永七年一一月　三日	神道灌頂御供大事	三種神器皇太神位頼雅→宮徳	六一
Ⅱ	大永七年一一月　三日	神道灌頂初重印信極秘	三種神器皇太神位頼雅→宮徳	六二
Ⅲ	天文六年一二月一七日	尻出縄大事	三種神器皇太神位采意→彦七	六六
Ⅳ	天文六年一二月一七日	神道宮渡大事	三種神器皇太神位采意→彦七	六七
Ⅴ	天文六年一二月一七日	遷宮大事	三種神器皇太神位采意→彦七	六八
Ⅵ	天文六年一二月一七日	神道灌頂	三種神器皇太神位采意→（記名なし）	六九
Ⅶ	天文六年一二月一七日	神道御供大事	三種神器皇太神位采意→（記名なし）	七〇

中には秘伝を授けられた場所を示す文言のあるものがあり、Ⅰ・Ⅱには「右於㆓長州一宮道場㆒授㆑之」、Ⅳには「右於㆓長州安養寺道場㆒奉㆑授㆑之」、Ⅶには「右於㆓長州一宮灌頂道場㆒奉㆑授㆑之」とある。授ける側の頼雅や采意

という人物は長州二宮と長州安養寺を活動の拠点としていたことがわかる。受ける側の人物については彦七が正吉八幡大宮司であることから、宮徳も同様であると考えられる。二宮は別名が忌宮神社であり長門国府（現在の下関市長府）に立地し、一宮（住吉神社）とともに長門国で最も重要視された神社である。初めは入江干潟が広がっていた正吉郷は鎌倉期は二宮に年貢として塩を納めていた。安養寺は正吉郷の隣村である吉見村にあった真言宗寺院[39]である。このように正吉八幡大宮司は、その祭祀者として再生産される際には上位にある神社や最寄りの密教寺院に関係する宗教者から秘伝を伝授されていたということができる。その秘伝は密教的な印信のかたちを借りてはいるが、修験者のそれに通ずる作法が採用されていた。「三種神器皇太神位」という僧位（?）は他に例がないように思われる奇妙なものであり、このような肩書きを持つ僧（?）が安養寺—二宮というように長門国豊浦郡の寺社を巡って宗教活動を行い、一方で在地の神社の神職にも付法を行っていたことは興味深い。

（二）周防国山代庄の地侍

文書B「三分一式部丞祈祷事書[40]」

今度村中疫病流行ニ付祈祷を行ひ、宗正兵部抱山根山ニ、疫病□□魁ヲ祭り鎮、黄幡之社と申、年々幣帛を納、祭り可レ申、立願致候得ハ、疫病鎮り候事

慶長三
二月
三分一式部丞

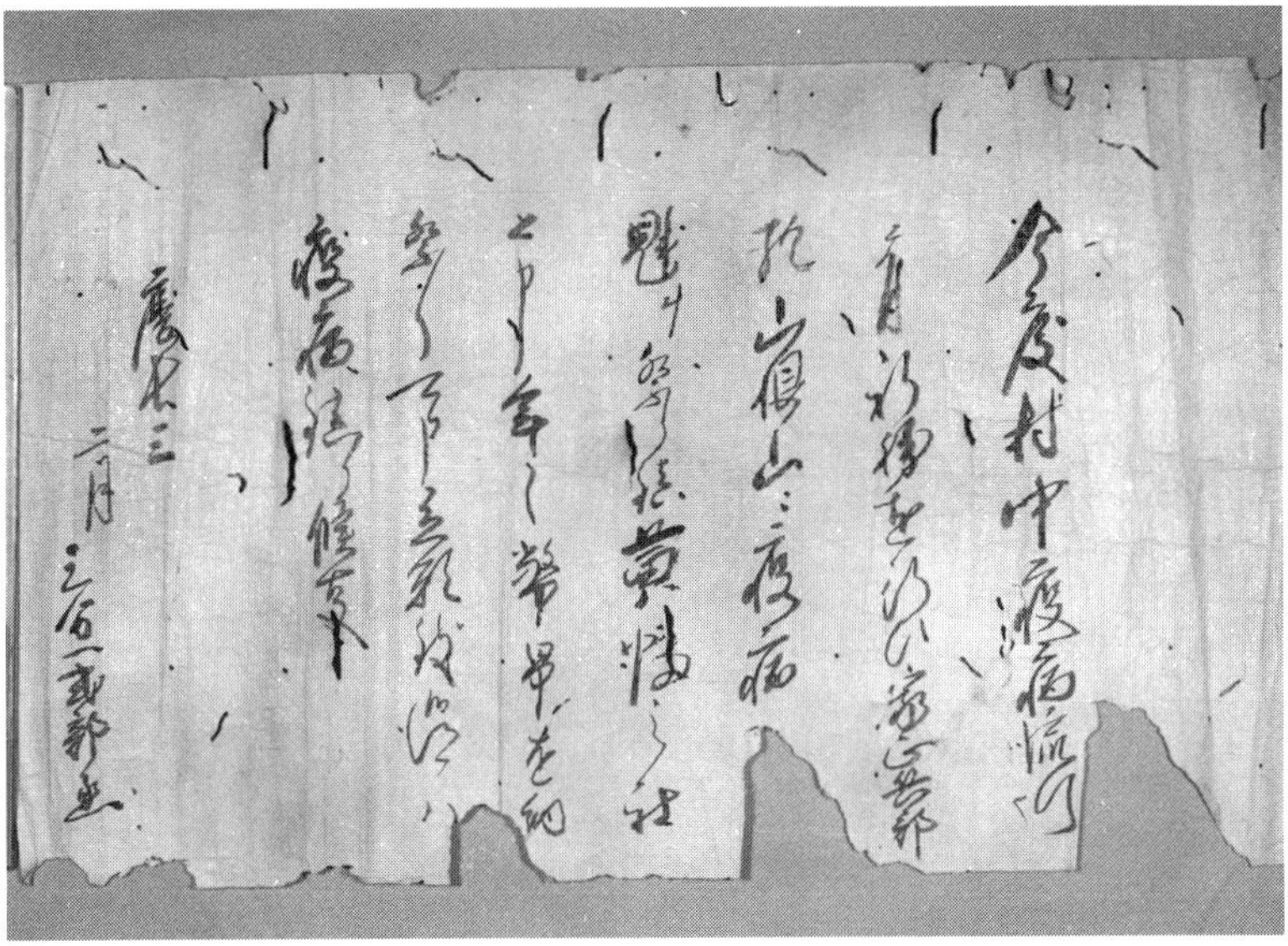

文書Ｂ　三分一式部丞祈祷事書（宗正家文書、山口県文書館所蔵）

文書Ｂについて。慶長三年（一五九八）に三分一《さんぶいち》式部丞は祈祷を行い、疫病の鎮静を神に願った。文中に見える「黄幡《おうばん》」(41)は中世に代表的な疫病神である牛頭天王（祇園神）の八王子の一員であり、陰陽道的な疫病神である。

三分一式部丞は戦国期に周防国山代庄（玖珂郡の山間部一帯を指す）で地侍一揆を構成した地侍の一人で、庄内の阿賀村（現岩国市美和町内）を本拠としていた。大内氏が滅亡した後に毛利氏が周防国に進出するようになると、三分一氏は同じ阿賀村の錦見氏を討ち取り毛利氏に就いた。地侍の一揆的結合は解体していき、三分一氏をはじめ地侍を被官化することによって、毛利氏は山代庄を支配下に入れた。(42)しかし三分一氏は軍事に携わるだけではなかった。

慶長五年（一六〇〇）に三分一式部丞は宗正家重代に伝わる剣を「平借」した。(43)万一紛失した場合には「御両社祝師并ニ妙見・大歳神供役」を譲渡する旨を契約している。「両社」というのは阿賀村にあった速田社と八幡社[44]である。つまりその時点では三分一式部丞は両社の祝師《ものもうし》であり、妙見と大歳を祀る神職であったことがわかる。したがって先掲の祈祷願文に見える疫病鎮めの祈祷は、式部丞自らが神職として祭祀を執行したと考えることができる。ただし祈祷願文の後、同じ慶長三年の十□（二カ）月に三分一式部丞は宗正又左衛門に「神供」を伝え置いた[45]。「神供」の内容はよくわからないが、この時点ですでに三分一氏から他家の者に対し、神を祀るための何らかの権能が譲渡されていたことがわかる。

三分一式部丞が本来祀っていた「大歳」という神も先掲の黄幡と同様に牛頭天王の王子[46]で、かつその筆頭の疫病神である。また妙見もある種の陰陽道的な神であり、三分一式部丞が奉ずる神が通常の場合も、疫病のような非常の場合も、ともにまじないと関係が深い神であったことは興味深い。

山代一揆において地侍はそれぞれ庄内の村を支配単位とし、三分一式部丞に見られるように地侍が村落を支配していくためには武力や経済力のみならず、村民のためにまじないを施す能力もまた必要とされたのではないだろうか。

（三）庶民信仰と興隆寺

文書C「万事通用祭文[47]」

〈部分①〉

万事通用祭文

天上地下東西南北集随宮、皆悉飽満、急々如律令、

謹請東方青帝龍王、謹請南方赤帝龍王、謹請西方白帝龍王、謹請北方黒帝龍王、謹請中央黄帝龍王

（中略）

〈部分②〉

大神ノ前生経説四祭祀《シノ》致功力ニ、酬目《ムケタテマツレハ》無神ハ得《ヱ》見ル事、耳無神ハ得聞コト、鼻無神ハ得《ヱ》齅《カク》コトヲ、口無神得《ヱ》謂《コタヘル》コト、手无神ハ得《ヱ》採《トル》コトヲ、足无神ハ行〔得脱〕コトヲ、躰無神ハ其体令得給フ、如是神ト成給事ヲ

〈部分③〉

南無天罡《カウ》自在徳宝満足、急々如律令

鶴亀之命ヲヨドルキミナレハ、千年ノ命ヲ知ヤ知ヌヤ、

マツカヱノヨハイヲ□□□（マモル）トシナレハアダナル代トハヨモアラシナ

天文八年己亥四月廿日源精ヨリ相伝之畢

源継六八誌之

文書Cについて。「祭文」とは神に祈願する特定の形式を持った文書である。「万事通用」とあり文字どおりすべての祈願に通用するように、「天下太平、国土安穏、諸人快楽、家門繁昌、従類眷属、諸願円満、皆悉成就」が文中にうたわれているが、中心的な願いは仏教的な龍王や陰陽道的な十二月将など様々な神の力を借りて、鬼神・荒神など様々な祟《たた》り神や物怪《もののけ》を滅除して延命を図ることであると考えられる。

祭文の冒頭にはそれを読み上げる場に請ずる神の名を記すが、〈部分①〉に見られるように東・南・西・北・中央の五方に、青・赤・白・黒・黄の五色を配当した龍王を掲げる形式は有名な奈良元興寺の康暦三年（一三八

〈部分①〉

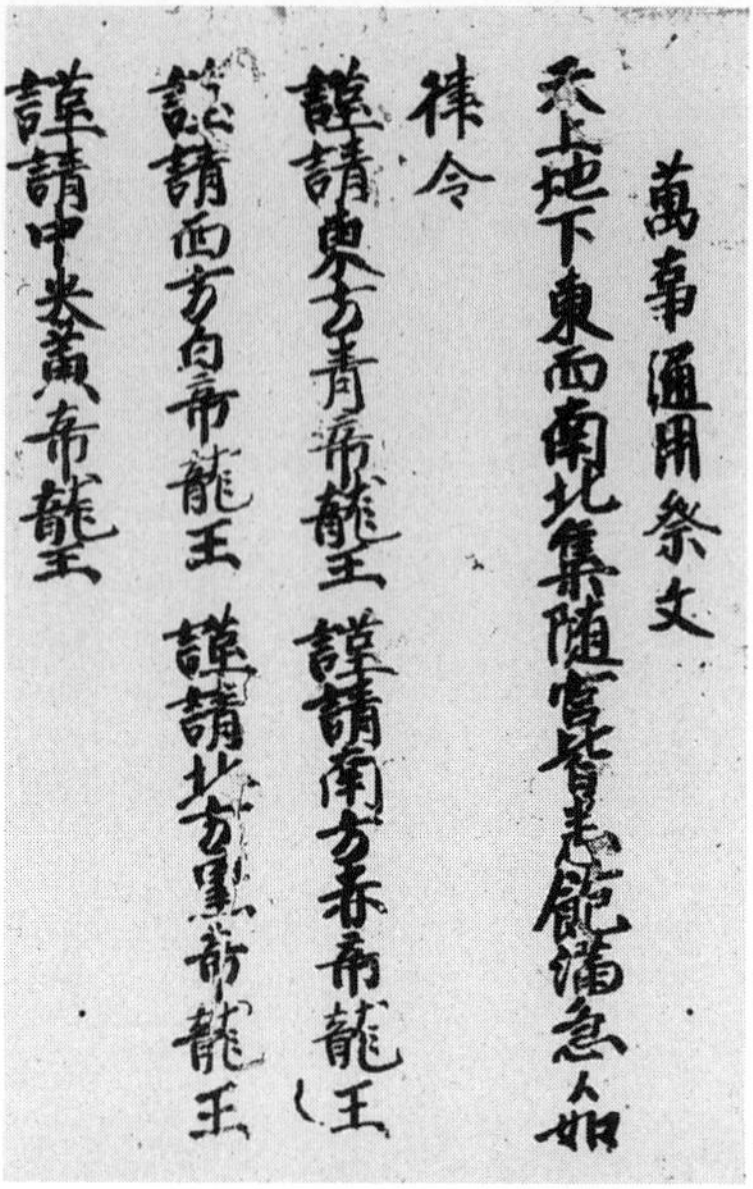
萬事通用祭文
天上地下東西南北集随官皆悉能満急々如律令
謹請東方青帝龍王　謹請南方赤帝龍王
謹請西方白帝龍王　謹請北方黒帝龍王
謹請中央黄帝龍王

〈部分②〉

咸大神、弥生經説四条杞致切力、附目無

神、得見、箄茸無神、得聞、鼻無神、得

齅口無神、得調、手元神、得採足元神、

行躰無神、其体令得給如是神、成給事ッ

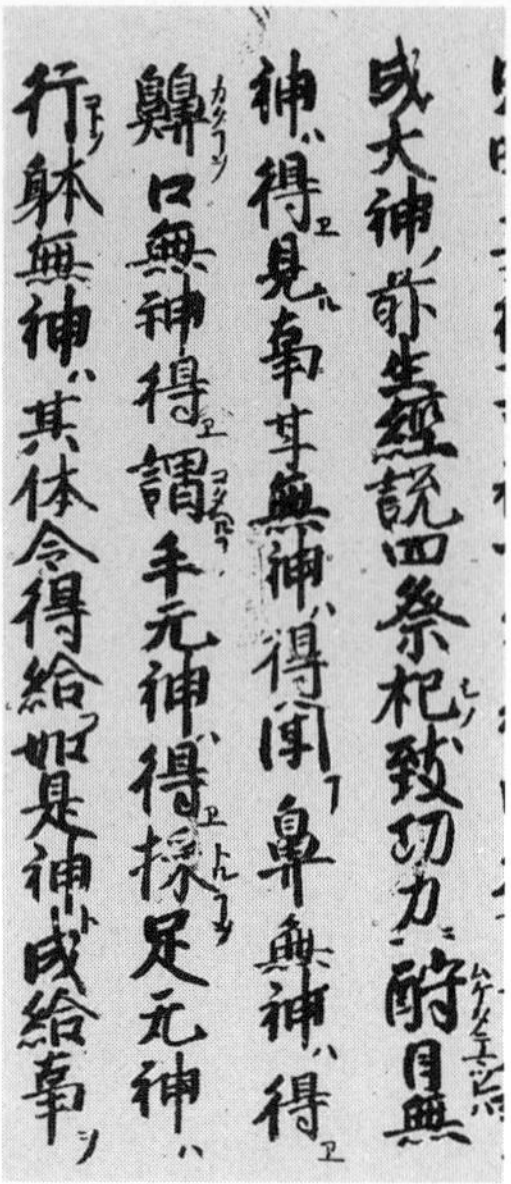

〈部分③〉

南與天逆自在德寶滿足急々如律令

霊﨟二会リヲマドルシヤミナ十六、千年ノ命リヲヤ知又ヤ

下ノ方ユヨハイヲ、ニ九八ト七ハアダチ九代トハヨモアラレナ

天文八己未四月廿卅日源精より桐傳ニ失

源継六八誌ニ

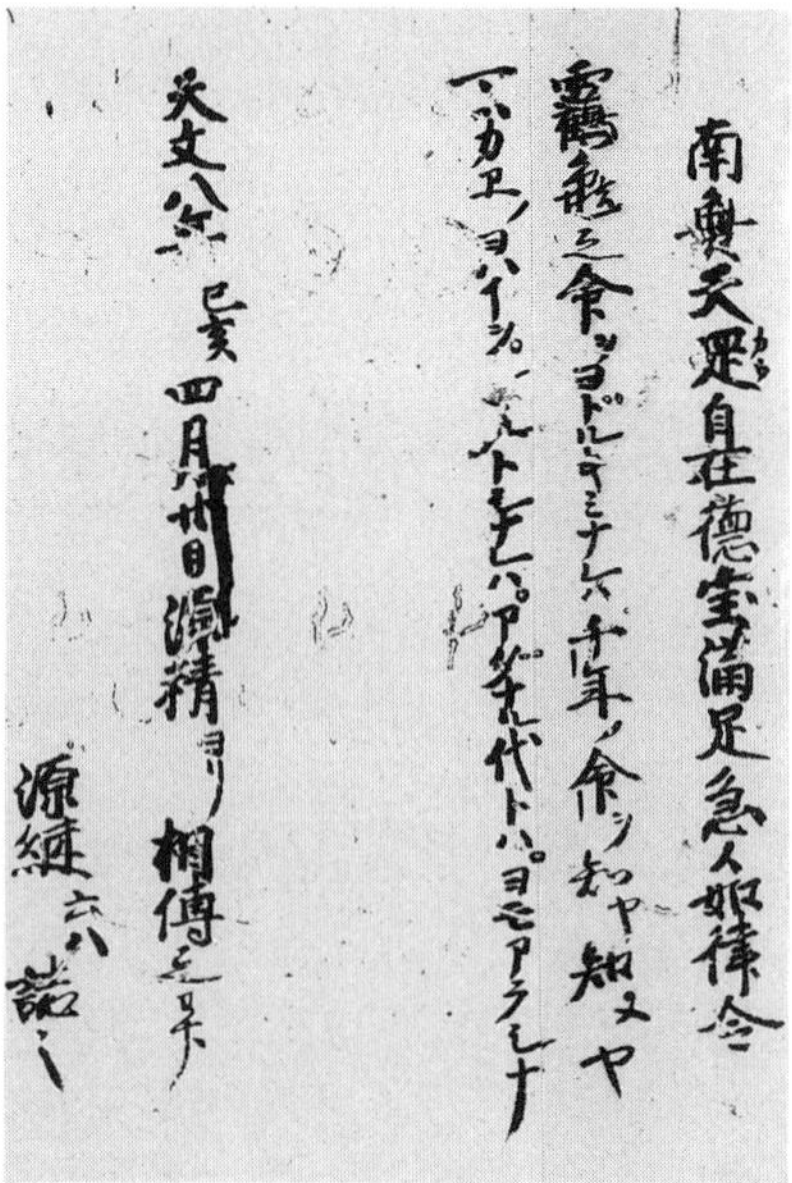

文書Ｃ　万事通用祭文（興隆寺文書、山口県文書館所蔵）

二）「夫婦和合祭文」にも見られるように、中世後期の祭文に広く見られる。〈部分②〉を見ると目、耳、鼻、口、手、足、体のない神がおり、これらを祀ることによってそれぞれが欠けている部分を得て神になることができるという説が述べられている。これは文書Aの中の「急々如律令」の秘伝の中に見える説と共通する考え方であり、この呪文によってこれらの神が欠けた部分を得ることができるという、当時流布していた神秘説と考えられる。

最後に注目したいのは〈部分③〉に見える「天罡」[48]という神名である。この祭文には多数の神名が見えるが、締めくくりに位置する神の名は「天罡」ということになる。この「天罡」は陰陽道で北辰＝北斗（七星）を表し、古代・中世の遺跡から出土するまじないの木簡にも見えるものである。〈部分③〉に「鶴亀之命ヲヨドルキミナレハ」とあるように長寿の象徴である鶴亀とも関係付けられながら、北辰＝北斗信仰が本来持っていた延命への祈願が明らかである。

北辰＝北斗は仏教においては妙見菩薩として位置付けられ、台密・東密ともに修法の本尊として重視されていた。ところでこの祭文が伝来した興隆寺は周防国吉敷郡大内村（現在の山口市大字大内）にあり、南北朝・室町期において天台宗に属し比叡山末寺であったが、大内氏の氏寺として重要な意味を持っていた。境内の聖域の中心は守護大内氏の氏神である妙見を祀る「上宮」であり、最も重視された年中行事である二月会の中心は氏神祭祀の秘儀であった。先述のとおり興隆寺における妙見は大内氏の守護神から始まり、やがて領国の支配者としての政治的な願望を祈願する神へと変質していった。

そのような興隆寺において、「妙見（菩薩）」ではなく「天罡」という神名の祭文が伝来した背景は何であったのだろうか。おそらく興隆寺には庇護者である大内氏と向き合うのとは別の顔があり、「顕密主義」の一端に連なりながら当時流布していたような形式のまじないを介し、地域のより広い階層の宗教的欲求に応じていたのではないだろうか。

小　括

中世の地域社会において「顕密主義」の正統的な教義・修法を知る者はごく限られた存在であったと考えられる。しかし実際は文書A～Cに見られるように、在地の社家が、地侍が、そして顕密寺院が、まじないによって地域社会に一定の役割を果たしていたと考えられる。地域の広い階層の宗教的要求に向き合う以上、彼らの行うまじないが雑多な要素から成るものであったとしても、そのこと自体は奇異なことではない。彼らとしては自分が知りうる限りの宗教的知識を駆使して、地域社会を維持せねばならなかったと考えられる。

中世社会において神仏への祈りは生産活動の不可欠な一環を成しており、生産活動の中枢には様々な呪術的祈りが位置していたと考えられている[49]。このような社会の中で、在地の諸階層は自己の幸福を追求するためのいわば「技術[50]」の一種として、何らかのまじないに携わる必要があったと言えるのではないだろうか。

おわりに

政弘代以降大内氏の氏神である妙見は領国の守護神の立場を超え、国家全体の平和を守る存在へと読み替えられるようになった。その一方で興隆寺はまじないによって地域社会に一定の役割を果たす役割を期待され、大内氏の氏神というだけではなく、庶民信仰としての妙見信仰の場としても機能していたのである。

注

（1）大内氏の妙見信仰の性格について、金谷匡人氏は妙見信仰の中に大内氏の正統性（帝王学）の意識を見出すとともに大内氏の先祖を創作し、氏神祭祀を整える作業に陰陽師が関わったのではないかという指摘を行っている（金谷匡人「大内氏における妙見信仰の断片」『山口県文書館研究紀要』一九、一九九二年）。同氏には関連の研究として、「山口県から見た北辰信仰の諸相」（『地域文化研究所紀要』七、梅光女学院大学、一九九二年）がある。

（2）『寺社由来』三　山口宰判御堀村興隆寺真光院参照。

（3）景山春樹『神道美術の研究』（神道史研究叢書、一九六一年）第四篇「摩多羅神信仰とその遺宝」、野本覚成「「反閉」と大乗戒壇結界法」（『陰陽道叢書』四・特論、名著出版、一九九三年）参照。

（4）景山春樹氏『神道美術の研究』（前掲）参照。

（5）問田という土地には重要な意味があると考えられ、ここは大内氏の支族問田氏の所領である。問田氏は興隆寺の行事に先頭に立って奉仕する役割を持っており、今後研究を深めるべきであろう。金谷匡人氏「大内氏における妙見信仰の断片」（前掲）は同じ問田村において金花山に妙見社があり、問田氏が氷上山における祭祀を一手に管掌するようになった背景があったことを指摘している。

（6）観応三年「仁平寺本堂供養日記」（興隆寺文書八二『県史』史料中世3）。以下では山口県文書館蔵の興隆寺文書を掲げる場合は、『県史』史料中世3所収の番号を用いる。

（7）応永一一年三月「興隆寺本堂供養日記」（興隆寺文書一『県史』史料中世3）。

（8）『寺社由来』三　問田村志多里八幡宮・山王社。

（9）『山口県文化財総覧』（山口県教育委員会、一九六九年）参照。

（10）『寺社由来』三　恋路村清水寺。

（11）「興隆寺本堂供養日記」（前掲）。

（12）応永二一年三月九日「菩提院堂供養舞童・同諸役人次第」（興隆寺文書八三『県史』史料中世3）。

（13）暦応三年三月八日「厚東崇西武実書状案」（持世寺文書四『県史』中世史料3）。
（14）『望月仏教辞典』元応寺の項参照。
（15）『大日本仏教全書』。
（16）平雅行「中世宗教の社会的展開」（講座『日本歴史』三・中世一、東京大学出版会、一九八四年）参照。
（17）国守進「恵鎮と周防国」（『南北朝遺文』中国四国編五巻付録・月報5）参照。
（18）『大正新脩大蔵経』。
（19）樋口誠太郎「中世における武家の「軍神」信仰」（『研究報告』二、千葉県立中央博物館、一九九〇年）参照。
（20）千葉市立郷土博物館編『県外千葉氏一族の動向』千葉氏関係資料調査報告書（其の二）（一九九〇年）参照。
（21）太田順三「大内氏の氷上山二月会神事と徳政」（渡辺澄夫先生古稀記念事業会編『九州中世社会の研究』、一九八一年）参照。また史料の存在は田中倫子氏からも教示を受けた。
（22）大日本史料八編之二冊、応仁二年八月一三日条。
（23）同じような主張がさらに内容を縮約した別の案文に記されており、これらは草案段階にあるものと考えられる。
（24）図書寮叢刊『九条家文書』六巻一八五一。
（25）図書寮叢刊『九条家文書』六巻一八五二。
（26）文明七年一一月一三日「大内政弘法度条々」（興隆寺文書九八『県史』史料中世3）。
（27）増尾伸一郎「〈天罡〉呪符の成立—日本古代における北辰・北斗信仰の受容過程をめぐって—」（『陰陽道叢書』四・特論、名著出版、一九九三年）参照。
（28）黒田俊雄『日本中世の国家と宗教』（岩波書店、一九七五年）参照。
（29）有光家文書六六『県史』史料中世3。以下では「有光家文書」を掲げる場合は『県史』史料中世3所収の番号を用いる。
（30）長門国豊浦郡は中世には東西に分けて認識されていた。
（31）国守進「豊浦郡正吉郷入江干潟絵図について」（『山口県文化財』一六、一九八六年）参照。

(32)　現在は国指定重要文化財で山口県文書館蔵。

(33)　国守進「豊浦郡正吉郷入江干潟絵図について」（前掲）参照。

(34)　有光家文書一一二『県史』史料中世3。

(35)　『日本大蔵経』修験道章疏二。

(36)　同右史料には「七五三　諸神祭精進之時、二二　疫神祭、一六三五　荒神祭、七二五三　鬼神祭、三三三四　孝養、五二二　蚕養、九二四三五七八一六七　一切祈祷、一六二　産、三八五六七一五五　地鎮土公祭」とあり、近世にも流布していたことがわかる。

(37)　村山修一『日本陰陽道史総説』（塙書房、一九八一年）では同右史料の数字について、「縄にも様々な理屈のついたものがあり、これらの数が一体どういう意味なのか。いずれは五行を基調としたものに違いないが、一切は彦山修験一家の秘伝として語られない」とあり、意味が不明である。

(38)　注連縄は「七五三縄」とも書くように、このかたちが基本形らしい。

(39)　『寺社由来』七　六六〇頁参照。

(40)　美和町宗正家文書三『県史』史料中世3。この文書は「検討を要する」と注記されているが、筆者が山口県文書館で実物を調査したところ、当時のものとして差し支えないと判断した。

(41)　村山修一「陰陽道基礎用語解説」（『陰陽道基礎史料集成』東京美術、一九八七年）参照。

(42)　『美和町史』（美和町、一九八五年）参照。

(43)　慶長五年八月一日「三分一式部丞借用状」（美和町宗正家文書一『県史』史料中世3）。「平借」とは担保をともなわない単なる借用のことであろうか。この文書も「検討を要する」と注記されているが、文書Bと同様に当時のものとして差し支えないと判断した。

(44)　『注進案』三　阿賀村。

(45)　慶長三年一二月（カ）一八日「三分一式部丞神供伝状」（美和町宗正家文書二『県史』史料中世3）。この文書も「検

討を要する」と注記されているが、当時のものとして差し支えないと判断した。

(46) 牛頭天王をはじめとする疫病神については、今堀太逸「疫病と神祇信仰の展開―牛頭天王と蘇民将来の子孫―」(『仏教史学研究』三六―二、一九九三年)が詳しい。

(47) 興隆寺文書二一四『県史』史料中世3。

(48) 天罡については、増尾伸一郎氏「〈天罡〉呪符の成立」(前掲)参照。

(49) 平雅行「中世宗教史の課題」(『日本中世の社会と仏教』塙書房、一九九二年)参照。

(50) 黒田日出男「戦国・織豊期の技術と経済発展」(講座『日本歴史』四・中世二、東京大学出版会、一九八五年)は「田遊び」の儀礼に注目した研究であり、「中世では、農業は呪術的な性格を強く帯びており、農業技術の蓄積は近世と較べてはるかに困難であったといってよいであろう」と述べている。また小和田哲男『軍師・参謀―戦国時代の演出者たち―』(中央公論社、一九九〇年)には軍師の本来の仕事について、「加持・祈祷・占卜といった陰陽師・修験者が行なうような仕事を専門としていたのである」と述べている。近世以前においては農業技術や軍事技術でさえ呪術と未分離であったことがわかる。

第四章　日本中世の妙見信仰

はじめに

日本の「星」への信仰のうち、北極星または北斗七星を神格化したものは総称して妙見信仰と呼ばれている。近年は道教史、美術史、日本中世史[1]、民俗学といった多様な側面から妙見信仰研究が進展した[2]。しかしながら中世から近世にかけて、禅寺の伽藍神をはじめアジアの諸国から日本へ様々な神が渡来しており[3]、そのような渡来神の影響を受けた、日本中世の妙見信仰の総体を論ずることは容易ではない[4]。

本章では中世に伝来した多様な信仰の中から特に鎮宅霊符信仰を取り上げ、日本の妙見信仰に与えた影響について基礎的な三つの問題に分けて考察する。第一節では鎮宅霊符信仰が伝来する以前の妙見信仰の性格について考察する。第二節では中世武士団の「星」の信仰に、真武神（鎮宅霊符神）のイメージが導入された意義を考える。第三節では鎮宅霊符信仰が既成の信仰に与えた影響について考察した上で、そのような信仰を伝えた修行者の姿を追究する。

「鎮宅霊符」とは図の中央に真武神（鎮宅霊符神）が描かれ、その周囲に道教経典に由来する七十二種類の霊符（お札）がぎっしり書き込まれたものであり[5]、いわばお札の文例集のようなものである。本章では真武神を単独で崇敬する信仰、真武神（鎮宅霊符神）に霊符が組み合わされた「鎮宅霊符」を崇敬する信仰、いずれの場合も「鎮宅霊符信仰」と呼ぶことにする。「鎮宅霊符」の伝来は中世のいつ頃まで遡るかは明確ではないが、[6]真武神像が日本に渡来したのは一三世紀に遡ることが明らかにされているので、一応「鎮宅霊符信仰」の伝来は一三世紀であるとしておく。

なお妙見は正式には「妙見菩薩」であるが密教図像としては天部の扱いを受け、守護神として崇められる場合は垂迹したかたちの「妙見神」として認識される。[7]とはいえ「菩薩」か「神」というような属性を厳密に区別することは困難なので、以下ではこの尊格に対し「妙見」という表記に統一する。

一　鎮宅霊符信仰の伝来以前

本節では鎮宅霊符信仰が伝来する一三世紀以前の妙見信仰の性格について考察したい。その際に便宜的に〈奈良～平安初期〉と〈平安中期～鎌倉中期〉に時代を分ける。

（一）奈良～平安初期

奈良～平安初期において北極星は「星」として盛んに信仰される一方、『日本霊異記』の説話に見られるように「妙見菩薩」として奈良時代には仏教信仰の中に取り入れられていた。

北極星は天の中心にあって位置を変えないことから、古代中国で崇敬されて道教では最高の神格とされており、やがて北方を守る神である玄武として日本に導入された。北辰（北極星）に灯火を奉る北辰祭は八世紀末に民衆の間で爆発的に流行し、九世紀後半には天皇が執り行う「御燈《ごとう》」という宮廷行事になった。[8]また北斗七星は北極星の周囲を回ることから中国と同様に日本でも崇敬されたが、[9]やがて寿命を司る役割を介して妙見信仰の中に包摂されていったと考えられる。

一方で奈良時代以降における仏教的な妙見信仰に目を向けると、妙見菩薩の所依経典[10]は雑密経典の『七仏八菩薩所説大陀羅尼神呪経』（以下「七仏所説神呪経」と略称する）であった。この経典中で妙見は「衆星中最勝、神仙中之仙、菩薩之大将」と讃えられている。[11]そして「我時当レ率二諸大天王・諸天帝釈・伺命都尉・天曹都尉一、除レ死定レ生、滅レ罪増レ福、益レ算延レ寿」と記されていることから、[12]妙見が人間の寿命を司る「星」としての性格を保っていたことがわかる。「神仙」という表現や「伺命都尉・天曹都尉」という道教の神が見られることから、この経典自体がすでに漢訳[13]の段階で道教の影響を受けていたと考えられる。

ところで中世にしたためられた起請文の神文に列挙される神々には、第一に梵天・帝釈天のような仏教の守護神、第二に道教で崇敬された神[14]や星宿、第三に日本の神祇というような序列[15]があるとされる。「七仏所説神呪経」によれば妙見は「諸大天王・諸天帝釈」という仏教の守護神と、「伺命都尉・天曹都尉」という道教で崇敬された神をともに率いている。[16]このことから「七仏所説神呪経」に説かれている妙見の利益《りやく》は、中世の人々が神文に列挙された神々に抱いた畏怖の、ちょうど「裏返し」にあたることがわかる。

（二）平安中期～鎌倉中期

平安中期以降、妙見信仰は仏教（特に密教）と陰陽道が絡まり合った複雑な様相を呈するようになった。

まず平安中期の状況は以下のように概観できる。一〇世紀初頭以降に密教でもまず台密の方から星辰を本尊とする修法が行われるようになり、特に天台宗寺門派では妙見を尊星王《そんじょうおう》と呼んで尊星王法が特別な修法[17]とされた。

一方で妙見は陰陽師によって「北君《きたぎみ》」と呼ばれ、土公神や竈神とともに「宅神」[18]という祟り神の一種とされた。長保元年（九九九）には妙見菩薩が一条天皇に祟ることがあったという[19]。貴族社会で恐れられるようになった妙見は、朝廷によって京都の北方にある霊巌寺で祀られるようになった。

次に真言・天台両宗の密教図像集に記された、妙見の性格について論じる[20]。密教各派において正統的な儀軌による妙見の像容は菩薩形とされたが、やがて陰陽道などの影響を受けて多様な像容が存在するようになった。またこれらの図像集においては妙見について、その像容のみならず特異な性格も詳述されている。

鎌倉初期成立の真言密教の図像集である『覚禅抄』の中で北極星は北辰、妙見、尊星王と呼ばれている[21]。同じく『覚禅抄』では北斗七星のうち武曲星の傍らの輔星が見えるかどうかで、その人間の死期が予言できると述べられている[22]。さらに進んで輔星を妙見菩薩とみなす説[23]も記されている。

鎌倉中期成立の天台密教の図像集である『阿娑縛抄』で説かれる妙見の像容は一定ではない。例えば霊巌寺に祀られた妙見の像容は吉祥天と同じであったという[24]。特に「外書中殊奉レ崇レ之。陰陽周易術道等皆所レ崇也。或俗形束帯。或童子形。或童女形。皆是外法所二崇敬一像歟云々[25]」という記述は興味深い。陰陽道や周易術など仏教以外では俗形の束帯、童子形、童女形の像が崇敬されていたことが窺える。

また『阿娑縛抄』には「此法ハ三井寺秘法也。尊星王法是也。但彼秘書一結持レ之。彼行儀非二真言家所為一。以二陰陽家作法一為二依憑一歟。象《（禹）》歩ナト云事有レ之」という記述[26]がある。これによれば三井寺の秘法である尊星王法が「真言家」のなすものではなく「陰陽家」の作法に依拠しており、その根拠として陰陽道的な作法である禹《う》歩《ふ》[27]があげられている。ここに見える「陰陽家」は宮廷陰陽師に限らずにいわゆる法師陰陽師も含め、広く陰陽道的なまじないを志向する呪術者を指すと考えられる。この事例から当該期の社会が妙見（尊星王）の祈祷をより強力なものにするために、「陰陽家」の呪術にも期待していたことがわかる。

小　括

以上見てきたように、一三世紀以前において妙見信仰は延命に関わる「星」の信仰という性格を保っており、当時の社会は仏教（特に密教）と陰陽道が絡まり合った、延命を得意とする呪術を求めていたことがわかる。

二　武士団と「星」の信仰

個人単位の延命祈願を請け負った密教各派とは別に、中世にはいわば家門全体の「延命」を妙見ないし北斗七星に求める武士団が存在した。武士団の妙見信仰は中世の妙見信仰を論ずる上で、避けてとおれない重要な現象であると考えられる。本節では武士団の「星」の信仰に真武神（鎮宅霊符神）のイメージが導入された意義を考察したい。

（一）妙見信仰と北斗信仰

中世武士団の氏神の多くは八幡神とされるが、[28] 妙見や北斗七星のような「星」を崇める個性的な武士団も存在した。以下にはそのような武士団の信仰形態を紹介する。

すでに平安末期において妙見を信仰する武士団が存在した。『吾妻鏡』寿永元年（一一八二）九月二八日条には「越後国城四郎永用於二越後国小河庄赤谷一構二城郭一、剰奉レ崇二妙見大菩薩一奉レ咒二詛源家一之由有二其聞一」という記述がある。[29] この越後国の城氏の例に見られるように、敵方を呪詛する際に祈願する軍神として妙見が崇められていることがわかる。ただし中世の武士の多くは複数の軍神（勝軍地蔵、毘沙門天や摩利支天など）を併せて崇めていたと考えられる。例えば加賀前田家においては藩祖利家が出陣の際に身に付けていた妙見の小像と、兜の中に収めていた勝軍地蔵の小像がともに伝わっている。[30]

次に北斗七星を信仰する武士団の事例を紹介する。そのような武士団の伝承に見られる特徴は、「七」の数を用いて潤色された表現が用いられることである。

まず永正五年（一五〇八）に記された『白山禅頂私記[31]』で、加賀守護である富樫氏は藤原氏の正統として（北斗）七星の流れであり、家紋の七曜は七星を表すと記されている。この表現には北斗七星が示現した白山七社の護持者としての意味合いがあると考えられる。

また加賀国一向一揆を主題として近世初頭に成立したとされる『官地論[32]』では、一向宗の大坊主の姿[33]に対置して守護である富樫政親が北斗七星の化現である（藤原）利仁の苗裔と言われることによって、政親の血統が讃えられている。

さらに藤原利仁[34]及びその子孫である北陸の有力武士団（加賀の富樫氏や越前の斎藤氏など）は、白山信仰と融合した北斗信仰と関係があると考えられている。[35] 例えば近世中期に成立した『白山豊原寺縁起[36]』では、「淡海公（藤原不比等）七代後胤」、「利仁七代孫」というように、利仁の子孫を「七」の数を用いて讃えている。

（二）千葉氏と大内氏の妙見信仰

以下では千葉氏と大内氏に見られる妙見信仰について論じたい。両氏の妙見信仰は家門の存続に重要な機能を果たしており、武士団による妙見信仰の中でも特に注目すべき事例であると考えられる。両氏はともに在庁官人の出身であり南北朝時代に大名になった。

関東千葉氏の妙見信仰の研究は一九七〇年代以降盛んに行われている[37]。千葉県内に伝存する真武神系の妙見像は武装形[38]であり、近世ではこのスタイルの妙見像が日蓮宗系の妙見信仰で踏襲された。千葉氏の真武神の受容は一三世紀に遡るとされ[39]、新たな図像を受容した理由は千葉氏嫡流が異国警固番役のため下総から離れた時期に、嫡流を正統とするイデオロギーの再確立を図るためであったと考えられている[40]。千葉氏は惣領の候補をその交替の前に確定するため、千葉館に勧請された妙見宮の神前で「嫡子の元服の儀式」が行われていた[41]。千葉氏は元寇の後に下総と肥前に分裂するが、肥前千葉氏も妙見を深く信仰しており、南北朝期の起請文の神文には妙見の罰が掲げられている[42]。

周防国の守護大名である大内氏はその本拠である大内村に興隆寺（天台宗）を建立し、その境内に氏神である妙見を祀った[43]。特に二月会は最も重要な年中行事で、領国をあげて大内氏への忠節が義務付けられた。大内政弘代に最も体系化された祖先伝説では、大内氏の始祖である百済国の琳聖太子が渡来した時に太子を守護するために「星」である妙見が下降したとされている。

長享元年（一四八七）九月日の禁制[44]には「鼈龜并虵」（スッポン・カメ・ヘビ）は「氷上山仕」（妙見の使い）なので、鷹の餌にしてはいけないと規定されている。このことから大内氏が妙見に対して、亀蛇（玄武）をともなう真武神（鎮宅霊符神）的なイメージを抱いていたことが窺われる。また室町後期の大内氏では政弘―義興―義隆と三代にわたり、「亀童丸」という同じ幼名が使用された。このような「亀」をシンボルとする名付けには妙見に守護されたしるしとして、嫡子の若死を防ぎ家督争奪戦を回避する意味合いがあった。ただし大内氏は千葉氏と異なり、妙見の図像化には熱心ではないようであり、現在のところ中世に遡る図像は伝存していない。このことは大内氏の信仰する妙見が擬人化されることなく、下降した「星」のままの性格を有していたからかもしれない。

小　括

中世の武士団は自己を正統で神聖なものであると主張するため、妙見や北斗七星のような「星」の信仰を必要としたと考えられる。特に千葉氏と大内氏は真武神（鎮宅霊符神）のイメージを導入し、妙見信仰を領国支配イデオロギーにまで高めていったと言うことができる。

三　妙見信仰と鎮宅霊符信仰

鎮宅霊符信仰は一三世紀に新しい道教信仰として伝来したが、独自の教団や流派の形成には至らなかった。そのためどのような宗教者がどのような経路により、この信仰を広めたかということは明確ではない。本節では鎮宅霊符信仰が既成の信仰に与えた影響について考察した上で、そのような信仰を伝えた修行者の姿を追究する。

（一）既成の信仰への影響

まず鎮宅霊符信仰が既成の信仰に与えた影響について考察する。

中国において北方の神である玄武は唐末五代に人格化されて真武神となった。真武神は明代に永楽帝の崇敬を受け、その聖地である武当山（湖北省）も極盛を迎える[45]。日本の妙見信仰は霊符の伝承などを媒介として、道教の真武神の性格が深く絡み合っているとされる[46]。真武神は玄天上帝とも呼ばれ、その形象は特異で披髪（ざんばら髪）に跣足（はだし）で黒い服に黒い旗をともなう。これとは別に披髪に甲冑をまとい、足下に亀と蛇を踏みしめて七星剣をふりかざす姿もある[47]。元・明の時代にあたる鎌倉・室町時代に「鎮宅霊符」が伝わった際に真武神（鎮宅霊符）について知らない日本人は、その足元に見える亀蛇（玄武）から妙見菩薩を想像したと考えられている[48]。

鎮宅霊符信仰は正統的な密教に影響を与えていた。天台寺門派は特に妙見信仰に熱心な宗派であり、その本山である三井寺（園城寺）には鎌倉期の密教的な儀軌に基づく妙見図像とともに[49]、室町後期の狩野派による道教的な妙見図像が伝存している[50]。

真言宗の根来寺においても、天正四年（一五七六）の年紀を持ち鎮宅霊符の利益を説く『霊符之秘伝』が師資相承されていた[51]。この書には道蔵に収められている『太上秘法鎮宅霊符』とほとんど同内容とされる経典が引用されているが[52]、この経典は中世後期の日本で流布しており、ここから聖降日など鎮宅霊符に関する知識が得られていた。

神道各派もまた、道教の教義や呪術を取り入れる動きを見せた。伊勢神道は本地垂迹説によらない新たな神道理論を構築するため道家思想を取り入れた[53]。伊勢外宮の渡会氏は道教の影響が色濃い「山宮神事」という祖先祭祀を執行し[54]、一族の守護神として他に類を見ないような特徴を持つ妙見像を護持していた[55]。さらに吉田神道は霊符を導入するため、道蔵に収められた『太上玄霊北斗本命延生真経』を用いたと言われている[56]。

なお真武神（鎮宅霊符神）以外にも、中国から新たな道教神の説話が伝来している。例えば呂洞賓《りょどうひん》という神は南宋代以降に盛んな信仰を集め、一三世紀から一五世紀にかけてその説話が中国で集大成されていくが[57]、『太平記』が編纂された一四世紀末には早くも日本で知られていた。『太平記』には元寇の際に強風のため壊滅した元軍のうち万将軍だけが助かり、呂洞賓という仙人が西天の方より飛来して、万将軍に本国へ帰るよう指示したというエピソードがある[58]。

このように中世の日本人は中国の最新の信仰にとても敏感であり、とりわけ鎮宅霊符信仰は密教各派から神道各派に至るまで、広く既成の信仰に新たなスタイルを与えていたことがわかる。

（二）鎮宅霊符信仰の修行者

鎮宅霊符信仰の影響は広く認められるが、信仰を伝える修行者の姿はわかりづらい。とはいえ内蔵頭を務めた山科言継の日記である『言継卿記』[59]に、鎮宅霊符信仰を得意とする修行者の稀有な事例が見出せる。以下に『言継卿記』の記事をもとに医療面を中心とした修行者の活動を分析したい。

天文二二年（一五五三）五月二七日条[60]によれば、言継は龍天院覚弁という人物から鎮宅霊符の祭文次第を伝授され、これ以後は言継自ら鎮宅霊符を祭るようになった。最初に鎮宅霊符信仰の修行者とも言える言継の宗教活動を見ていく。

鎮宅霊符の祭りは「聖降日」（真武神が天から降りる日）[61]に行う方がよいが、「未進」しても後で補うことが許されていた。永禄九年（一五六六）正月七日条[62]のように、言継は「去年十月廿一日」及び「去年十一月十二月両月」の未進分を含めて五座行うようなこともあった。聖降日には穢れを避け行水をし[63]、触穢の時は祭りを行わない[64]。聖降日は真武下降で玄武の降る日であり、三月三日はこの神の誕生日とされる[65]。

また言継は鎮宅霊符の祭りを自ら行った回数で「鎮宅霊符三座」などというように記している。「聖降日之間、鎮宅霊符如レ例健卦三座、頤卦一座、困卦一座、以上五座行レ之」とあるように、この呪術は易の六十四卦に関係があるようである。(66)また天文二二年（一五五三）七月五日条(67)のように一年分を行うこともあった。言継は岡殿という人物と親しく、天文二三年（一五五四）正月七日条(68)では岡殿から鎮宅霊符を行ってほしいという仰せがあったので出向いている。祭りを行った後しばしばともに飲食や双六をしている。

ここで鎮宅霊符信仰の修行者である龍天院覚弁の活動に目を向ける。天文二二年（一五五三）九月二二日条(69)では言継の息女阿子が病気になり医者などに見せたがよくならず、言継は覚弁に算定を置かせて加持をさせているが、阿子はその日に死去した。鞍馬寺の戒光坊も毘沙門像の巻物を持参したが手遅れであった。九月二七日条には祈祷のことを覚弁に命じて壇を始めたとある。九月二九日条では覚弁に祓いを命じ、妻子のために算を置かせたところ、一一・一二両月は慎みが必要であるという結果が出た。一〇月五日条では言継は覚弁が祓いを行った後で彼から札十六枚、護符五枚を与えられ、札は家中の方々に押し護符は自分と妻子に懸けた。

鎮宅霊符信仰の修行者である龍天院覚弁(70)の活動についてその特徴をまとめると、お祓いをし算木を用いて吉凶や病気の原因を占い、家内安全の札（おふだ）や身体守護の護符（おまもり）を授けるということになる。覚弁の呪術は多岐にわたっており、覚弁がいかなる種類の宗教者であるかを特定するのは難しい。言継の記述の中で、覚弁は、山伏と区別され、算は置くけれども声聞師とは呼ばれておらず、龍天院という院号を持つことから、いわゆる法師陰陽師の類ではないだろうか(71)。

このように覚弁は特に医療の面で山科家と密接に関わっていた。それでも家族が病気になった場合に言継(72)は覚弁の他に、声聞師、僧医（祥寿院法橋）、唐人、宮廷医師（典薬頭）、山伏（石見）といった呪術者や医術者も必要としていた。

例えば声聞師も山科家の医療に携わっており、永禄八年（一五六五）に言継は子息の桂侍者（禅僧）が病気になった際に声聞師に算を置かせた。その後に覚弁の所にも行って算を置かせたところ、「気血道」という見立てであった[73]。さらに祥寿院法橋のところにも行ったが同様の見立てであり、薬を処方してもらっている[74]。桂侍者の口中から赤と白二筋の虫が出てきているが寄生虫の病気であろうか[75]。

さらに言継の子息一人に複数の医術者や呪術者が関わった事例がある。永禄元年（一五五八）[76]に言継の子息の内蔵頭が瘡《かさ》をわずらった際には次のようなことが試みられている。①唐人蒼嵐が薬を付けようとした（正月二一日条）。②言継が典薬頭に病状を知らせている（二月五日条）。③祈祷のため近所の石見という山伏に多賀社当年の月詣の代参を命じている（同二月五日条）。④言継自身がその前日に鎮宅七座を行うことを立願している（同二月五日条）。

最後に覚弁の死に触れることによって、覚弁の宗教者としての性格について少々の推測を加えておきたい。永禄一二年（一五六九）五月二日条[77]では、覚弁の子息である耆婆《ぎば》宮内大輔が前夜私宅で座頭千代一を殺害して逐電した。「耆婆」とは仏典に見えるインドの名医の名であるが、耆婆宮内大輔の場合は姓ではなく通称であると考えられる。このことから覚弁の息子も医療に従事していたことは想像にかたくない。五月三日条では覚弁は妻とともに召籠められ、五月七日条では幕府に裁かれるため飯尾右馬助の所へ渡され、結局、閏五月三日条では覚弁夫婦が討たれたことがわかる。言継は将軍側近の女房である大蔵卿局を通じて覚弁の罪科の宥免を催促しているが、重罪なので免ぜられがたいと拒否されている。殺害人は息子であるにもかかわらず、覚弁夫婦が死罪となったことには何か重大な理由があるはずである。もしかすると妻が一種の巫女であって、日常的に覚弁が妻を憑坐《よりまし》として病気治しの呪術を行っていたため、この行為が幕府から呪詛のようにみなされてしまったのかもしれない。

小　括

以上見てきたように、鎮宅霊符信仰は密教各派から神道各派に至るまで、広く既成の信仰に新たなスタイルを与えていたことがわかる。そして龍天院覚弁のように、鎮宅霊符信仰の修行者が多様な呪術者に混じり合うかたちで活動していたことが明らかになった。

なお近世になると、木版印刷の盛行にともなって鎮宅霊符信仰について説かれた著作が流布し、[78]鎮宅霊符信仰と習合したかたちの妙見信仰が民衆の間で盛んになった。[79]そして能勢（摂津国）や八代（肥後国）といった妙見信仰の霊場が全国的に有名になっていった。

おわりに

冒頭で掲げた課題に対する考察の結果を以下のとおり要約する。

〈第一節〉鎮宅霊符信仰が伝来する以前の妙見信仰は延命に関わる「星」の信仰という性格を保っており、当時の社会は延命を得意とする呪術を求めていたことがわかった。〈第二節〉中世武士団の「星」の信仰に真武神（鎮宅霊符神）のイメージが導入された意義については、特に千葉氏と大内氏の場合は真武神のイメージによって、妙見信仰を領国支配イデオロギーにまで高めていったと言うことができる。〈第三節〉鎮宅霊符信仰は密教各派から神道各派に至るまで、広く既成の信仰に新たなスタイルを与えていたこと、そして鎮宅霊符信仰の修行者は多様な呪術者に混じり合うかたちで活動していたことが明らかになった。

以上見てきたことから、鎮宅霊符信仰は日本の諸信仰に取って替わるものではないこと、そして武士団、密教各派、神道各派による妙見信仰は鎮宅霊符信仰によって補強され、中世社会により広く深く浸透していったと言うことができる。

最後に本章の成果を踏まえ、今後の研究課題として以下のような課題を掲げておきたい。顕密仏教が衰えいわゆる鎌倉新仏教が勢力を持つようになる中世後期において、密教各派や神道各派が道教系の新たな図像や呪術を必要としたのは、どのような社会的背景があったのかということである。呪術的な側面に限られる問題ではあるが、中世の最後の段階における宗教と社会の関係について、これまであまり触れられることのなかった観点であり今後追究していきたい。

〈追記〉本章は平成一七年度から一九年度科学研究費補助金（基盤研究C）の交付を受け、調査・研究を行った成果のひとつである。末筆ながら津田徹英（東京文化財研究所）・二階堂善弘（関西大学）両氏をはじめ、ご教示をいただいた方々にお礼を申し上げたい。

注

（1）特に中世千葉氏の妙見信仰研究を指す。

（2）妙見信仰の研究を集大成したものに、佐野賢治編『星の信仰　妙見・虚空蔵』（北辰堂、一九九四年）がある。妙見の図像に関する概説書として、林温『妙見菩薩と星曼荼羅』（『日本の美術』三七七、至文堂、一九九七年）が重要であり、戦前のものでは、森田龍僊『密教占星法』上・下（高野山大学出版部、一九四一年）があげられる。近年は妙見のように正統的な儀軌に当てはまらない尊格に注目した展覧会も開催されるようになり、『道教の美術』（読売新聞大阪本社／大阪市立美術館発行、二〇〇九年）、『武将が縋った神仏たち』（滋賀県立安土城考古博物館、二〇一一年）があげられる。

（3）二階堂善弘「妙見神と真武神における文化交渉」（『アジアの民間信仰と文化交渉』関西大学出版部、二〇一二年）参照。

（4）筆者は大内氏の妙見信仰に関する研究を通じて、そのような困難さを感じている。平瀬直樹「大内氏の妙見信仰と興隆寺二月会」（前掲『星の信仰　妙見・虚空蔵』、初出は一九九〇年）、平瀬直樹「興隆寺の天台密教と氏神＝妙見の変質」（『山口県史研究』二、一九九四年）参照。

（5）泉武夫「特異な星辰神の図像とその象徴性」（『佛教藝術』三〇九、毎日新聞社、二〇一〇年）参照。これによれば神像と霊符の組み合わせは、すでに中国で案出されていたとする。

（6）現在のところ伝存している「鎮宅霊符」は近世の版本のみである。千葉氏が崇敬する妙見像と宋・元代の真武神像の類似から、日本における真武神の渡来が一三世紀に遡ることが明らかにされている。津田徹英「現存作例からみた千葉氏の妙見信仰をめぐる二、三の問題」（『千葉市立郷土博物館研究紀要』四、一九九八年。実際の刊行年は一九九九年）参照。

（7）津田徹英『中世の童子形』（『日本の美術』四四二、至文堂、二〇〇三年）七九頁参照。

（8）西本昌弘「八・九世紀の妙見信仰と御燈」（『日本古代の王宮と儀礼』塙書房、二〇〇八年、初出は二〇〇二年）参照。

（9）「四天王寺蔵七星剣」など北斗七星が彫られた剣が数件伝わっている。林温氏『妙見菩薩と星曼荼羅』（前掲）二六頁参照。

（10）増尾伸一郎「〈天罡〉呪符の成立―日本古代における北辰・北斗信仰の受容過程をめぐって―」（前掲『星の信仰　妙見・虚空蔵』、初出は一九八四年）参照。

(11)『大正新脩大蔵経』（普及版）第二十一巻五四七頁ａ段。以下『大正新脩大蔵経』（普及版）の出典については、「大二一・五四七ａ」というように略称する。
(12) 大二一・五四七ａ。
(13) 東晋代、失訳。
(14) 閻魔や伺命のような冥官など。
(15) 佐藤弘夫『起請文の精神史―中世世界の神と仏』（講談社、二〇〇六年）第一章「起請文を読む」参照。
(16) 韓国においても、寺院に北斗七星が祀られ、土地神と共に、諸天の神々や道教の星の神々が、仏法の守護神とされている。釈悟震「韓国仏教における神々―山神と神衆を中心として―」（立川武蔵編『アジアの仏教と神々』法蔵館、二〇一二年）参照。
(17) 山下克明『平安時代の宗教文化と陰陽道』（岩田書院、一九九六年、初出は一九八八年）三〇二頁参照。
(18) 繁田信一『平安貴族と陰陽師』（吉川弘文館、二〇〇五年）三〇頁参照。
(19) 繁田信一氏『平安貴族と陰陽師』（前掲）一四五頁参照。
(20)『覚禅抄』と『阿娑縛抄』に載る妙見の図像の性格については、武田和昭『星曼荼羅の研究』（法蔵館、一九九五年）第二章が参考になった。
(21)『覚禅抄』尊星王（大図五・三九七ｃ）。
(22)「妙見神呪経云。北斗輔星者。妙見之輔相也。若輔星已不レ見者。其人将レ死。若属星已不レ見者亦死。病者亦爾」（大図五・四〇〇ｃ）。
(23)「妙見神呪経云。（中略）或云。妙見者。則七星中第六星輔星。即妙見也」（大図五・三九八ａ）。
(24)『阿娑縛抄』第百四十四妙見（大図九・四六三ａ）。
(25) 大図九・四六三ａ。
(26) 大図九・四六二ｃ。『阿娑縛抄』はどちらかといえば天台宗山門派の密教図像集であるが、ここでは寺門派の三井寺における修法について触れている。
(27) 禹歩とは道教で行う邪気を払うための特殊な足の踏み方であり、陰陽道では反閇《へんばい》と呼ばれる。
(28) 豊田武『宗教制度史（豊田武著作集五）』（吉川弘文館、一九八二年）第三編五「武士団と神々の勧請」参照。
(29) 中澤克昭「城郭と聖地―中世城郭と山岳修験―」（『中世の武力と城郭』吉川弘文館、一九九九年、初出は一九九三年）は、城郭を構えることと呪詛することに一体性があると論じている。
(30) 「妙見菩薩立像」及び「勝軍地蔵」はどちらも桃山時代・一六世紀の作で尾山神社蔵。『利家とまつ　加賀百万石物語展図録』（二〇〇二年）八八頁参照。
(31) 浅香年木・黒田俊雄「古代・中世文献史料」（尾口村史編纂専門委員会編『石川県尾口村史』第一巻・資料編一、一九七八年）。
(32) 真宗史料刊行会編『大系真宗史料』文書記録編一一　一向一揆（法蔵館、二〇〇七年）。この史料集には『官地論』の異本があと二点収録されているが、政親についての記述はいずれも同じである。
(33) 「衆怨悉退ノ鎧ヲ著、悪魔降伏ノ刀剣ヲ腰ニサシ、魔障退散ノ弓箭ヲ負ヒ」というように、宗教的威力に彩られた表現である。
(34) 一〇世紀前半の武人で鎮守府将軍。
(35) 浅香年木『治承・寿永の内乱論序説』北陸の古代と中世2（法政大学出版局、一九八一年）五四頁参照。
(36) 豊原春雄家文書（『福井県史』資料編4　中・近世二、福井県発行、一九八四年）。元禄一六年（一七〇三）の年紀を持つ。
(37) 一九七〇年代では、土屋賢泰「妙見信仰の千葉氏」（前掲『星の信仰　妙見・虚空蔵』、初出は一九七三年）があげられる。千葉市立郷土博物館は千葉氏や妙見信仰に関する調査を精力的に実施し、『妙見信仰調査報告書』（一）～（三）（一九九二～九四年）をはじめとする調査報告書や『紙本著色　千葉妙見大縁起絵巻』（一九九五年）を刊行している。千葉氏の妙見信仰に関する単行本としては、伊藤一男『妙見信仰と千葉氏』（崙書房、一九八〇年）、丸井敬司『千葉氏と妙見信仰』（岩田書院、二〇一三年）があげられる。

(38) このような武装形の妙見は着甲、刀印を結ぶという点で、院政期に盛行した星辰信仰である大将軍の姿にも似ており、その成立に陰陽師の関与が指摘されている。山下立「妙見菩薩像の変容―千葉・個人蔵銅造妙見菩薩像懸仏の像容の検討を中心に―」（『密教図像』一八、密教図像学会、一九九九年）参照。

(39) 津田徹英氏「現存作例からみた千葉氏の妙見信仰をめぐる二、三の問題」（前掲）参照。

(40) 津田徹英「中世千葉氏による道教の真武神図像の受容と『源平闘諍録』の妙見説話」（野口実編『千葉氏の研究』名著出版、二〇〇〇年、初出は一九九八年）参照。

(41) 丸井敬司「妙見信仰と武士団形成―千葉氏の場合」（前掲『日本の美術』三七七）参照。

(42) 肥前千葉氏の動向については、宮島敬一「肥前千葉氏の繁栄とその歴史的背景」（『中世小城の歴史・文化と肥前千葉氏』佐賀大学地域学歴史文化研究センター、二〇〇九年）参照。

(43) 上宮及び二月会の性格については、平瀬直樹「大内氏の妙見信仰と興隆寺二月会」（前掲）参照。

(44) 「大内氏掟書」（『中世法制史料集』三）。

(45) 間野潛龍「明代の道教と宦官」（『明代文化史研究』東洋史研究叢刊三一、同朋社、一九七九年）参照。

(46) 吉岡義豊「妙見信仰と道教の真武神―附天正写本『霊符之秘伝』―」（『吉岡義豊著作集』二、五月書房、一九八九年、初出は一九六六年）参照。

(47) 二階堂善弘「玄天上帝信仰と武当道」（野口鐵郎編集代表『道教の神々と経典』講座道教一、雄山閣出版、一九九九年）参照。なお中国に現存する真武神像の典型例として、甘粛省の石門山祖師殿に祀られている北帝真武像があげられる。頭は長髪を後ろにかきあげて背に垂らし、鎧を着け手に剣を持ち、素足で足元に亀蛇をはべらせている。奈良行博『道教聖地―中国大陸踏査記録』（平河出版社、一九九八年）二九七頁参照。

(48) 坂出祥伸「呪符と道教―鎮宅霊符の信仰と妙見信仰」（『「気」と養生―道教の養生術と呪術―』人文書院、一九九三年）参照。

(49)　三井寺では「尊星王像」と呼ばれている。

(50)　三井寺では「鎮宅霊符神像」と呼ばれている。三井寺蔵の二種類の妙見図像については、泉武夫「尊星王と鎮宅霊符神」（上山春平編『三井寺の仏教美術』上野記念財団助成研究会発行、一九九〇年）参照。

(51)　奥書には根来寺小池ノ内において、頼与という僧が頼心僧都の本を借り受けて書写したという旨が記されている。頼心僧都は豊山派第二世頼心房性盛のことで、新義真言宗の碩学である。吉岡義豊氏「妙見信仰と道教の真武神」（前掲）参照。

(52)　『太上神仙伝弘農懸劉進平七十二道秘法符叙』のこと。吉岡義豊氏「妙見信仰と道教の真武神」（前掲）参照。

(53)　高橋美由紀「伊勢神道の形成と道家思想」（『伊勢神道の成立と展開』大明堂、二〇〇四年、初出は一九七七年）参照。

(54)　山本ひろ子「心の御柱と中世的世界（8）～（10）―中世の山宮神事（上）～（下）」（『春秋』三一〇～三一二、一九八八九年）参照。

(55)　この妙見像（読売新聞社蔵）は正安三年（一三〇一）の胎内銘を持ち、上半身が裸で鎧を着け、左手が刀印、右手で宝剣を握るが霊亀を踏んでいない。この像で特異なのは髪をみずらに結っている点である。清水眞澄「正安三年銘の木造妙見菩薩立像をめぐって」（前掲『道教の美術』）参照。

(56)　出村龍日「中世神道と道教―特に吉田神道の道教摂取について―」（野口鐵郎編集代表『アジア諸地域と道教』講座道教六、雄山閣出版、二〇〇一年）参照。なおこの経典は朝鮮においても北斗信仰の所依経典として大きな役割を果たしたとされる。増尾伸一郎「朝鮮の北斗信仰と所依経典―朝鮮本『太上玄霊北斗本命延生真経』覚書―」（『豊田短期大学研究紀要』四、一九九三年）参照。

(57)　森由利亜「呂洞賓と全真教―清朝湖州金蓋山の事例を中心に―」（前掲『道教の神々と経典』）参照。

(58)　『太平記』巻三十九「自二太元一攻二日本一事」に見える。

(59)　本章で参照するのは『言継卿記』第三（続群書類従完成会、一九九八年）、同第四（同上、一九九八年）、同第五（同上、一九六五年）であり、以下『言継卿記』三～五というように略称する。

(60)『言継卿記』三。
(61)村山修一『日本陰陽道史話』(平凡社、二〇〇一年)二九五頁参照。
(62)『言継卿記』四。
(63)『言継卿記』三　弘治二年一二月二七日条。
(64)『言継卿記』四　元亀二年五月五日条によれば、この日は聖降日ではあるが触穢により行わなかった。
(65)村山修一氏『日本陰陽道史話』(前掲)二九六頁参照。もともと北辰祭(御燈)は九月三日とともにこの日が祭日であり、聖降日と習合しやすかったと考えられる。
(66)『言継卿記』四　永禄一二年二月八日条。言継が何座行ったと記す場合がほとんどであるが、あるいはこの場合のように異なる内容のものが含まれていたのかもしれない。
(67)『言継卿記』三。
(68)『言継卿記』三。
(69)天文二二年九月二二日条から同年一〇月五日条に至る、息女阿子の病気の顛末に関する記事は『言継卿記』三所収。
(70)この人物については、村山修一氏『日本陰陽道史話』(前掲)二九五頁、菅原正子『占いと中世人―政治・学問・合戦―』(講談社、二〇一一年)二一三頁で紹介されている。
(71)繁田信一『陰陽師―安倍晴明と蘆屋道満―』(中央公論新社、二〇〇六年)二三三頁では、平安時代の官人陰陽師は上級貴族の記録に記されるので後世に名前が知られているが、民間に活動する法師陰陽師の方が多数派であったとする。村山修一氏『日本陰陽道史話』(前掲)二九五頁では覚弁を民間宿曜師としている。
(72)実は言継自身も医術に造詣が深かったのであるが、様々な医療を必要としていた。山科家は医師の家ではないが周囲から「薬の家」と認識されていた。米澤洋子「室町・戦国期の山科家の医療と「家薬」の形成―「三位法眼家傳秘方」をめぐって」(京都橘大学女性歴史文化研究所編『医療の社会史―生・老・病・死』思文閣出版、二〇一三年)参照。
(73)『言継卿記』三　永禄八年六月二日条。

(74)『言継卿記』三　永禄八年六月二五日条。

(75)『言継卿記』三　永禄八年七月一九日条。

(76)永禄元年（一五五八）正月二一日条から同年二月五日条に至る、子息内蔵頭の病気の顛末に関する記事は、『言継卿記』五所収。

(77)永禄一二年五月二日条から同年閏五月三日条に至る、覚弁逮捕の顛末については、『言継卿記』四所収。逮捕の理由について、村山氏前掲著書二九六頁では、政争に巻き込まれた可能性をあげている。

(78)代表的なものは、①大江匡弼著『北辰妙見菩薩霊応編』（早川純三郎編『信仰叢書』国書刊行会、一九一五年）、②宝永四年（一七〇七）の十念寺澤了著『鎮宅霊符縁起集説』（『神道大系』論説編一六　陰陽道、神道大系編纂会編集・発行、一九八七年、前掲『信仰叢書』所収）である。

(79)山極哲平「鎮宅霊符神信仰研究史の整理」（『国文学』九一、二〇〇七年）は、近世の鎮宅霊符神信仰の概略をまとめている。

終章

本書では大内氏の領国支配と宗教がどのような関係にあったかを論じてきた。最後に本書全体からどのようなことが見えてきたかをまとめておきたい。第一節では本論の第一部、第二部、第三部の要点を整理する。第二節では特に寺院が領国支配に果たした役割について論じる。第三節では領国支配システムと宗教の関係を総括する。第四節では中世後期宗教研究の展望を述べるとともに、大内氏研究について今後の課題を記しておく。

一　本書の要点

〈第一部　家臣団統制と自己認識〉

南北朝期に大内氏が在庁官人から大名に発展する過程では大内氏の同族が家臣団の中核を担っており、その紐帯として妙見の祭祀が行われていた。大内氏はいきなり山口を本拠とするのではなく、義弘代まで名字の地である大内（村）を本拠としていた。この段階の大内は周囲を同族に守られており、小規模な家臣団の統制に見合った本拠地であった。しかし義弘期の内訌戦で同族の家臣が多数滅びると、新たな構成の家臣団を集住させるために大内氏は山口を新たな本拠地として整備し始めた。

また家臣団の統制とともに大内氏は大名としての自己のあり方を模索し続けた。大内氏は新たに得た紀伊・和泉二か国を利用するなどして室町幕府内の地位向上に努めたが、義弘の在京以降は百済渡来の始祖や守護神の妙見という独自の権威を生み出し、在京大名とは異なる価値観に基づいた自己認識を持つようになった。このような氏神である妙見の権威を用いて大内氏は家臣を臣従させ、幕府体制内での地位に重きを置かず、領国支配を固めることに価値をシフトさせていったのである。

〈第二部　地域支配と寺社〉

領国内の神社は地域の住民共同体の中核であり、その地域レベルに四種類を想定した。①一国レベルの中核となる神社[1]、②郡レベルの中核となる神社[2]、③荘郷レベルの中核となる神社（荘郷鎮守[3]）、④町レベルの中核となる神社である[4]。

これらに相当する神社の事例を総合すると、大内氏は祭礼の費用を負担するなどして、それぞれの神社の祭礼を奨励している様が窺える。祭礼は本来地域住民が共同体の結束のために執行するものであるが、大内氏が保護することによって、次第に大内氏のための祭礼という性格を帯びるようになった。時には大内氏がその執行を強要することもあり、神社の祭礼は地域住民が大内氏に忠実であることを示す機会となっていったのである。

また①〜④の他に瀬戸内海から北部九州にかけての海域の沿岸に、海賊のような海辺の武装勢力が崇敬する神社があった。大内氏はそのような神社[5]の祭礼を尊重することにより海賊勢力を懐柔した。大内氏は守護管国に限らず広く当該海域の平和にも注意を向けていたのである。

大内氏は公権力（公方）として地域の上に立ち、祭礼をめぐる在地民の紛争に介入しながら地域の安定を図っていたと言える。神社は大内氏への住民の〈忠実さ〉を祭礼のかたちで示す場であり、大内氏の地域支配に大いに役立っていたのである。

また大内氏は領国内の都市の支配に取り組んでいた。

室町期の山口や赤間関及び長府などでは都市民が勃興して共同体の自治を高め、自らの祭礼[6]を執行していた。その中で、山口では時衆寺院が念仏信仰や芸術を都市民に広め、大内氏はそれを保護していた。さらに、本来都市民のための祇園会を自己のために執行させ、「時衆系」[7]の十穀聖を神社造営のための勧進に起用し、守護段銭を補っていた。大内氏は都市民の成長に対応して寺社の機能を活用することによって、空間の質＝文化を統制していたのである。


〈第三部　氏神と氏寺〉

大内氏の妙見信仰の特質は以下の三点と言えよう。

第一の特質は中国の道教信仰の影響を受けていることである。

日本の妙見信仰は北極星が仏教の菩薩に取り入れられて誕生し、近世までに一応の完成を見る。その間に中世に道教信仰の影響を受け、最後は道教の流れを汲む鎮宅霊符信仰の要素が強いものであった。それゆえに大内氏の妙見信仰も鎮宅霊符信仰の影響を強く受けており、大内氏のイメージした妙見も真武神的な〈亀をともなう〉形象であった。大内氏の妙見信仰は古代からの北極星への信仰が鎮宅霊符信仰的に変化していく流れの中に位置付けることができる。

第二の特質はこの信仰が大内氏の自己認識の根源となっていたことである。

室町幕府体制に参加して以降の大内氏は将軍家や足利一門の権威に負けない自己認識を模索し続け、そのことが大内氏の祖先伝説の形成を促した。政弘の代に体系化された祖先伝説の骨子は大内氏の始祖が百済から渡来し、始祖を守護するために下降した妙見が大内氏の守護神（氏神）となったというものである。大内氏は祖先伝説を整備することにより、他の大名家が持たないような権威を生み出そうとしたのである。

第三の特質は妙見の祭祀が領国支配のイデオロギーの機能を果たしていたことである。大内氏は家臣から領民に至るまで大内氏の氏神である妙見を崇めさせている。特に興隆寺で行われた二月会はイデオロギー的な性格が強く、二つの点で注目される。

ひとつは二月会が領国をあげて執行されていたことである。大内氏は二月会の際には家臣及び領民に費用の負担と参加を求めた。これは大内氏への忠節を義務付けるものであり、大内氏が領国を支配することを正当化するものである。

二つ目は二月会の一環として大内氏の当主と嫡子による秘儀が行われていたことである。代々の嫡子は妙見に守護された「亀童丸」という幼名も名乗っており、二月会の秘儀と合わせて当主と嫡子の持つ支配権力は妙見の権威によって正当化されていたと言えるだろう。

二　領国支配と寺院

大内氏領国において寺院はどのような社会的勢力であり、大内氏の領国支配とどのような関係にあったのだろうか。大内氏にとって重要な意義を持つ寺院を便宜的に三つに分けて筆者の見解を整理したい。

第一のタイプは妙見信仰の中心の興隆寺である。この寺には末寺というものはなく、大内氏にとって唯一の存在であった。興隆寺は顕密仏教を代表する天台宗の寺院であったが、大内氏がこの寺を重視したのはこのためではない。

元来大内氏は天台宗寺院を重視しており、大内氏が周防守護になった当初は興隆寺とは別の天台宗寺院である仁平寺で、大内氏と周防国衙が共同で周防国を支配していることを表明する法会を行った(8)。興隆寺には南北朝期以前から境内の氷上山妙見社（上宮）に大内氏の氏神である妙見が祀られており、大内氏一族の内輪の信仰を担う寺という位置付けであった。

しかしその後に大内氏の妙見祭祀を家臣や領民にまで義務付けるようになると、大内氏一族の信仰と領国支配を担う役割が興隆寺に一元化された。大内氏は仁平寺には比叡山延暦寺という「権門寺院」に連なる天台宗の「権威」を求めたが、興隆寺に求めたものはもはや天台宗の「権威」ではなく、天台密教を基盤としながら道教信仰の影響を受けて成立した大内氏独自の妙見信仰であった。

特に盛見代以降は天台宗の教義やそれに基づく修法よりも氏神（妙見）の祭祀を重んじ、興隆寺の存在意義が増していった。その後政弘代までの間に妙見祭祀が大内氏の支配を正当化する機能を果たすようになり、興隆寺は領国支配のイデオロギーの中心としての地位を確立したのである。

第二のタイプは禅宗寺院である。大内氏は弘世代以降に山口の近辺に歴代当主の菩提寺として臨済宗寺院を建立していった。禅宗は鎌倉期以降に葬祭の分野に進出したことから権力者に重用されており、大内氏もこれに倣ったものと思われる。

大内氏の菩提寺は臨済宗の五山派に属していた。五山派は幕府の重用する流派であり、大内氏は五山派の人的ネットワークを活かして幕府との関係を有利に保っていた。そして幕府との親密さを誇示することにより、家臣に対して自己の大名としての地位を高く見せようとした。さらに家臣に対して先代当主の菩提寺を建立することで自己の権力を誇示し、また歴代当主の忌日ごとに菩提寺に参拝することを義務付けることで大内氏を敬うよう仕向けたのである。

一方で大内氏は筑前博多、長門長府、長門赤間関といった港湾都市に所在した東福寺派（五山派の一分派）の寺院を特に保護し、そこを拠点とする僧に朝鮮王朝や明王朝への遣使として外交文書の作成や通訳をさせるなど、東アジア諸国との外交を担わせていた(9)。

大内氏は領国内の禅宗寺院に幕府、朝鮮王朝、明王朝とつながる役割を求め、中でも山口近辺の菩提寺である禅宗寺院には氏寺の興隆寺とともに当主と家臣との主従関係を強化する働きも期待した。禅宗寺院は領国内外に向けて広く大内氏の威勢を示す働きをしていたと言える。

第三のタイプは時衆寺院である。

周防・長門両国の時衆寺院は時衆全体の中では本山である藤沢清浄光寺の系列下であることが窺えるが(10)、詳しいことはわからない。他方で周防・長門両国内で見れば、山口善福寺（山口道場）を本寺として両国内に末寺が分布しており、独自の本末関係が形成されていた。

本寺である善福寺は大内氏館の近傍に位置して大内氏と親密な関係にあった。善福寺の僧は連歌師や絵師として大内氏に芸術面で奉仕しており(11)、善福寺は境内地や寺領の点で大内氏に優遇されていたのである。

注目すべきは末寺の方であり、末寺は周防・長門両国内の広い範囲で宿や市といった交通の要衝に多く分布していた。これら末寺は宿駅の機能を果たしたり念仏により民衆を市に引き寄せたりして、領国内の〈ヒト〉と〈モノ〉の流れを活性化させていたと考えられる。大内氏家臣が領国内に散らばる末寺を後援し、大内氏は本寺である善福寺と親密であったことから、結果として領国内の宿や市の振興を推進していたと言えるだろう。ひとつひとつの時衆寺院は「道場」とも呼ばれるほど小規模な宗教施設であったが、領国内に広く分布することによって市や宿の連携が図られたと考えられる。

時衆寺院及び時衆系寺院は宿・市・町[12]のような〈人の寄り集まる場〉に立地し、直接民衆に接することを利して、交通・商業から造営に至る広範囲な分野で大内氏の行政機構を補完する役割を果たしたのである。

以上の分析から、大内氏は三つのタイプの寺院をそれぞれの特性を活かして領国支配のために機能させていたと結論付けられる。大内氏は異なるタイプの寺院を適材適所で機能させるシステムを生み出し、それが大内氏領国の宗教的秩序であったのだ。

それらの特性について整理すると、天台宗の興隆寺は家臣と領民に大内氏を敬わせる支配イデオロギーの中心であり、禅宗寺院は領国内外に向けて広く大内氏の威勢を示す役割を担った。時衆寺院及び時衆系寺院は直接民衆に接することによって、大内氏の行政機構を補完していたということになる。

最後に領国支配に顕著な役割を果たしていた、先掲の三つのタイプ以外の寺院にも言及しておきたい。

大内氏にとって価値の高い「顕密仏教」寺院[13]は寺僧が大内氏の氏寺である興隆寺の法会に召集された。そのひとつが東大寺の末寺である周防阿弥陀寺である[14]。また大内氏は周防国の石城《いわき》山、長門国の正嶽《しょうがく》山、同国の狗留《くる》孫《そん》山といった領国内の山岳寺院を保護しており、それらは主として真言宗であった。

「鎌倉新仏教」系では長門阿弥陀寺[15]が安徳天皇の墓所として信仰を集めた以外は浄土宗の寺院は特に力を持っておらず、浄土真宗[16]はほとんど広まっていない。日蓮宗は山口に寺院があったが、大内義隆が催した連歌会の連衆に日誓上人の名が見える[17]程度のことしかわからない。禅宗の場合は大内氏は初めは臨済宗（特に五山派）を重用していたが、室町幕府が衰えるに従い曹洞宗にも興味を示すようになり、周防国では禅昌寺、長門国では大寧寺に帰依するようになった。それでも曹洞宗寺院の基本姿勢は大内氏から距離[18]を置こうとするものであった。「顕密仏教」系は興隆寺以外の寺は大内氏の領国支配にとってさほど重要ではなく、「鎌倉新仏教」系の寺院でも禅宗・時衆以外の力は小さい。大内氏の領国支配に寄与する寺院とは「顕密仏教」か「鎌倉新仏教」という区別ではなく、大内氏の求める分野で役に立つかどうかで選択[19]されていたのである。

三　領国支配システムと宗教

大内氏は家臣を軍事動員する制度や段銭徴収の仕組みを充実させていったが、それだけでは安定した地域支配を行うことはできなかったであろう。都市や国・郡・荘・郷レベルの地域を平和に保つことも重要な領国支配政策であり、寺社はそのような地域の安定に寄与していたのである。ここで宗教の役割を領国内の人と人とを結び付けるシステムとしてとらえてみよう。大内氏がコントロールしようとした領国内の人間集団は三つある。それは①家臣団、②領民（民衆）、③海辺の武装勢力である。

まず家臣団に対しては大内氏自身が崇める妙見信仰を活用している。

大内氏は一五世紀初頭以降に家臣団を拡大させるにともない、家臣を集住させるための新しい本拠地として山口の整備を進めた。その際に家臣は二月会をはじめとする興隆寺の法会に動員され、さらに歴代当主の忌日には菩提寺である禅寺に参拝することを義務付けられていた。主従関係の中心に興隆寺があり禅宗寺院もその関係の確認に用いられていた。家臣団の紐合には興隆寺の妙見信仰が中心となり、禅寺がそれを補助していたと言える。

次に領民（民衆）に対しては神社と時衆寺院の力を用いている。基本的に領民（民衆）は毎年繰り返される国、郡、荘、郷、町ごとの祭礼で共同体の糾合を図っていた。本来はそのような共同体の外部にあった守護権力であったが、大内氏はそのような祭礼の費用を負担したり、執行にともなう紛争に介入したりすることによって、地域の共同体に干渉するようになっていったと考えられる。大内氏は直接領民を従わせるために毎年の二月会に費用を負担し、境内で行われる舞童や歩射といった催物によって自己の威勢を領民に見せ付けていたのである。

また時衆寺院は交通の要所である町、宿、市に立地して地域間を移動する民衆の宿泊場所となり、参詣者を市に呼び込むなど経済活動を促した。時衆寺院は領国内の〈ヒト〉の流れを活性化させており、そのことは大内氏の領国支配の重要な要素となっていたのである。

このように民衆の共同体による地域の安定は各地域レベルの神社が支えており、流通経済の活性化のためには時衆寺院が役立っていた。

さらに本来は守護権によるコントロールが困難な海辺の武装勢力も領国の内と外にかかわらず、大内氏に懐柔されていった。大内氏は筑前宗像社や安芸厳島社のような海賊勢力に崇敬される神社の社家と婚姻関係を結んだり主従関係を結んだりして、それらの神社と親密な関係を築いていた。そのために大内氏は東は安芸から西は筑前沿岸に至るまでの勢力をコントロールできたのである。

以上のように大内氏領国では家臣団、領民、海辺の武装勢力の支配に様々なかたちで宗教の力が役立てられていた。大内氏の領国支配政策は宗教の力を借りてこそ、すべての面において実効力を発揮したのである。

四　展望と今後の課題

以下では本書の成果から、中世後期の宗教的「体制」の特質について、その展望を述べる。

中世前期の「寺社勢力」と異なり、中世後期の宗教勢力はもはや政治勢力ではない。大内氏領国に見られるように領国内寺社は大名の庇護を受けており、独自の権力は持っていなかった。しかも領国内寺社の本寺・本社にあたる京都や奈良の寺社は地域支配権力に対して立場が弱く[20]、その地域の大名などに所領の安堵を懇願するようなありさまであった[21]。

しかし中世後期においても、宗教には重要な意義があったと考えられる。それは大内氏の領国支配に見るように、宗教というものがいまだ人と人とを結び付ける大きな力を持っていたからである。氏寺（興隆寺）での妙見の祭祀及び各当主の菩提寺（禅宗寺院）への出仕は家臣団の糾合に役立てられ、時衆や時衆系は都市的な場（町・市・宿）への人の流れを促していた。そして大内氏が大小のレベルの地域の中核となる神社の祭祀をコントロールするのは、地域共同体を介して住民を支配するためであった。

大内氏は領国内の人と人を結び付けるために特性の異なる宗派を活用した。「顕密仏教」系である興隆寺を中心に据え、「鎌倉新仏教」系である禅宗と時衆をアレンジした宗教的秩序を構築していたのである。このような秩序は中世前期で言うところの「正統派」と「異端派」が単純に混合することによってできていたのではない。禅宗の場合は幕府の重用するスタイルである五山派が主体であったが、興隆寺の妙見信仰の場合は天台密教そのままのスタイルではないし、時衆の場合は全国的な本末関係とは別に周防・長門両国で独自の本末関係を形成していた。大内氏は既成の仏教を幕府のスタイルに従ったり、大内氏独自のスタイルに作り変えたりして、領国支配のために役立てていたのである。

「顕密体制論」では中世の仏教を正統派である「顕密仏教」、「改革派」、「異端派」（いわゆる鎌倉新仏教）という三種類に区分している。このうち「異端派」は「正統派」では満たされない民衆の宗教的欲求に応えることから生じたものであり、弾圧を受けながらも徐々に支持者を集めていった。中世後期において「顕密仏教」を奉じる「寺社勢力」が力を失ってしまうと、大名のような地域支配者のアレンジのもとに多彩な仏教が異なる分野で重用され、「鎌倉新仏教」は「異端」という立場から解放された。

中世後期では地方ごとに地域支配者による宗教的秩序が構築され、その総体こそが新たな宗教の「体制」であったと言えるのではないだろうか。

最後に中世後期の宗教「体制」についての展望を踏まえ、大内氏研究に残された研究課題を記しておきたい。大田壮一郎氏は義満期に成立した室町殿による宗教編成は、基本的な枠組みとしては一五世紀を通じて展開し、一五世紀末を画期として解体すると論じている。[22]しかし室町殿の宗教編成が解体する頃、大内氏は領国内の寺社に新たな意義を与え始めた。政弘代以降に大内氏の崇敬する神（妙見）は領国を超えて、国家全体の平和を守る存在へと読み替えられたのである。

政弘代には興隆寺の妙見祭祀に鎮護国家を期待する僧が京都から現れ、義興代には正式に山口に天皇の祖先神である伊勢神明が勧請される。あわせて義隆代までに大内氏は六条八幡宮に妙見を勧請し、[23]室町将軍家の氏神である八幡神の神威を補強しようとしている。

どうやら政弘—義興—義隆[24]という大内氏最後の三代の当主は、「王法」の座から退きつつあった幕府に代わり、新たな「王法」を担う役割を自覚し始めたようである。

本書で扱った時期は政弘代までであるが、それ以後の義隆代までに大内氏の領国支配はどのように変化していくのであろうか。そして大内氏の領国支配体制は、最後は陶晴賢をはじめとする家臣の反乱というかたちで体制の内部から崩壊しており、支配体制はどのような〈ひずみ〉をきたしていたのだろうか。

また本書で論じてきた大内氏と宗教の関係から見ると、義隆代までに周防・長門両国の社会はどのように変化し、大内氏の宗教政策はどのような現実に直面していたのであろうか。大内氏は支配権力の維持に宗教の力をうまく利用してきたが、大内氏滅亡の頃までに宗教の力はなくなったのであろうか。

本書で示したような地域支配権力と宗教の関係から中世社会を論じるアプローチが他の地域、他の大名領国でも試みられることによって、今後は中世後期における国家と宗教、社会と宗教の関係について、その総体を論じる道が開けることを願ってやまない。

注

（1）周防国を代表する防府天満宮も長門国の中核にあった長門国一・二宮も、やがて都市民が祭礼の主体になるにともない、町の中核となる神社としての性格が濃厚となる。

（2）長門国大井郷八幡社を指す。

（3）長門国正吉八幡社を指す。周防国秋穂《あいお》庄八幡宮は荘園の中核となる神社であるが、大内氏の保護は郡を代表するようなレベルのものに近く、大内氏一族が奉加を行い、手厚いものであった。

（4）長門国一・二宮を指す。

（5）特に安芸厳島神社や筑前宗像神社の場合、厳島神主家や宗像大宮司家のような有力社家が大内氏の家臣となっていた。

（6）長府の事例では二宮の祭礼とは言っても、地下人が主体であることが明らかである。

（7）中世後期の勧進聖については藤沢清浄光寺をはじめとする時衆の諸本山との関係がはっきりせず、漠然と「時衆系」と呼ばれることが多い。

（8）真木隆行氏はこの当時の興隆寺はまだ大内氏の私寺的性格を有していたが、仁平寺は国衙との関係が深い公的性格を有する寺院であったと述べている。真木隆行「周防国大内氏とその氏寺興隆寺の質的変容」（川岡勉・古賀信幸編『西国の文化と外交』日本中世の西国社会3、清文堂出版、二〇一一年）参照。

（9）伊藤幸司「大内氏の外交と東福寺聖一派寺院―博多承天寺・長府長福寺・赤間関永福寺―」（『中世日本の外交と禅宗』吉川弘文館、二〇〇二年）参照。

（10）陶氏の家政文書と考えられる反古紙を再利用したとされる大般若経の紙背文書に「拾石　富田道場遊行上人就二御着一、借レ堂為二御奉加米一遣方之、御奉書在レ之」とあり、遊行上人が富田道場に到着して堂を借りたことがわかる。遊行上人は時衆の最高指導者であり、全国の時衆末寺を巡見する一環として富田道場に立ち寄ったと思われる。「松江八幡宮天文十二年大般若経紙背文書」二〇六「請遣状断簡」（『県史』史料中世4）。

（11）善福寺住持の其阿は大内義隆代に連歌師として活躍している。米原正義『戦国武士と文芸の研究』（桜楓社、一九七六年）七三九頁参照。善福寺僧の昭陽軒珠阿は雪舟の門弟と称し、「仏涅槃図」（滋賀県　西養寺所蔵）を描いている。『山口市史』史料編・大内文化（山口市編集発行、二〇一〇年）第六編　美術工芸　絵画参照。また大内氏当主に近侍する「山口同朋衆」と善福寺僧との関係も窺うことができる。前掲「松江八幡宮天文十二年大般若経紙背文書」二〇六「請遣状断簡」には遊行上人が富田道場に到着した記述とともに、「九石　山口同朋衆三人御扶持、御奉書在レ之」という記述がある。

（12）山口の町を指す。

（13）応永三四年（一四二七）四月九日「興隆寺一切経供養料足注文」（興隆寺文書一五四『県史』中世史料3）及び嘉吉三年（一四四三）「興隆寺二月会立大衆支配注文」（興隆寺文書一五六『県史』中世史料3）に、そのような寺院の名前が列挙されている。

(14) 東大寺と周防国の関係は鎌倉初期の東大寺再建に始まり、以後東大寺はたびたび周防国を造営料国とし、大内氏時代には周防国衙の「土居八町」領域を確保した。三坂圭治『周防国府の研究』(マツノ書店、一九八四年、初版は一九三三年)参照。

(15) 現在の赤間神宮のことである。

(16) 大内氏領国では一向宗は盛んではないし、一向一揆のような運動も見られない。周防・長門両国での真宗の普及は両国を毛利氏が支配して以降であり、まず興正寺教団が進出しその後両国内の真宗寺院が西本願寺の傘下に入った。児玉識「毛利・小早川氏と真宗―端坊の歴史を中心に―」(藤木久志編『毛利氏の研究』吉川弘文館、一九八四年、初出は一九七六年)参照。

(17) 米原正義氏『戦国武士と文芸の研究』(前掲)七三八頁参照。

(18) 禅昌寺は托鉢を重んじ、自らを「無縁所」(権力者の庇護を受けず、所領を持たない寺院)と呼んだ。網野善彦「周防の無縁所」(『無縁・公界・楽』増補、平凡社、一九九六年)参照。

(19) そのことが端的に示された事例として、興隆寺・宇佐八幡宮・太宰府天満宮・箱崎宮といった大内氏が重視した寺社は惣国準拠の半済から除外され、優遇されていたことがあげられる。三村講介「大内氏の半済制」(『古文書研究』五六、二〇〇二年)参照。

(20) 大石雅章氏は、本寺支配に替わって室町時代の公権として荘園の諸所職の保証の機能を果たしたのは、室町幕府―守護権力であると述べている。大石雅章『日本中世社会と寺院』(清文堂出版、二〇〇四年)「結　寺院と中世社会」参照。

(21) 例えば京都の東福寺は周防国得地保を所領とし、その維持を大内氏に訴えていた。貝英幸「室町戦国期における東福寺の所領支配とその変化―周防国得地保の場合―」(『鷹陵史学』一七、一九九一年)参照。

(22) 大田壮一郎『室町幕府の政治と宗教』(塙書房、二〇一四年)。

(23) (天文一〇年)一〇月二四日「大内義隆書状」(資料「若宮八幡宮文書・記録」『藝林』二七―四・五、一九七八年)

の記述によれば、大内義隆は室町将軍家の京都での氏神である六条八幡宮に妙見社を附設させ、そこでの祭祀に関与していたことがわかる。

(24)　この三代は幼少期に〈妙見に守護された〉しるしである「亀童丸」という幼名を継承して嫡子となっており、代々特別な血統であることを誇示していたと考えられる。

初出一覧

序章（新稿）

第一部　家臣団統制と自己認識

第一章　領国形成と家臣団

「南北朝期大内氏に見る地域支配権力の確立―大内弘世と妙見祭祀―」（『鎌倉遺文研究』三四、二〇一四年）。

第二章　本拠地の変遷

「南北朝期大内氏の本拠地―弘世期を中心に―」（『日本歴史』八一〇、二〇一五年）。

第三章　在京と自己認識（新稿）

補論　近世の文学・演劇に描かれた大内氏

「近世の文学・演劇に描かれた大内氏」（『山口県地方史研究』一一二、二〇一四年）。

第二部　地域支配と寺社

第一章　山口の都市空間

「中世都市の空間構造―周防国山口を中心に―」（『北陸都市史学会誌』八、二〇〇一年）。

補論１　時衆寺院と交通（新稿）

補論2　赤間関・長府の祭礼（新稿）

第二章　応永の乱と堺

「応永の乱と堺─大内義弘の拠点について─」（『北陸都市史学会誌』一八、二〇一二年）。

第三章　地域共同体と神社の祭祀

一　防府天満宮

「中世防府天満宮の社坊について」（『山口県文書館研究紀要』一五、一九八八年）の構成を部分的に改めた。

二　長門国大井郷八幡宮（新稿）

三　長門国正吉八幡宮

「長門国正吉郷の中世─「有光家文書」の世界─」（『日本社会の史的構造　古代・中世』思文閣出版、一九九七年）の構成を部分的に改めた。

第四章　海辺の武装勢力

「守護大名大内氏と海辺の武装勢力─海賊・警固衆・倭寇─」（『山口県地方史研究』七一、一九九四年）。

第三部　氏神と氏寺

第一章　興隆寺と二月会

「大内氏の妙見信仰と興隆寺二月会」（佐野賢治編『星の信仰　妙見・虚空蔵』北辰堂、一九九四年、もとは『山口県文書館研究紀要』一七、一九九〇年）。

第二章　大内氏と妙見信仰

「室町期における大内氏の妙見信仰と祖先伝説」（『史林』九七─五、二〇一四年）。

第三章　妙見の変貌
一　氏神の変質
「興隆寺の天台密教と氏神＝妙見の変質」（『山口県史研究』二、一九九四年）。
二　寺社とまじない
「文書に見る中世末期のまじない―周防・長門両国―」（『山口県文書館研究紀要』二一、一九九四年）。
第四章　日本中世の妙見信仰
「日本中世の妙見信仰と鎮宅霊符信仰―その基礎的考察―」（『仏教史学研究』五六―一、二〇一三年）。
終章（新稿）

〈本書への収録方針〉

基本的に論旨は変更していないが、より論旨がわかりやすいように文章表現を改め、誤字・脱字も訂正している。また史料の引用先は最新の史料集に改め、先行論文は必要に応じて最新のものを追加している。

あとがき

本書は、京都大学に提出した博士論文『大内氏の領国支配と宗教』をもとにしている。必ずしも計画的な研究課題の設定ではないが、山口県文書館に勤務して以後これまで長年取り組んできた大内氏研究をまとめたものである。

思えば私の人生は「巡礼」のようだ。それは初めての土地へ遷り住み、人に助けられながら自分を見つめる「修行の旅」とも言える。

最初の「巡礼」は京都大学に入学し、故郷の大阪を離れることから始まった。私の育った大阪ミナミと歴史的環境に恵まれた京都は、距離は近くても別世界であった。京都では、岸俊男、朝尾直弘、大山喬平という先生方から古代から近世にわたる研究の方法論を学び、非常勤で来られていた黒田俊雄先生の顕密体制論に触れたことで中世史を志した。国史学研究室に集う多くの先輩や友人の存在は大きく、とりわけ、平雅行・久野修義両先輩の導きにより、社会と宗教の関係という今に至る研究テーマに出会うことになった。また、高野山をフィールドにしたご縁で上横手雅敬先生にもご指導を賜り、さらに黒田先生が主宰する「中世寺院史研究会」にも参加させていただいた。京都での学生生活は様々な良い出会いによって学問の基礎を身につけさせていただいた、かけがえのないものであった。

一九八六年、私は西方に「巡礼」することになった。最初の勤務地となった山口県文書館は古文書の「聖地」であり、ここで歴代の副館長である広田暢久、梅田正、小山良昌の諸氏をはじめ、北川健、戸島昭、吉本一雄、山田稔といった先輩方から文書を収集・保存し、解読するための手ほどきを受けた。県文化課の吉積久年氏、県史編さん室の金谷匡人・和田秀作両氏、市文化課の古賀信幸氏、県埋蔵文化財センターの岩崎仁志氏、県立美術館の福島恒徳氏、パークロードに沿った彼らの職場をぐるりと回って話しをするのは充実した楽しい時間であった。また、山口大学の田中誠二・山口芸術短期大学の田中倫子御夫妻は大学の先輩でもあり、心強い存在であった。私が父親代わりと思っている児玉識氏には公私にわたってお世話になった。

文書館では最初『萩藩閥閲録』の文書目録を編修する仕事を任され、『萩藩閥閲録』全五巻に収められた文書すべてに目を通すことになった。この業務の中で大内氏に興味を抱くようになり、大内氏を題材にしてここでも中世の社会と宗教の関係を研究できると確信した。何といっても、「氷上山興隆寺文書」に出会うことなしには今日の私の研究は成り立っていないであろう。

一九九六年、私の「巡礼」は金沢大学文学部へと大きく東方に振れることになった。その前年、大山先生のご依頼で留学生のトーマス・コンラン氏（現在はプリンストン大学）に協力することになり、昼は文書調査、夜は拙宅で楽しい数日を過ごした。この後ほどなく金沢に転居することから、コンラン氏は私の人生の節目に現れる異郷の神（まれびと）のような気がしてならない。立志の思いを胸に皆に送り出していただいたが、西日本の風土になじんでいた私たち家族には毎日の生活だけで精一杯であった。

我が子に「志」の名付けをした私であるが、せっかく研究に没頭できる職を得ながら、自身は次第に「志」を忘れていった。無計画に新しいことに手を出して、たいした成果もあげず無駄な時間を過ごしてしまった。そのような時、ルドー・ミリス著『異教的中世』を読んだことから、怠ける自分に喝を入れるべく二〇〇三年に家族四人でベルギーに一年間の新たな「巡礼」（海外研修）に赴くことにした。多くの人に支えられてのサバイバル生活であったが、ＥＵ諸国の史跡を巡って日欧の社会を比較できたことは中世史研究の視野を広げる上で貴重な経験であったと思う。

帰国後、私は「山口時代」に依頼されていた『下関市史　原始―中世』の中世部分を書き上げた。妻が暮らした下関について、①考古学的発掘、②対外交流、③寺社の役割といった点を新機軸として関門海峡を中心に見た日本中世史を目指したのである。ところが、これを一人で行うことは自分の能力を越えていた。『市史』は二〇〇五年に一度刊行されたが、二〇〇六年に多くの不適切な引用があることが指摘された。

その後ずっと現在に至るまで、ご迷惑をおかけした研究者の方々、下関市や山口県の関係者の方々、そして家族に対し心の中で詫び続けている。何をしていても『市史』のことが思い出され、自分を認めることができない毎日であった。研究に集中できずに気持ちが鬱々とした日が何年間も続く。学会や研究者仲間からも遠ざかり、最新の研究動向もわかりにくくなった。しかし、だんだん自分を冷静に見つめることができるようになると、自分にはただひたすら目の前の史料を読み込むという生き方しかないのだと悟った。また、家族との平穏な生活がどんなに大切なものであるかをしみじみ感じるようになった。

二〇〇八年に『市史』を再刊したあと、研究者としての誇りを取り戻そうとようやく動き始めた。書き上げた論文は時間がかかっても学会誌に投稿して審査を受けることにし、それをもとにした博士論文の完成、さらに刊行という目標を立てた。そんな折、二〇一一年にコンラン氏が再びまれびととして現れた。なんと彼は一年間私のところで大内氏の研究をすると言うのである。精力的に調査を行うコンラン氏に引っ張られるかたちで山口県の研究者と再び交流するきっかけが生まれ、私の大内氏研究は大きく進み始めた。

ようやくいくつかの論文が学会誌に認められるようになり、二〇一四年、博士論文を母校に提出できるようになった。ありがたいことに横田冬彦、吉川真司、上島享という尊敬し信頼する先生方に審査していただいた。その後、上島先生のご紹介で塙書房の寺島正行氏にご指導を賜り、本書の出版に至ったのである。深く感謝申し上げたい。

しかし、ここに至るまでにあまりにも長い時間がかかってしまった。山口県文書館へ招いてくださった百田昌夫氏、金沢大学へ誘っていただいた高澤裕一先生、そして女手一つで私を育ててくれた母にも本書を見せることができず、とても残念である。そして大山先生には学部から博士課程満期までずっと指導していただいたにもかかわらず、ご退官までに博士論文を提出できなかったことは大変申し訳なく、恥ずかしい思いである。

長い「巡礼」の途上で失ったものもたくさんあったが、私は職場や学界での地位を気にせず、ひたすら妻涼子とともに書物をまとめあげる現在の生活を結構気に入っている。最近、自分にとっての「巡礼」が家族との時間を大切にしながら心静かに研究することであるとやっとわかった。還暦を目前にして当たり前のようなことに気付くのにこんなにも時間がかかるとは……。しかし、それでもいいのだ。こうして本書を出版することができた私はこの上ない幸せ者だと思う。

そして改めて、京都、山口、そして金沢でお世話になった多くの方々に心より感謝申し上げたい。

二〇一六年八月

平瀬直樹

本刊行物は、JSPS 科研費 JP16HP5079 の助成を受けたものです。

索　引

１、大内氏の人名

弘世以降の歴代家督は頻出するため採取せず、それ以外の人名に限って採取する。

２、関係地名

大内氏の本拠地である大内及び山口は頻出するので採取しない。また、旧国名のうち大内氏領国の中核を成す周防・長門・豊前・筑前の四か国は頻出するので採取しない。

３、室町幕府の要職

幕府、将軍、管領は頻出するので採取しない。九州探題や鎌倉公方は採取する。

４、祖先伝説関係

琳聖太子、妙見、興隆寺、氷上山妙見社は頻出するので採取しない。

５、注に掲げられた事項

本文に掲げられた事項が再度注で掲げられている場合は採取しない。ただし、本文で触れられていない事項が注で紹介されている場合は採取する。

件名索引

ア

イ

ウ

エ

サ

シ

ス

セ

ソ

タ

チ

レ

ロ

ワ

人名索引

ア

イ

ウ

エ

オ

研究者名索引

平瀬　直樹（ひらせ　なおき）

略歴

1957年　大阪市に生まれる
1981年　京都大学文学部卒業
1986年　京都大学大学院文学研究科博士後期課程国史学専攻研究指導退学
1986年　山口県文書館勤務
1996年　金沢大学文学部助教授
現在　金沢大学人間社会研究域歴史言語文化学系教授　京都大学博士（文学）

主要論文

「大内氏の妙見信仰と興隆寺二月会」（佐野賢治編『星の信仰　妙見・虚空蔵』北辰堂発行、1994年、初出は1990年）
「守護大名大内氏と海辺の武装勢力－海賊・警固衆・倭寇－」（『山口県地方史研究』71、1994年）
「中世都市の空間構造－周防国山口を中心に－」（『北陸都市史学会誌』8、2001年）
「日本中世の妙見信仰と鎮宅霊符信仰－その基礎的考察－」（『仏教史学研究』56－1、2013年）
「室町期における大内氏の妙見信仰と祖先伝説」（『史林』97－5、2014年）
「南北朝期大内氏の本拠地－弘世期を中心に－」（『日本歴史』810、2015年）

大《おお》内《うち》氏《し》の領《りょう》国《ごく》支《し》配《はい》と宗《しゅう》教《きょう》

2017年2月20日　第1版第1刷

著　者　平瀬直樹
発行者　白石タイ
発行所　株式会社　塙書房
〒113-0033　東京都文京区本郷6丁目8-16
電話　03(3812)5821
FAX　03(3811)0617
振替　00100-6-8782

亜細亜印刷・弘伸製本

定価はケースに表示してあります。落丁本・乱丁本はお取替えいたします。
 ISBN978-4-8273-1286-7　C3021